初入职场(第4版)
赢在起点的四大基石

[美] 莉迪亚·安德森 桑德拉·博尔特 著
(Lydia E. Anderson)　(Sandra B. Bolt)

周子衿 译

清华大学出版社
北京

内容简介

走出象牙塔,如何打磨基本技能,高起点走向专精职业生涯的坦途?针对这个主题,作者通过清晰的脉络,以四大模块为框架,着重讨论了如何制定短期和中长期个人、专业/职业和财务发展计划,同时还提供实用的软技能培养和挑战,帮助读者通过树立专业形象来塑造个人品牌。尤其值得一提的是,本书特别注重互动,包含丰富的场景案例和讨论以及测试、练习和小组讨论等对书面和口头表达能力特别有帮助的内容,可以真正帮助读者深度理解和应用全书的内容。

本书适合初入职场或者处于职业倦怠期的任何读者。

北京市版权局著作权合同登记号 图字:01-2021-3120

Authorized translation from the English language edition, entitled PROFESSIONALISM SKILLS FOR WORKPLACE SUCCESS, 4E BY ANDERSON/BOLT, published by Pearson Education, Inc, Copyright © 2016 by Pearson Education, Inc.

All rights reserved. No part of this book may be reproduced or transmitted in any form or by any means, electronic or mechanical, including photocopying, recording or by any information storage retrieval system, without permission from Pearson Education, Inc.

ENGLISH language edition published by TSINGHUA UNIVERSITY PRESS LIMITED, Copyright © 2021.

本书中文简体翻译版由培生教育出版集团授权给清华大学出版社出版发行。未经许可,不得以任何方式复制或抄袭本书的任何部分。

本书封面贴有Pearson Education(培生教育出版集团)激光防伪标签,无标签者不得销售。
版权所有,侵权必究。举报: 010-62782989, beiqinquan@tup.tsinghua.edu.cn。

图书在版编目(CIP)数据

初入职场:赢在起点的四大基石:第4版 / (美)莉迪亚·安德森 (Lydia E. Anderson),(美)桑德拉·博尔特 (Sandra B. Bolt) 著;周子衿译. —北京:清华大学出版社,2021.7
书名原文:Professionalism:Skills for Workplace Success, Fourth Edition
ISBN 978-7-302-58600-5

Ⅰ.①初… Ⅱ.①莉… ②桑… ③周… Ⅲ.①职业选择—通俗读物 Ⅳ.①C913.2-49

中国版本图书馆CIP数据核字(2021)第156730号

责任编辑:文开琪
封面设计:李 坤
责任校对:周剑云
责任印制:宋 林

出版发行:清华大学出版社
网   址:http://www.tup.com.cn, http://www.wqbook.com
地   址:北京清华大学学研大厦A座   邮   编:100084
社 总 机:010-62770175   邮   购:010-62786544
投稿与读者服务:010-62776969, c-service@tup.tsinghua.edu.cn
质量反馈:010-62772015, zhiliang@tup.tsinghua.edu.cn

印 装 者:涿州汇美亿浓印刷有限公司
经   销:全国新华书店
开   本:185mm×210mm   印   张:14 2/3   字   数:469千字
版   次:2021年9月第1版   印   次:2021年9月第1次印刷
定   价:79.80元

产品编号:092006-01

前　言

本书旨在帮助刚刚踏入职场的读者掌握职业成功的基本技能，帮助他们找到理想的工作，并为他们提供必要的工具来助力工作岗位上取得成功，从而解决用人单位的后顾之忧。本书独特之处在于将自我管理问题与职业规划工具和工作中的基础知识（包括预期行为）联系起来，帮助实现从学业到专业的顺利过渡。不仅对于职场新人，对任何一个在传统商业环境中工作的人来说，本书的内容都是有帮助的。本书并不仅仅是一本教科书，还是可以在整个职业生涯中随时用到的工作指南。

尽管经济和科技仍然是第 4 版修订的首要影响因素，但作者仍然力求覆盖更多主题，第 4 版还涉及职场中常见问题的解决方案，提供了传统办公环境内外的多种多样的职业示例。现在，全球经济仍然面临挑战，失业率创历史新高。在这种形势下，求职者和职场新人不仅要展现自己有得体的职场礼仪、能正确使用科技手段和得体的着装等，还要有所超越，掌握足以应对不同场景的正确做法。在竞争日益激烈的环境中，以专业的方式进行沟通，成熟地应对冲突，把自己塑造为有责任心的团队成员，秉持公平公正的态度，做一名品德高尚的人，这些非常重要。本书第 4 版继续为读者提供在职场上保持成功所需的真实的、最新的以及实用的技能来强调这些问题。

本书特色

相较于市面上其他指导成功或者教如何写简历和找工作的书，本书是一个极大的超越。本书的主旨在于帮助新人建立人生规划，制定短期及长期的个人、专业/职业和财务目标。此外，本书为新人提供了实用的技能和挑战，以督促他们马上开始实施能支持其人生规划的行为，主要强调的是专业/职业行为。每一章的结尾提供的活动能促进他们成功，并将章节内容与他们的人生规划相结合。本书始终锁定找工作、优化简历与职场人际关系之间的关联。第 4 版继续整合了行业领袖的意见，讨论了从校园过渡到职业时需要知道的一些紧要话题。本书以简单明了、高度互动的形式呈现，帮助读者了解如何建立优质的职场关系，以及如何适当搞定这些关系来获得职业上的成功。从"个人职场表现会影响整个组织的成功和盈利能力"这样的基本管理原则开始，读者能够在正式的商业结构框架内整合软技能。本书介绍的主题和原则对任何行业和职业的读者而言都有可资借鉴之处。利用每章中的众多情境案例，学生可以从以小型案例研究的方式呈现的真实职场困境中获得宝贵的见解。每个案例后都有一个案例讨论，探讨处理这些富有挑战性的困境的最佳方案是什么。应广大读者的要求，这一版还增加了每章开头的小测试、章内练习、说一说（学生讨论话题）和章末活动，目的是通过书面和口头交流技能的培养，提高读者对本书内容的理解和应用。

  本书是为了希望在职业生涯中变得出类拔萃的人而写的。态度、沟通和人际关系是在当今充满挑战、竞争和不确定的工作场所生存的关键。本书一方面传授切合实际的职业发展技能，另一方面激励个体提升个人表现和职业表现。

组织结构

整体而言，本书分为 4 个模块和 16 个章节，适合传统线下授课、线上课程或线上线下混合进行的课程使用。

四个模块（基石）分别如下：

- 模块 1：自我管理 / 自制 / 自律
- 模块 2：职场常识
- 模块 3：人际关系
- 模块 4：职业规划工具

强烈建议将相关联的几章内容结合起来学习。相关联的各章有以下几组：

- "沟通"（第 9 章）和"电子沟通"（第 10 章）
- "动机、领导力和团队"（第 11 章）和"冲突与协商"（第 12 章）

- "求职技巧"（第 13 章）、"简历包"（第 14 章）以及"面试技巧"（第 15 章）

本版新增内容

本书融合了职业目标和职场关系，强调了教和学的三大支柱：人生规划、职场技能和职业规划。

- 人生规划提供了强化的学习成果、章内练习和章末活动，以支持布鲁姆分类法，并帮助学生批判性地思考他们的生活和职业目标。
- 学习目标提供了对主题和重点内容的介绍。
- 更新了练习，将柯莉的故事改为情景案例和案例讨论的案例研究、并增加了"搜一搜""想一想"和"说一说"这样的碎片式讨论题和思考题，以促进讨论，提供澄清主题和即学即用的途径。
- 加强的章末概念复习和应用部分通过提供主题内容的实践应用来巩固学习。其中包括职场中的要和不要、关键概念总结、关键术语（自测题：配对关键术语和定义）、换位思考以及新的或修改后的章末活动。
- "你如何看待以下问题？"通过简短、有趣和现实的测试使学生进入本章的主题。
- 职场技能提供新的和强化的内容，以解决雇主对 Z 世代的担忧。
- 塑造个人品牌以及对质量和责任感的关注，帮助职场新人认识到立即识别个人品牌并整合代表这一代表个人品牌专业行为的重要性。
- 关于学贷、现金管理和防范身份盗窃的讨论可以解决当今职场新人所面临的个人财务问题。

扫码加入读者交流圈

- 增加了关于沟通礼仪和科技使用礼仪的讨论、例子和案例研究，让雇主不再为当今学生缺乏基本沟通、拼写和语法技能以及过于依赖电子设备而担忧。
- 职业规划部分的特点是对进行职业规划的方法进行了修改，以适应当下市场状况。
- 关键主题经过重新排序，完成成就表、撰写职业意向书/个人简介和个人广告的流程更加顺畅，并使关键技能集更加明确。
- 为求职工具和过程设计的全新加强版核对表确保了学生添加并强调了求职文件夹、面试文件夹、面试准备和面试后跟进所需的核心要素。
- 高级技能集简历布局为具有丰富职业经验的人提供了一种加强版的简历格式。这种布局能有效地强调、宣传和推销具体的工作技能和工作成就，并取代了按时间顺序排列的传统布局。

简明目录

第 1 章　态度、目标制定和人生规划　　/1

第 2 章　个人财务管理　　/21

第 3 章　时间和压力的管理与组织技巧　　/39

第 4 章　礼仪和着装　　/55

自我管理

第 5 章　伦理、政治和多元化　　/75

第 6 章　工作职责和职场人际关系　　/97

第 7 章　公司的组织结构和服务质量　　/115

第 8 章　人力资源和政策　　/137

职场常识

第 9 章　沟通　　/153

第 10 章　电子沟通　　/177

第 11 章　动机、领导力与团队协作　　/193

第 12 章　冲突与协商　　/211

人际关系

第 13 章　求职技巧　　/229

第 14 章　简历包　　/253

第 15 章　面试技巧　　/279

第 16 章　职业变动　　/309

职业规划工具

详细目录

第 1 章 态度、目标制定和人生规划 /1

个人自测 /1
认识自我 /2
性格和价值观 /3
态度 /4
自我效能及其影响 /4
丢掉负面包袱 /6
谁在主宰你的生活 /7
学习风格 /8
设定个人目标的重要性 /9
如何设定目标 /10
制定人生规划 /13
确定优先级 /14
个人手册 /15
职场中的要和不要 /16
概念复习与应用 /16
活动 /19

第 2 章 个人财务管理 /21

个人自测 /21
财务管理 /22
个人财务管理对工作绩效的影响 /22
资金管理 /23
个人预算 /23
债务管理 /26
学生贷款 /27
合理利用信用 /28
信用报告 /30
存款和投资 /31

　　　　个人身份盗用　　/32
　　　　其他财务注意事项　　/33
　　　　概念复习与应用　　/34
　　　　职场中的要和不要　　/34
　　　　活动　/36

第 3 章　**时间和压力的管理与组织技巧**　　/39

　　　　个人自测：条理性　　/39
　　　　压力对绩效的影响　　/40
　　　　压力的种类　　/40
　　　　应对压力　　/42
　　　　时间管理　　/45
　　　　组织和绩效　　/48
　　　　概念复习与应用　　/50
　　　　职场中的要和不要　　/50
　　　　活动　/52

第 4 章　**礼仪和着装**　　/55

　　　　个人自测：社交礼仪　　/55
　　　　高管风度　　/56
　　　　着装的影响　　/56
　　　　便装日和特殊场合　　/58
　　　　从头到脚的形象建议　　/59
　　　　珠宝首饰、身体穿孔和纹身　　/61
　　　　商务礼仪　　/62
　　　　握手　　/63
　　　　学会相互交流并建立专业网络　　/65
　　　　商务约会　　/66
　　　　用餐礼仪　　/67
　　　　其他基本礼仪　　/69
　　　　职场中的要和不要　　/70

概念复习与应用 /71
活动 /72

第5章 伦理、政治和多元化 /75

个人自测：道德感 /75
职业伦理、政治和多元化 /76
何为伦理 /76
价值观、冲突和保密 /77
进行伦理决策 /79
职场权力 /81
加强权力基础 /82
办公室政治和互惠 /83
如果发现别人有不道德的行为，该怎么办 /84
常见伦理问题 /85
浅谈多元化 /86
反歧视法律 /86
成见与偏见 /88
文化差异 /90
职场中的要和不要 /91
概念复习与应用 /92
活动 /94

第6章 工作职责和职场人际关系 /97

个人自测 /97
授权和承担责任 /98
承担个人责任 /99
工作中的人际关系 /100
如何与高管相处 /101
如何与上司相处 /101
如何与本部门的同事相处 /103
如何与其他部门的同事交往 /103

与同事关系恶化怎么办　　/105
工作中的约会　　/106
工作中的社交活动　　/107
共享办公空间　　/108
休息室里的社交提示　　/108
其他注意事项　　/109
职场中的要和不要　　/110
概念复习与应用　　/110
活动　　/112

第 7 章　公司的组织结构和服务质量　　/115

个人自测：自我　　/115
注重质量的企业生产力如何　　/116
职权线　　/118
品质与公司　　/123
创造力与创新　　/124
优质客户服务的定义　　/125
客户服务的影响力　　/127
难缠的客户　　/128
职场中的要和不要　　/130
概念复习与应用　　/130
活动　　/134

第 8 章　人力资源和政策　　/137

个人自测　　/137
人力资源部门　　/138
入职培训　　/138
员工手册　　/139
自由就业和修改权　　/140
就业状态　　/140
绩效考核　　/142

福利　/143
开放政策　/146
工会　/147
职场中的要和不要　/148
概念复习与运用　/148
活动　/150

第9章　沟通　/153

个人自测：职场沟通技巧　/153
工作沟通　/154
工作中的沟通及其渠道　/154
沟通过程　/156
语言沟通与倾听　/157
非语言沟通　/159
书面沟通　/161
商务信函　/162
商务备忘录　/165
手写便条　/167
文档　/168
简报　/168
粗话和脏话　/169
可能冒犯人的称呼　/170
少一些自我　/170
职场中的要和不要　/171
概念复习与运用　/171
活动　/173

第10章　电子沟通　/177

个人自测：手机依赖　/177
工作中的电子沟通　/178
电子沟通基础　/178

商务电子邮件　　/179
如何写电子邮件　　/180
移动设备和短信　　/183
电话礼仪　/184
社交媒体工具　　/185
视频会议和电话会议　　/187
职场中的要和不要　　/188
概念复习与运用　　/189
活动　　/190

第 11 章　动机、领导力与团队协作　　/193

个人自测：团队协作　　/193
绩效基础　　/194
动机　　/194
领导力　　/196
成为领导者　　/198
团队和绩效　　/199
优秀团队成员应具备的品质　　/200
会议　/204
团队演示文稿　　/205
职场中的要和不要　　/205
概念复习与运用　　/206
活动　　/208

第 12 章　冲突与协商　　/211

个人自测：应对冲突　　/211
冲突　/212
解决冲突　　/212
冲突管理与协商　　/215
骚扰　/217
职场霸凌　　/219

了解自己的合法权利　/219
解决工作中的冲突　/219
通过工会组织解决冲突　/220
职场暴力　/221
学会宽恕　/222
职场中的要和不要　/223
概念复习与运用　/223
活动　/225

第 13 章　求职技巧　/229

个人自测：求职达人　/229
求职　/230
选择合适的职业　/230
行业调研　/231
有针对性地找工作　/232
网上形象　/233
求职文件夹　/234
求职申请　/236
推荐人和推荐信　/236
获取招聘信息　/237
专业网络　/239
保护隐私　/244
端正态度　/245
职场中的要和不要　/247
概念复习与运用　/247
活动　/249

第 14 章　简历包　/253

个人自测：简历　/253
创建简历包　/254
第 1 步：收集信息　/255

第 2 步：创建信息标题并采用合适的布局　/255

第 3 步：写一篇技能摘要或个人简介　/261

第 4 步：插入技能、成就和经历　/262

第 5 步：审校完成的简历　/266

投简历　/267

求职信　/269

调整简历和求职信　/272

针对特殊情况的建议　/273

职场中要和不要　/274

概念复习与运用　/274

活动　/276

第 15 章　面试技巧　/279

个人自测：面试技巧　/279

面试　/280

面试通知　/280

调研公司的具体情况　/281

个人广告　/282

面试文件夹　/284

准备面试问题　/285

面试前的准备　/288

面试过程　/289

面试当天　/289

传统面对面的面试　/290

面试方法和面试问题类型　/292

电话面试和其他技术形式的面试　/293

歧视和员工权利　/295

特殊情况和为难的问题　/296

结束面试　/298

面试之后　/299

商讨薪资待遇　/300

入职测试、审查和体检　/301
如果未被录用　/302
职场中的要和不要　/303
概念复习与运用　/304
活动　/305

第 16 章　职业变动　/309

个人自测：工作变动　/309
职业变动　/310
培训和发展　/310
持续教育　/311
就业状态的变动　/312
找新工作　/313
晋升　/314
自愿离职　/315
非自愿离职　/317
内部调动　/319
创业　/319
事业上的成功　/320
职场中的要和不要　/321
概念复习与运用　/321
活动　/323

术语表　/327

第 1 章

态度、目标制定和人生规划

未来 • 梦想 • 幸福

学习目标

- 理解专业素养和积极的人际关系对个人、学术和职业成功有哪些影响
- 理解性格、态度和价值观对职场的影响
- 认识自我效能和个人品牌塑造对自信心的影响
- 制定战略,克服以往负面经历和成功之路上的其他障碍
- 理解设定目标在当前社会经济环境下对制定人生规划的影响
- 要事优先,按优先级列出达成目标需要做的事情

个人自测

你是一个以自我为中心的人吗?	是	否
1. 你在谈话中是否很少使用"我"这个字眼儿?	☐	☐
2. 与同事同行时,你是否允许同事走在你的前面?	☐	☐
3. 你会对自己在工作上取得的成就保持低调吗?	☐	☐
4. 你是否很少打断他人谈话?	☐	☐
5. 在特殊的日子(比如生日和节假日),你是否会给同事送张卡片、便条或者小礼物以示庆祝?	☐	☐

▶ 如果上述问题有两个或更多肯定的回答,那么恭喜你,你更关注他人的需求,不是一个以自我为中心的人。

认识自我

现在,为了让自己成为一个高效率的成功人士,我们将要开始一段探索自我的旅程。首先就是做一个简单的小练习。找一面镜子,看向镜中的自己,并写下最先浮现于脑海中的三个词。

这三个词语就是你的**镜像语**(mirror word)形容你是如何看待自己的,以及你认为别人如何看待你。你对自己的看法会影响你和同事的关系以及你的工作表现。

本书始终锁定主题"职场中的专业素养"。无论老师还是我们作者,目标都不仅限于帮你找到理想的工作,更重要的是帮你建立一个健康、优质且高效的工作习惯,在工作中站稳脚跟并在事业上步步高升,让你、你的同事以及雇主从中受益。**专业素养**(professionalism)是指可以产生积极业务关系的职场行为(workplace behaviors that result in positive business relationships)。本书将提供工具来帮助你体验一种更为充实和高效的职业生涯。要在工作中建立健康的人际关系,秘诀在于先认识自我。一旦理解自己的需求、动机和忌讳,就更容易理解别人,更好地与别人共事。这正是本章一开始就聚焦于个性、价值观和自我这三个概念的原因。

性格和态度决定了我们如何应对冲突、危机和其他常见职场情况。每种情况都涉及和人打交道。充分了解自己的性格和态度,就能更容易地理解自己对他人的性格和态度做出的反应。

人际关系(human relation)是人和人之间的交往所催生的。所以从理论上讲,你和工作中接触的所有人都存在人际关系。企业要想盈利,员工必须有生产力。如果无法与同事、上司、供应商和/或客户合作,就很难实现这一点。只有在工作中积极进行人际交往,并建立良好的人际关系,才能有生产力。

性格受诸多因素的影响。许多外部因素会影响工作上的人际关系,包括家人、朋友、亲戚、宗教信仰甚至整个社会。与之相对,工作上的经历也会影响你的个人生活。所以,要了解职场中的人际关系,必须先了解自己。

性格和价值观

行为是性格的体现。**性格**（personality）是解释和预测个人行为的一系列稳定的特质。性格特质可能是正面的，比如关心他人、体贴、有条理、热情、可靠。但是，性格特质也可能是负面的，比如粗鲁、不专心、懒散、不成熟。例如，假设你在工作时一般都井井有条，但有一天突然变得杂乱无章，别人就会觉得你肯定发生了什么事，因为你的行为和平时"有条理"这一稳定特质不一致。人的性格由许多变量共同塑造，包括过去的经历、家人、朋友、宗教以及社会影响。或许你的家人做事很有条理，并将这种特质传给了你。也有可能你周围的人做事都很没有条理，你迫于无奈，必须得有条理。这些正面或负面的经历逐步形成了你的价值观。

价值观（value）体现个人最看重的是什么，它基于个人经历以及各种影响因素。这些影响因素包括宗教、家庭以及各种社会问题（如性取向、政治倾向、唯物主义等）。请注意，你可能会有好的或坏的价值观。你可能会重视工作成就、家庭、金钱、安全或自由。例如，某人不看重金钱，因为有人告诉他"金钱是万恶之源"。与之相反，另一个人很在乎金钱，因为他所受的教育告诉他，金钱是能确保未来稳定且幸福的宝贵资源。由此可见，价值观是个人对事情重要性的看法，它将直接影响你的性格。如果你所受的教育告诉你金钱是一种宝贵的资源，你可能会非常节俭。你的性格特质会表明你是一个勤奋、努力、节俭的人。关于价值观的深入讨论及其对商业道德产生的影响，将在第 5 章介绍。

案例

出场人物：查理

场景说明：上大学时，查理努力争取到了一份在大学书店当助理的新工作。查理的父母都是大学毕业，而且事业上都很成功，这对查理的价值观及信念产生了深刻的影响，所以他的学业和工作表现都相当不错。但是，查理的许多朋友都没有上过大学，许多人甚至都三天两头就失业。所以，关于学业及工作，查理无法从这些朋友身上得到任何建议和帮助。

主题讨论

如果查理继续与这些无法为他提供支持的朋友交往，他在学业和工作上的表现会受到怎样的影响？

态度

态度（attitude）是个人对于人、事或情况的强烈看法。例如，你是否在意同学对你的看法。你既往的成败会影响你的态度，而你的态度又与你的价值观和性格相关联。以之前关于金钱的讨论为例，如果重视金钱，那么你对待工作的态度会很积极，因为你重视努力工作所得到的回报——薪水。态度影响绩效，个人的绩效又会对部门的绩效产生显著影响，而部门的绩效又会影响整个公司的绩效。这就好比有一筐好苹果，如果把一个烂苹果放进去，过不了多久，整筐苹果都会烂掉。这就是为什么评估个人影响非常重要。上述例子反映了个人目标和工作行为的影响。态度不但会影响自己的工作绩效，还会影响到身边人的绩效。

那么，这是否意味着需要躲开所有你认为的"坏苹果"呢？答案是否定的。有一些人是躲不开的，比如亲戚和同事。但应该时刻了解他人对自己的生活产生了哪些影响。如果觉得有些人对自己有负面影响（坏苹果），就应该减少或避免与之接触。继续让自己饱受这些负面影响，你会迷失方向，从而导致态度消极，工作绩效低下。明智地选择自己的朋友，并与带来积极影响的人相处。这些人真诚、忠实、友爱并乐于提供支持。而消极的人则会通过让你感到不舒服或让你分心来阻挠你达成目标。

自我效能及其影响

让我们回到本章开始的"镜像"。你看到了什么？你的形象是积极的还是消极的？无论回答是什么，你对自己的看法都是你的自我概念。**自我概念**（self-concept）体现的是你如何看待自己。自己的智力如何，自己的魅力如何，这些都是自我概念的具体例子。**自我形象**（self-image）则是你觉得别人如何看待自己。如果你的自我概念是积极而强烈的，就会显得很自信，根本不担心别人对自己的看法。但如果你感到没有安全感，就会很看重别人对你的看法。虽然关注别人对自己的看法很重要，但拥有一个积极的自我概念更重要。注意，自信与自负是有区别的。自负的态度意味着会自视过高。态度谦逊友好、积极自信的人会赢得大家

想一想

找出一个你认为对自己有正面影响的朋友，再找出一个对你有负面影响的朋友。该如何处理跟他们的关系呢？

说一说

哪个卡通角色的性格与自己最相似？为什么？

的喜爱。如果你相信自己，那么无需刻意营造，良好的自我形象会自然显现。很容易看出，性格和态度对于自我概念和自我形象的培养具有巨大影响。影响自我概念及行为的终极因素是自我效能。**自我效能**（self-efficacy）是你对自己工作能力的信念。例如，你对自己的数学能力很自信，就很可能在数学考试中获得好成绩，因为你相信该学科是自己的强项。但如果对自己的数学能力缺乏信心，现在却需要通过一次数学测试才能得到工作，那么你很可能会考砸。你对自己及周边环境的看法会体现在你对待他人的方式上。这称为"投射"（projection），或者说推己及人。

以一面小镜子为例，镜子的把手（支架）如同你的性格，镜框如同你的个人价值观，镜面本身则代表了你的态度，映射出你和周遭的世界。你如何看待自己是你的自我概念，你认为别人如何看待你是你的自我形象。开始与其他人建立联系、面试新工作或者从事新职业时，就会开始创建个人品牌（personal brand）。个人品牌反映你希望别人在想起你时脑海中浮现的个人特质。这些特质可能包括外表、价值观或者一些特别的知识与技能，它们让你显得独一无二，富有魅力和价值。本书将为你介绍一些能提高专业素养的工具。利用这些工具来完善，并持之以恒地强化个人品牌。这样将有助于建立积极的自我概念，更有可能取得个人和职业上的成功。

练习 1.1

定义自己的个人品牌。包括自己的外表、性格、知识、技能、个人价值观和态度。

_____

_____

_____

丢掉负面包袱

我们中的很多人都遇到过有攻击性的人，这对其行为产生了负面影响。这种负面影响映射到了其个人性格中。通常，这种攻击性多半来源于自己的痛苦经历。很多人都没有意识到自己过往的负面经历会成为包袱，阻碍其获得事业上的成功。这些负面经历可能是意外怀孕、遭遇罪犯侵害等创伤性问题，也可能是因为在一些重大问题上做出过糟糕的选择或者遭受过失败。这些经历会严重影响性格、价值观和自尊。它们影响着你对工作的态度，甚至最终影响你的工作绩效。

案例

出场人物：韩美丽

场景说明：高中的时候，韩美丽曾犯过一个错误，并受到过法律小小的惩戒。虽然已经为此付出代价，不过她对此一直不能释怀，觉得自己不配拥有美好的前程。韩美丽想要登上成功的巅峰，却始终放不下这个沉甸甸的包袱。她总是回想起之前犯下的错并时刻处于悔恨之中。而由于韩美丽努力地完成大学学业，大部分认识她的人都没有意识到她以前曾犯过错误。但是，如果韩美丽仍然受累于这个包袱，她或许会难以达成自己的目标。

如果也有类似的阻碍自己成功的负面经历，那么请认识到这些经历会对自己的未来产生影响。虽然无法改变过去，但肯定能改变现在和未来。为了美好的未来，请采取以下行动。

1. 正视过去。无论过去发生了什么事，都必须承认它确实发生了。不要试图掩盖或否认这些事实的存在。没有必要把这些事告诉身边的每一个人，但私下里向自己信任的、与此事无关的人（好朋友、家人或专业顾问）倾诉或许有好处。自我对话*是治愈心灵创伤的第一步。
2. 学会宽恕。负面的经历往往会让人受伤。治疗内心创伤很重要的一步是宽恕曾经伤害过你的人。宽恕并不意味着他们的所作所为是可以接受的，而是标志着你自己的内心开始面对那段过

主题讨论

为了最终能够达成目标，韩美丽应采取什么行动？

---

* 译注：大声与自己交谈，把自己当作另外一个人，你评价、建议或提醒的目标对象。与自我对话相伴而来的是你在刺激、引导和评估自己的行为。自我对话可分为指导型、激励型、批评型和表扬型。适用场景有工作面试前、比赛中、公开演讲前或重要约会前。

往，并且创伤开始慢慢愈合了。确定好宽恕对象。你可以和那个人开诚布公地谈一谈，或者只是自己下定决心卸下心头沉重的负担。

3. **继续前进**。抛开过去的伤痛、愧疚或者羞耻吧。不要对过去耿耿于怀，让它成为自己实现目标的障碍，成为你不再追求梦想的借口。如果很难迈出这一步，可以把不愉快的经历写在纸上，而且写上"我宽恕×××"（曾经伤害你的人）。然后撕掉这张纸。这一举动让你掌握了主动，让你能亲眼见证那些痛苦的经历随着这张纸烟消云散。随着你变得越来越自信，曾经的负面经历就会被雪藏在记忆深处，你也就能自由自在地创造积极美好的明天。

虽然这一过程有时比较痛苦，但如果真的想成为最棒的自己，必须得这么做。当然，甩掉负面包袱并不是一蹴而就的，正如之前提到的那样，一些人也许需要在专业人士的帮助才能走完这个过程。不必为寻求帮助而感到羞愧。实际上，最终卸下沉重的包袱，登上前所未有的巅峰时，你会觉得无比自由。

谁在主宰你的生活

事实上，我们身边的影响不可能全是正面的，谁也不可能全盘掌控生活中发生的所有事情。如何看待谁在控制自己的生活，这会影响我们个人以及工作态度。**控制源**（locus of control）是自己认为的控制着自己未来的人。具有内部控制源的人相信是自己在掌控自己的未来，具有外部控制源的人则认为自己的未来掌控在别人手中。

无论持有哪种看法，过于极端都没有好处。必须意识到一点：个人的努力和自信能带来成功，但外界因素也会影响你实现个人目标的能力，必须对自己的行为负责并竭尽全力。个人无法完全掌控环境和未来。我们稍后还会谈到，权力和政治这些因素也会严重影响个人能否实现目标。成功的人往往会承担起自己的责任，而不会怪罪于他人。

学习风格

性格的另一个重要组成元素就是个人的**学习风格**（learning style）。学习风格决定着一个人最善于使用哪些方法来获取信息和学习新知。有三种主要的学习风格，分别是视觉、听觉和触觉/动觉学习风格。

为了确定自己的主要学习风格是哪种，请回答下面这个简单的问题。想象你迷路了，你会怎么做？

a. 看地图。

b. 找人问路。

c. 自己把方向画下来或者写下来。

如果选择 a，说明你是一个视觉型学习者，喜欢通过观看来学习。如果选择 b，说明你是一个听觉型学习者，这意味着聆听是最佳的学习方法。如果选择 c，说明你是一个触觉/动觉型学习者，这意味着你喜欢通过感觉、触碰和实践来学习。

三种学习风格没有优劣之分，不过，了解自己主要和次要的学习风格非常重要，因为这样能从自己的工作、学习和生活中获取更多的知识。视觉型学习者的最佳学习方式是阅读和研究；听觉型学习者则应密切关注课程讲座和课堂讨论；而对于触觉/动觉型学习者来说，动手实践和做课堂笔记是最佳的学习方法。了解自己的学习风格，并采取相应的学习方式来提高自己的学习效率。还要意识到，并非所有的人都采用和你一样的学习方法，也不是所有的信息都会以你偏爱的方式呈现。只有意识到这一点，才能更好地与人合作。

练习 1.2

应用前文所述的学习风格，回答以下问题。

课堂中，我最适合 _____ 学习风格。

课堂中，在 _____ 的情况下，我会很难进入学习状态。

我可以怎样利用了解到的这种信息来做得更好？ _____

设定个人目标的重要性

每个人都有梦想，它可能是获得某个大学学位、让自己爱的人更幸福或者拥有一定的经济保障或者一些物质追求（比如拥有一辆新车或者一所大房子）。目标设定非常重要，它是让梦想成真的第一步，并为梦想的实现提出了详细的实施步骤，因此得到了许多成功的个人及企业普遍使用。**目标**（goal）设定了你前进的方向。可将目标想象为放在一架长梯子最顶部的奖励。为了获得该奖励，需沿着梯子一步步向上攀登。跨出的每一步都为目标的实现做出了贡献，也正是在这一过程中，我们逐步确立自己的个人价值观。目标能让人更专注、更自信，有助于克服拖拉和恐惧，战胜失败。

设定目标后，职业规划会变得清晰明了。目标能使人集中精力，促使你努力工作以达到预期的理想状态，而不只是空想。

案例

出场人物：奥斯汀

场景说明：奥斯汀22岁时只有高中文凭。他高中毕业后一直做办公室文员，但他不安于现状，所以决定上大学并成为注册会计师（CPA）。奥斯汀的长期目标是在五年内完成大学学业。奥斯汀非常自信和努力，他给自己设定了一个现实目标，即花三年时间获得会计专业的副学士学位。实现目标后，奥斯汀找到了一份好工作，收入也增加了，人也变得自信起来。但成为注册会计师的决心并未改变，为此，他又给自己设定了目标，就是在两年内获得学士学位。这激励着他更加努力地奋斗。

在人生的各个大方向，都要设定目标，比如设定有关个人生活、职业发展、财务、教育、健康和社交的目标。这些目标能让生活变得更美好，更积极地看待自己，并改善人际关系。

主题讨论

奥斯汀可以采取哪些行动来一步步实现成为注册会计师的目标？

说一说

你为本书的学习设定了什么目标？

以奥斯汀的目标举例：

五年长期目标	获得会计学士学位
三年长期目标	获得会计副学士学位，并找到一份会计文员的工作
一年短期目标	成功完成当年的课程，并找到一份实习工作
当前目标	申请学校，并找到一份兼职来积累工作经验

如何设定目标

如前所述，达成目标的过程就像爬梯子。假设梯子的最高处摆放着大奖。这个大奖就是长期目标，而梯子的每一级就是能帮你一步步接近大奖的短期目标。

设定短期目标和长期目标，并把它们写下来。**长期目标（long-term goal）**是指需要一年以上才能达成的目标，这个周期甚至可能长达十年。

设定目标前，请花点时间思考一下自己一生中希望取得哪些成就，把能想到的都写下来，包括在个人生活、事业及教育等方面希望取得的成就。然后仔细看看这个清单，想想哪些目标对你最有价值。审视清单时，想想希望自己在一年、五年、十年后达到怎样的状态。这些确定的目标便是长期目标。请确保这些目标是通过努力可以达到的，而且确实是想要达到的。每个目标都应该具有一定的挑战性，但通过努力也应该能够达到。同时，请确定你有充分的理由去实现这些目标。为什么它对你来说那么重要？这个问题的回答很重要，因为你将要为了实现它而奋斗，所以要认真找出发展机会和潜在障碍。例如，奥斯汀的目标是成为注册会计师，为什么呢？因为奥斯汀认为注册会计师代表着成功。这个目标对奥斯汀非常重要，因为对奥斯汀而言，可以通过努力得以实现。

练习 1.3

请写下你想在 5~10 年达成的长期学习、个人以及职业发展目标。

_____
_____
_____

短期目标（short-term goal）是指能在一年以内实现的目标，一般是为了实现长期目标而存在的。企业中提到的目标通常是短期目标，因为它们往往是可衡量的，而且有具体的截止时间。短期目标的达成时间并不确定，可能在一天内完成，也可能是一周、一个月甚至几个月。随着短期目标的实现，长期目标也不断得到更新。正如长期目标一样，短期目标也必须具有现实性和可操作性，并且对你而言很重要。它们还需要可衡量，这样才能确定自己是否真的实现了目标。

奥斯汀的另一项长期计划是在毕业后买一辆车。为此，他制定了一系列短期目标，如每个月存一定数量的钱，每周额外工作多少小时等。此外，奥斯汀还要弄清楚自己想买哪款车，买新车还是二手车，是否需要贷款。这些问题的答案决定了奥斯汀制定的短期目标是否现实，他需要每个月存多少钱。

练习 1.4

根据你在练习 1.3 中制定的长期目标来设定短期目标。

_____
_____
_____

SMART 方法是一种流行和简便易行的目标设定方法，是具体（Specific）、可衡量（Measurable）、可实现（Attainable）、相关（Relevant）和有时限（Time-based）的首字母缩写。

S	Specific（具体）	"具体"是指明确要达成的目标，如有可能，将目标量化	例如，成为顶尖会计师事务所的主管
M	Measurable（可衡量）	"可衡量"是指目标要能够衡量，以便自己清楚了解是否以及何时完成了目标	例如，有一份主管工作
A	Achievable（可实现）	"可实现"是指设定的目标不能过高，也不能过低，好的目标要有一定的挑战，但必须是可实现的、现实的	例如，在大学中保持不错的成绩，并积累工作经验
R	Relevant（相关）	"相关"是对目标制定者而言，即该目标必须是你自己希望达成的，并且必须有一定的资源保障确保该目标的实现	例如，我想这么做
T	Time Based（有时限）	"有时限"是指目标的实现有截止期，应设定完成目标的具体期限	例如，在 2022 年前

例如，"我未来要成为一名主管"这一目标就远远比不上"我一定要在 2022 年初以前成为顶级会计师事务所的主管"。写下目标后，用 SMART 方法进行检验以增大成功机率。

写下一个积极而详尽的目标后，还有一些关于目标设定的事项需要注意，比如自主设定目标以及控制目标。

自主设定目标对于目标的实现非常重要。目标应由你来决定，而不是由父母、配偶、朋友、亲人或其他任何人来决定。例如，奥斯汀决定上大学是因为他想要成为一名注册会计师，那么这个目标就很容易实现。但是，如果成为注册会计师仅仅是她父母的愿望，那么这就不是奥斯汀的目标，所以目标会更难实现。

控制目标则要求获得实现目标所需的信息。要明确其中牵涉到哪些资源，存在哪些限制，以及如何利用资源和/或克服限制。如果目标是从事一个具体的行业，请事先了解该行业在教育、财务以及其他方面的要求。将这些目标划分为短期和长期目标，写下达成目标的时间。这时要运用控制源的概念。记住，并非所有事情都在自己的掌控之中，目标和时间的设定必须灵活且现实。

制定人生规划

明确目标有助于制定**人生规划**（life plan）。一个完整的人生规划需要做到面面俱到，囊括生活中所有领域希望达成的目标，包括职业、家庭/社会、精神和财务。

思考一下在人生的以下方面你想要的是什么。
- 教育和职业：教育程度、高学历、工作职称、工作单位。
- 社会和心灵：婚姻、家庭、朋友、宗教信仰。
- 经济：自有住房、自有汽车、投资。
- 活动：旅行、爱好、生活阅历。

为人生的这些主要方面制定能反映你的价值观的目标。注意有的目标可能同属于多个方面。谨记目标会随时间而变，在全心全意向着目标前进的同时，也要保持灵活。

年轻人难以确定自己的职业目标是很常见的，也有些人规划好了目标，却因缺乏必要的资源而苦恼。教育是实现个人和职业目标的关键，而且没人能将知识从你身上拿走。制定人生目标时，要考虑为了取得教育上的成功而需要的学历/证书、时间期限、财务资源以及人际网络。根据教育目标来选择大学课程。选择对自己有益、有利于自己探索新概念以及具有一定挑战性的课程。为了取得职业成功，热爱自己的事业非常重要。请确保选择的职业能帮助自己实现短期和长期目标。进行职业规划时请考虑以下问题。
- 为什么目标职业对个人很重要？
- 为了获得成功，需要有哪些资源？
- 如何判断自己是否取得了职业上的成功？

人们选择职业的理由各不相同，比如为了获得金钱、地位、知识、价值和成就感。如果大学有就业指导中心，可以寻求他们的帮助，在他们提供的范围内进行探索。也可通过一些性格和职业倾向测试来确定适合自己的职业。网上和许多大学就业指导中心都提供了一些职业评测方

搜一搜

了解自己的性格。在网上搜一个能帮自己了解个性和职业倾向的在线测试。

法。这些评测方法有助于我们确定自己的兴趣、能力以及性格特质,从而帮助自己找到最合适的职业。为了提高决策的质量,需要充分利用各种有用的信息源。可在网上查询,也可与那些正在从事你感兴趣的工作的人交谈,或者到感兴趣的行业做一名实习生或志愿者体验一下具体的工作。这样可帮助你确定自己的目标和职业规划。本书以后还会讨论职业探索。

请想一想,理想中拥有的人际关系是什么样的。目标会影响着对婚姻、家庭、朋友和宗教的选择。再确定一下自己理想中的财务状况。许多人梦想成为百万富翁,但需要现实一些。想住什么样的房子,想开什么样的车。如果未来打算组建家庭,生儿育女,又如何负担相应的开支。还有兴趣爱好和旅行花费等。你的个人财务计划决定着是否能实现这些目标。下一章将详细讨论个人财务计划。一定要清楚目标实现之后会有什么样的结果,能得到什么。

内在奖励和外部奖励激励着人们达成自己的目标。**内在奖励**(intrinsic reward)包括对自己感到满意、自豪以及成就感等,这些奖励来自自己,是人生自我价值的体现。**外部奖励**(Extrinsic rewards)包括金钱和赞美等,这些奖励来自外部。内部和外部奖励对未来的幸福必不可少,必须认识到它们同等重要,都能激励自己为实现目标而努力奋斗。

确定优先级

确定优先级(priority)能帮你确定应该做什么,哪些事情应该先做。确定优先顺序对目标的实现极为关键,对于个人生活如此,对于工作也不例外。

朝着目标前进时,有时需要调整优先级。有的时候,需要优先处理的事情未必是对人生最重要的事情,但必须在某一特定时刻认真处理。例如,如果阿米莉亚有个小孩,那么对阿米莉亚来说,孩子当然最重要。

> **说一说**
>
> 在你看来,哪些常见的奖励比较重要?说说这些奖励是内在奖励还是外部奖励。

不过，如果阿米莉亚还在上大学，某天晚上需要为一场重要的考试做准备。此时此刻，复习就成了头等大事，但这并不意味着考试比孩子更重要。而且，考试中取得好成绩还意味着阿米莉亚和孩子向着更美好的明天迈出了重要一步。

阿米莉亚的决策过程称为"权衡"（trade-off），即为了获得一样东西而选择放弃另一样东西。阿米莉亚还有一个目标是在一年后买车，需要每个月存一笔钱。为此，她早上不得不自己在家里煮咖啡，而不是去咖啡店买咖啡。

人生规划需要灵活。努力实现目标的同时也要保持敏感。时代在变，技术在变，优先事项在变，你的目标也应随之而变。因此，至少要做到每年都重新审视一下自己的目标。有时，由于形势变化，需要随时对目标和时间表进行修改。但是，不要因为形势发生变化就轻易放弃目标，修改一下目标，继续前进！

> **说一说**
>
> 为了成功完成本节课程，你应该如何确定优先级并权衡利弊？

个人手册

本书是作为个人手册设计的，指导你如何制定个人和职业发展规划。本书将介绍一些基础的个人财务管理知识，并认识到财务对生活各方面的影响。自我管理技能包括时间管理、压力管理和组织管理，还包括职业礼仪和着装。还将讨论办公室政治的那些事儿，了解办公室政治如何影响绩效，了解如何有效利用这些技巧。还会讨论员工应该拥有哪些正当权利。这些新技能可以提高个人的领导和激励能力，更好地展开团队合作。最后，将阐述如何处理冲突，学习如何与麻烦的同事相处。

阅读本书的时候，请开始培养积极的态度，相信自己，相信自己的能力，同时学会吸取经验教训。渐渐地，你的生活方式会发生改变，你会变得更好，工作绩效也会变得更出色。所有这一切会帮助你在生活和工作中取得成功。

职场中的要和不要

√	×
要认清性格对工作绩效的影响	不要天真地以为大家的想法和行为都和自己一样
要相信自己是一个有才华、有能力的人	不要太在意别人对你的看法
要卸下过去的包袱	不要像祥林嫂那样,一直拉着身边的人讲述自己过去的不快经历
要把目标都写下来	不要设定难以实现的目标
要设定长期和短期目标	不要轻易放弃自己的目标
要确保目标是可以实现的	不要迟迟不设定目标
要使目标具有可测量性	不要设定不现实的目标
要设定优先顺序。在设定目标时权衡利弊,灵活应变	不要轻易放弃,即使在实现目标的道路上碰到困难

概念复习与应用

根据本章所学到的知识,完成以下练习。

- 解释专业素养的重要性
- 制定出加强个人品牌的计划
- 写一份人生规划

关键概念

- 自我认知决定着为人处事的方式以及自己会成为什么类型的员工。

- 对自我、环境及过往经历的看法决定着个人的性格、价值观、态度和自我效能。
- 过往的负面经历会成为不必要的包袱，这种包袱会延迟甚至阻碍你实现自己的个人目标。因此，正视及应对这些经历非常重要。
- 学习风格主要有三种：视觉、听觉和触觉/动觉。必须了解适合自己的最佳学习方法，并意识到别人的学习方法可能与自己不同。
- 设定目标能让人集中精力，增强信心，帮助你在人生的各个方面取得成功。
- 实现目标有助于提高动力和增强自信。
- 目标必须写下来，还必须现实、可测量。确定目标是谁定的以及是谁在控制目标。要确定时间表，清楚自己要在什么时候实现目标。
- 长期目标是指 5～10 年要达到的目标。
- 短期目标是指一年内要实现的目标，是为长期目标的实现而设定的。
- 制定人生目标时，要考虑人生的各个方面，包括个人生活、事业和教育。
- 灵活应变并正确管理各个目标的优先级，对目标的实现非常重要。

Professionalism：Skills for Workplace Success

自测题：配对关键术语和定义

在"答案"栏中填写和关键术语配对的定义编号。

关键术语	答案	定义
态度		1. 对自己工作能力的信念。
外部激励		2. 明确谁在控制你的未来。
目标		3. 你如何看待自己。
人际关系		4. 对于人、事或情况的强烈看法。
内部激励		5. 为了获得一样东西而选择放弃另一样东西。
学习风格		6. 你觉得别人如何看待自己。
人生规划		7. 人生规划中你设定的前进方向。
控制源		8. 决定一个人最善于使用哪些方法获取信息和学习新知。
长期目标		9. 形容你如何看待自己,以及你认为别人如何看待你。
镜像语		10. 来源于自己内部的奖励,可能包括自我满足和成就感。
个人品牌		11. 确定应该做什么,哪些事情应该先做。
性格		12. 个体最看重的是什么。
优先顺序		13. 来自外部的奖励,比如金钱和赞美。
专业素养		14. 可以产生积极业务关系的职场行为。
投射		15. 人和人以及通过人展开的交往。
自我概念		16. 需要花一年以上的时间才能达成的目标。
自我效能		17. 对自己及周边环境的看法会体现在你对待他人的方式上。
自我形象		18. 解释和预测个人行为的一系列特质。
短期目标		19. 反映你希望别人在想起你时脑海中浮现的个人特质。
SMART 目标		20. 一年之内可以达成的目标。
权衡权衡		21. 一种目标设定方法的缩写。
价值观		22. 明确人生各方面目标的一份书面文档。

第 1 章　态度、目标制定和人生规划

换位思考：如果你是老板……

1. 你会如何对待自我效能低下的员工？
2. 注意到人有不同的学习方式后，会如何帮助自己成为更好的老板？
3. 为什么用人单位必须确认每个员工都设定了个人目标和职业目标？

活动

活动 1.1

用 4 个词来描述自己理想中的自我概念（个人品牌）。

| 1 | 3 |
| 2 | 4 |

为了实现自己理想中的个人品牌，需要采取哪些措施？

_____

_____

活动 1.2

有哪些因素影响着你对教育成功的态度？

积极因素	消极因素

活动 1.3

明确并写下你在个人、教育和事业上的长期目标,对每个目标都进行 SMART 测试。

个人	教育	事业

活动 1.4

为活动 1.3 确定的每个长期目标都写三个用于提供支持的短期目标。对每个目标都进行 SMART 测试。

	个人	教育	事业
长期目标			
短期目标 1			
短期目标 2			
短期目标 3			

第 1 章 学有所成・笔记

第 2 章

个人财务管理

安全 • 独立 • 选择

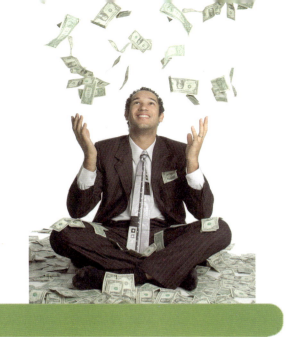

学习目标

- 理解资金管理和预算对个人和职业成功的重要性
- 合理利用信用并了解债务管理资源
- 通过学生贷款、助学金和其他资源为自己的教育提供资金支持
- 了解个人信用报告对财务的影响
- 防范个人身份信息被盗
- 了解自己在哪些地方浪费钱、冲动型消费以及金钱对人际关系的影响

个人自测

你的个人财务管理状况如何？	是	否
1. 我有个人预算。	☐	☐
2. 我定期使用个人预算。	☐	☐
3. 我非常清楚自己支票和 / 或储蓄账户里的余额。	☐	☐
4. 我非常清楚自己的长期债务和信用卡账单。	☐	☐
5. 我每月定期还清信用卡账单。	☐	☐

▶ 如果上述问题有两个或更多的否定回答，说明个人财务管理能力有待提升。学习并运用个人财务管理知识有助于实现个人目标、增强自我概念并更好地理解商业运作机制。

财务管理

我们通过工作来挣钱,并基于自己的目标和价值观来使用金钱。如果个人财务管理没有章法,就很难保持工作高效,有时在工作中也无法取得别人的信任。如果在个人财务管理上毫无计划,会无法控制自己的花销,从而陷入经济危机,使自己压力重重。建立并运用个人财务计划可帮助你养成良好的财务习惯,这对你实现长期计划和获得职业成功非常有益。

个人财务管理(personal financial management)是控制自己的收入和支出的过程。

收入(income)是指所有资金的总流入。它可能是父母给的,也可能来自祖父母、外祖父母、奖学金、学生贷款和/或工作。学生时代的收入可能很少。但大学毕业后,当有了一份新工作,(理想情况下)收入会逐渐增长。随着收入的增长,支出也会增长。现在就学习如何正确处理自己的钱,未来收入增长时就可以更轻松地管理。

支出(expense)是指资金的总流出,是各种开销。比如作为一个学生,支出包括学费、书本费、学习用品费用、住宿费和交通费。基本生活支出包括食品、房租和衣物。其他常见支出还有兴趣爱好、娱乐、医疗和贷款等。

个人财务管理对工作绩效的影响

财务状况会影响生活的各个方面。为了实现在第 1 章制定的目标,管理好个人财务非常重要。个人财务管理并不意味着对各项活动都严加限制。相反,它是在保证财务安全的前提下,帮助你合理使用财务资源来实现目标。现在是时候制定个人财务计划表来锻炼自己这方面的能力了。

合理的财务管理方案意味着需要管理手头的资金,并控制自己的债务。此外还包括合理利用信用并开始储蓄和投资计划来维护一份良好的信用报告。最后,还应该采取措施防范自己的身份信息被盗用。

如前所述,个人财务管理的缺失将对工作造成不良影响。如果财务管理不善,最终会无法支付账单,买不起东西,并因此而承受很大的压力。然后,这种压力会被带进工作中,工作绩效会因此而降低。现在,一些公司要求员工在入职前提交信用报告或者同意公司查询，尤其是一些需要和钱打交道的岗位。雇主认为，如果一个人连自己的个人财务都管理不好，将很难成为一名负责任的员工，也很难得到公司的信任。

案例

出场人物：奥斯卡及其同事

场景说明：奥斯卡的一个同事一直向他借钱买午饭。奥斯卡注意到，这个同事每天早晨都去咖啡馆喝咖啡，而且每天中午都叫外卖。这使他们之间的关系变得有些紧张。奥斯卡自打开始工作，就严格控制自己的个人预算，他每天都从家里带饭到公司，而且很少去咖啡馆。这个同事借了几次钱之后，奥斯卡决定和她谈一谈。奥斯卡告诉她编制个人预算的重要性，并且根据具体情况为她制定了一套预算方案。一段时间后，这个同事便很少再向别人开口借钱了。她也开始从家里带饭，也很少再去咖啡馆。几个月后，该同事有了一些存款，并为此向奥斯卡表示了感谢。

主题讨论
你有哪些消费是不必要的？

资金管理

许多学生都很难维持收支平衡。虽然可能有一份兼职，但收入通常不会太高。也许手头的钱并不多，刚好能够用来读完大学。

第1章解释了如何设定目标。许多目标都需要一定的时间和金钱来实现。长期和短期财务目标是对于个人目标的一种必要的补充。如果想在一年内买车，就必须编制预算，有计划地存钱才能实现该目标。人们往往在口袋里有钱的时候就想着怎么把它花掉，要抵制这种诱惑，多设想一下未来，锻炼自控力。成功的财务管理是从规划和自律开始的。

搜一搜
在网上调查一下，有哪些资金管理App或网站能帮助自己追踪个人财务状况？

个人预算

如果既想管好自己的资金，又想购买一些特别想要的东西，最好的办法就是编制一份预算。预算（budget）是指在特定时间内如何合理分配资金的一份详细财务计划。预算反映了想要实现的目标，并明确为了实现这些目标，你将如何分配自己的资金。达到目标需控制开销，并根据重要性对各项支出进行排序。编制和实现预算时，要尽力做到精确和实事求是。

编制预算的第一步是明确目标。第 1 章已建立并明确了自己未来的目标。这些目标是编制预算的基础，因为你的财务目标要依附于个人目标。本章的许多练习和活动将帮助你学习如何制定财务目标。为了使预算生效，要确定你的收入和支出。记住，收入是进来的钱，支出是出去的钱。最好每月制定预算，所以要确定好每个月的收入和支出。

首先确定自己每个月的总收入。如果知道自己的年收入，将这一数字除以 12 就可以确定月收入。**总收入**（gross income）是指工资单上税前和其他各种代扣项目被扣除之前的金额。不过，为了方便预算编制，请使用净收入。**净收入**（net income）是指扣除所有税费和代扣项目之后的金额。

确定了月收入后，再来看看如何确定支出。请利用活动 2.5 的表格估算自己每个月在每一类别中的开销。如果有没有列出的类别，请自行添加。注意，不要滥用"其他"类别。你的目的是帮自己弄清楚钱都是怎么花掉的。理想情况下，应该在接下来的几个月详细记录自己的各项支出。这样才能真实了解自己的钱都花在什么地方。

固定支出（fixed expenses）是每个月固定不变的支出，比如还贷或房租。**弹性支出**（flexible expenses，也称为可变支出）是每月都发生变化的支出，比如食品和水电气费用。为了确定每个月的弹性支出金额，可汇总过去 12 个月的支出，用平均值作为月度预算。

练习 2.1

上周你都买了些什么？尽可能列出来，然后判断这些东西是生活必需品还是非必需品。

初期的预算不可能尽善尽美，需要根据自己每个月的实际支出加以调整。本章末尾的活动 2.5 提供了一个表格，可用它来创建自己的个人预算。下面是一份示例预算。

	预期（每月收支）	实际（每月收支）	差额（额减去预期）	结余（收入减去所有支出）
收入（单位：美元）				
1. 净收入	1600	1760	160	1760
支出 □ 单位（美元）				
2. 住宿	500	500	0	1260
3. 食品	200	240	40	1020

1. 去年净收入是 19200 美元，所以预期月收入是 19200÷12（每年 12 个月）=1600 美元。但这个月突然涨了工资，年净收入变成 21200 美元，所以今年的实际月净收入变成 21200÷12=1760 美元。预期月收入与实际月收入的差额为 1760-1600=160 美元。
2. 假定房租是每月 500 美元（预期），这是一项固定支出，每个月不变。扣除房租后，结余是 1760-500=1260 美元．
3. 在食品上一般每个月支出 200 美元（预期），但这个月在外面吃得多一些，所以花了 240 美元（实际）。两者差额为 +40 美元。现在的结余是 1260-240=1020 美元。

编制预算的目的是搞清楚自己的财务状况。通过准确编制预算，你会惊讶地发现自己在某些东西上面花了好多钱！可通过预算发现不必要的开支，让你自觉调整，养成良好的个人财务管理习惯。预算可帮你判断自己浪费钱的地方，一些平时可能意识不到的小额支出汇总到一起，其金额可能很可观。一些浪费的常见例子包括午餐点外卖而不是自己从家里带，或者从自动售卖机购买汽水而不是从商店批量购买。

我们来看一个实际浪费钱的地方。例如，到咖啡馆购买一杯咖啡大概要花 4.5 美元。如果一周去 5 次，一年就要花 1170 美元（4.5 美元 ×5 天 ×52 周）。之所以去咖啡馆喝咖啡，可能是因为家里没有咖啡机，因为咖啡机太贵买不起。假定一台咖啡机的价格是 125 美元，咖啡豆的价格是 12 美元/磅，牛奶价格大约是 4 美元。这大概可供一个人喝至少 2 个月。这样算下来，每年自制咖啡的成本约为 245 美元（(12+8) ×6+125）。因此，如果购买咖啡机并自制咖啡，每年竟然能省下近 925 美元！想想吧，925 美元可以用来做不少事情呢！

想一想

个人预算将会如何帮助改善财务状况？

练习 2.2

想想人们容易在哪些不起眼的地方浪费钱？请列出三项（不要和本节的例子重复）。怎样才能把这些钱省下来？

_____

_____

_____

现金管理不仅是成功实施预算的关键，还能避免浪费。随身只携带少量现金，减少用 ATM 取款的次数，少去银行。大多数人手上有现金就很容易花掉。一个好的现金管理习惯是跟踪记录每一笔交易。许多人最后都不清楚自己在什么地方花了多少钱。所以，亲笔记录 ATM 卡、借记卡或者支票账户的每一笔存款和取款。如果只是在心里记账户有多少钱，会造成不准确的记账和超支。现在，有的手机应用也能帮你记账。要学会把钱用在刀刃上，想清楚这笔支出是必要的，还是纯粹的冲动消费。这些现金管理小技巧可帮助你了解自己的钱是在什么时候花的，具体花到了什么地方。

债务管理

债务（debt）是指欠别人的钱。支出和债务存在区别。如前所述，支出是花出去的钱。一种常见支出（比如每个月的房租）是别人开给你的一张**账单**（bill）。**贷款**（loan）是数额比较大的债务，需在一定期限内分期偿还，而且还往往有利息。**利息**（interest）是举债的成本，即除了本金以外付给银行或贷款公司的费用。债务包括各种贷款（汽车、房子和教育）以及使用信用卡产生的消费贷款。你可能已经有一些债务了，如学生贷款以及没有还清的信用卡欠款。

信用卡使许多人发生了债务危机。有的人因无法偿还信用卡而破产，导致信用记录长期不良。为避免自己陷入债务泥潭，应该只购买自己负担得起的商品。本章稍后会讨论如何合理利用信用卡。

要努力保持净值为正。**净值**（net worth）是偿还所有债务之后的剩余资产，即资产与负债之差。**个人资产**（asset）是你拥有的东西，其中一些比较值钱（如汽车、房子和家具）。**负债**（liability）是指你欠钱还钱的义务。例如，如果你有一笔汽车贷款，就有了一笔负债。

虽然你的净值现在或许不算高，但只要坚持实践资产管理，净值一定会得到提升。提升净值的方法就是减少负债，同时提高个人资产。

$$总资产 - 总负债 = 总净值$$

如果已经债台高筑，那么是时候开始减轻债务了。可以向家长、前辈或者财务顾问征求意见和帮助。和债权人谈一谈，看看能否获得一些减免，或者降低利率。销毁但不要取消不必要的信用卡。对负债累累的人而言，取消信用卡可能会影响到信用评级。陷入债务困境的人仍然需要维护信用。

取消或销毁信用卡并不能消除债务。偿还所有债务是必须的。记下每张卡的欠款，列出所欠的金额、待收取的利息以及每个月的还款额。然后，为各项债务排出优先级。先还清欠款金额少的或者利息高的债务。还清一笔债务后，将剩余的钱用于偿还优先级仅次于它的下一笔债务。

不要对债务的危险信号视而不见，现在就采取行动。在美国，一些有信誉的国际化非营利组织（比如全国消费者信用基金会或者Myvesta基金会）能为你提供信用咨询和信用修复服务。

> **想一想**
>
> 有哪些危险信号预示着你即将债务缠身？

学生贷款

制定人生规划时，获得大学学位很可能是一个目标。如何支付大学学费又不至于在毕业时背负巨额债务，已成为学生们的一大挑战。美国大学理事会（College Board）的调查显示，大约三分之二的全日制本科生会以助学金、奖学金、贷款或勤工俭学的形式获得某种形式的经济援助。学生贷款是大多数学生获得的第一笔贷款之一。和所有贷款一样，学生贷款必须连本带息偿还。和其他任何贷款一样，在决定申请学生贷款之前,要先将其他所有资金来源计算在内(如学生贷款仅用于填补部分学费),包括助学金、奖学金、兼职收入、个人储蓄以及家人援助的资金。

如决定申请学生贷款,请确定所需金额,不要借超过该金额的钱。取得贷款后,只能将这些资金用于直接的学校开支。请参考自己的人生规划,努力在规划的时间内取得学位。在这个时候,时间就是金钱。取得学位的时间越长,就越有可能需要依赖学生贷款才能熬到毕业,而这些钱都是要还的。虽然学校可能将学生贷款作为申请过程的一部分,但你必须知道学校提供的是哪种类型的贷款。

美国的学生贷款有两种类型:联邦学生贷款和私人学生贷款。如下表所示,联邦学生贷款有许多优势。但是,并非所有人都有资格获得联邦贷款。

美国联邦学生贷款	私人学生贷款
• 政府出资	• 由私立贷方(例如银行)发放
• 必须在毕业后偿还,或者当学生不再是全日制状态时偿还	• 未毕业时就要开始还款
• 固定利率,利率一般低于私人借贷	• 利率可能固定,也可能浮动
• 无需进行信用检查	• 需要信用检查和/或担保人
• 利息也许能用于减税	• 利息可能无法用于减税
• 多笔贷款可合并(合并为单笔贷款)	• 不能合并为单笔贷款
• 还款计划可能依收入而定	• 提前还款可能有违约金
• 提前还款无违约金	• 不太可能提供贷款豁免
• 向符合要求的人提供贷款豁免	

要获得美国联邦学生贷款,首先必须申请美国联邦学生补助(FAFSA)请在网上搜索 FAFSA,以了解详情。

合理利用信用

为了不使自己陷入债务危机,最好的办法就是管理信用和贷款,并建立一个储蓄计划。对信用卡和贷款的滥用让许多人最终无法负担得起自己的消费。

为贷款和信用卡选择最佳方案时，要考虑利率、隐形成本、贷款或信用卡的用途、还款总额以及还款期限。贷款协议会强调出借方有权更改贷款的条款和条件。请在签字前仔细阅读并理解贷款协议。一旦签署协议，就有法定义务遵守这些条款和条件。

收入增加后，许多银行会邀请你办理信用卡。但不要所有邀请都接受。信用是一种不能滥用的特权。你的目标是建立并保持一个良好的信用。好的信用能帮助你以较低的利率购买车子或房子这样的大件。将信用卡作为建立并保持良好信用的工具。合理消费，每月都还清欠款。如果无法每月还清，就不要使用信用卡。只用信用卡购买负担得起的东西，并总是及时还款。尽量避免用用信用卡提现，因为银行通常对信用卡提现收取很高的利率。那些喜欢在非紧急情况下提现的人一般更容易陷入债务泥潭。

案例

出场人物：米妮

场景说明：米妮收到了许多信用卡的开卡邀请，决定申请其中一种。她知道信用卡可能给自己带来财务危机。但她也知道，获得汽车贷款必须有良好的信用报告。所以她觉得，只要不用信用卡乱花钱，申请一张也没什么坏处。米妮仔细阅读了每种信用卡的申请条款，包括年费、最低还款额和利率等，她还了解了保留条款、附属细则以及各种隐性费用。最后，她决定申请一张最适合自己的信用卡，而且只用它来积累信用。每个月，米妮都会及时还清欠款。

主题讨论

如果米妮不是每个月结清信用卡贷款，会面临哪些风险？

如果已经深陷债务泥潭，就不要每次只支付最低还款额。应该尽量多还款。千万不要不还款或逾期还款，这些行为会反映到个人信用报告上。

仅借贷用于必要的交通、上学、买房或者一些紧急事项。即便如此，贷来的钱也要合理使用，不能超支，而且只能买自己负担得起的东西。

信用报告

申请信用贷款时,银行会评估你的品质、还款能力、抵押品和条件。其中,品质(character)反映的是你之前按时偿还账单的行为,这些记录有助于银行判断你是否会及时偿还贷款。还款能力(capacity)是指偿还贷款的能力,你的收入在其中起着决定性作用。抵押品(collateral)是指你拥有的作为偿债担保的资产。条件(condition)是可能妨碍你偿还贷款的潜在因素;例如,农场主可能遭遇干旱天气。申请贷款时的一个重要流程是审查你的信用报告。**信用报告**(credit report)是个人的详尽信用历史。银行或贷款机构根据该记录决定是否批贷。信用报告详细记载了你过去及现在的所有信用卡消费和贷款偿还情况。它显示了你是否按时还款,或者是否根本没有还款。会根据信用报告提出一个信用分数。信用分数是基于信用历史的一种评级系统,银行或贷款机构根据它来了解贷款风险。在美国,FICO(Fair Isaac Corporation)信用分是最常用的一种信用评级系统。FICO信用分范围是300~850分。得分越高,信用越好,更有可能获得低利率贷款。如果FICO信用分很低,则表明信用评级不良,将很难获得贷款。即便获批,利率也会比较高。

信用报告包括你的所有个人信息,如曾用名、家庭住址和工作单位等。是否有财产作为抵押品、是否曾经丧失抵押品赎回权以及是否曾经破产也会显示在信用报告中。如因为信用报告欠佳而被金融机构拒绝贷款申请,那么该机构有法定义务提供一份信用报告的副本给你。

美国有三家信用报告机构,分别是艾可飞(Equifax)、益百利(Experian)和环联(TransUnion)。FICO信用分是由这些机构的评分综合而来的。根据美国联邦法律规定,你有权要求这些机构每年提供一份信用报告副本。详情可以访问www.annualcreditreport.com,虽然还有其他网站可以提供免费信用报告,但只有该网站由三家信用报告机构共同赞助,并加入了美国全国免费信用报告计划。要充分利用这一便利条件,经常监测自己的信用情况。由于每年都能从每个机构获得一份免费信用报告，所以一年中可以获得三份不同时间的信用报告。例如，1月从艾可飞那里拿一份信用报告，5月从环联拿一份，9月则从益百利拿一份。这样就能全年免费监测自己的信用。如果发现报告中存在错误，请向信用报告机构反映以便及时更正。

存款和投资

不要等到工作后才开始考虑存款，请从现在开始做起。一般情况下，至少应该存下 5~8 个月的收入以备不时之需。为了开始存款，首先保证支出少于收入。通过做预算来发现不必要的开支，并将其转化为存款。

要用积蓄来赚取利息。如果公司提供了自动扣款服务，请使用它。自动扣款计划（automatic deduction plan）会自动从薪水中扣除一部分，并将其存入一个账户。可以每个月将 5% 的收入存入储蓄账户。

在存款时，要对资金进行分类，哪些资金需要随时取用，哪些资金在一段时间内都不会用到。需要随时取用的资金应该存活期，一段时间内不用的资金可以存定期。活期利率低于定期利率，但是可以随时往活期账户里存钱或者从里面取钱，这样做不会损失利息。尽管定期利率比较高，但在一段时间内，资金会被冻结，既不可以往里面存钱，也不可以从里面取钱。如果提前取出，会损失利息收入。

投资则和存款不同。存款主要是为了短期目标或者应对紧急情况而将资金存放起来，而投资涉及财产的累积以求在未来得到收益，即让资产得到增值，它的时间段更长一些。传统的投资产品包括股票、基金、房地产等。但是，投资有风险，必须首先确保自己已经预留足够的资金应对紧急事宜，剩下的钱才能用于投资。

投资也应该尽早开始。如果投资得当，资金就会像滚雪球一样越滚越多。投资的渠道有很多，需要一一比较，确定自己可以承受的风险水平。记住，不要将自己的所有资金都用于投资，也不要将所有资金都押到某种投资产品上。

> **搜一搜**
>
> 在网上找一个储蓄和投资知识测试验，亲自测测看！

个人身份盗用

近些年来，防范身份信息被盗变得越来越重要。一旦身份信息被盗，不法之徒会以你的名义申请贷款。为减少此类事件的发生，要仔细检查月度银行流水和信用卡对账单，确定所有费用都是有效和准确的。如果发现异常消费，请立即向银行报告。保管好至少近三年的银行流水、信用卡对账单和其他财务文件。身份窃贼最喜欢的个人信息包括身份证号（社保号）、出生日期、信用卡号等。含有个人信息的所有通讯（电子或硬拷贝）都要删除。最好选择不要接收发卡商发来的推广邮件。为防万一，可以复印驾照、身份证和其他所有信用资料，并存放到安全的地方。不要将重要信息（身份证号、出生日期等）告诉身份不明的人，除非能确认对方的确是申请贷款的银行的正式员工。这些信息落入不法之徒之手，他们就能冒名顶替，招摇撞骗。

记住以下要点。

- 确认对方身份前，不要在电话和网络中透露自己的身份信息。
- 如果使用互联网，仅使用以 https:// 开头或者地址栏有小锁图标的安全网址。
- 记录所有重要号码，如驾照编号、身份证号、信用卡号和存款账户等，并存放到安全的地方。
- 妥善管理自己的财务状况，仔细查看信用卡对账单、银行流水、信用报告及其他财务文件。
- 不要在邮寄的信用卡账单和别人发的广告上留下自己的签名。
- 定期监测信用卡账单和银行流水。
- 如果接到银行信用卡中心的电话，说你有可疑的账户活动，千万不要忽视。很可能有人窃取了你的个人身份信息，用你的名义消费或骗贷。

如果个人信息不幸被盗，首先应该报警，并且马上与银行、信用卡中心以及社保管理机构联系。将自己最近做过的事情、联系过的人一一记录下来，提供给警方。

练习 2.3

说一说盗用个人身份信息的人是如何得到这些信息的。

_____

_____

_____

其他财务注意事项

如本章所述，个人理财是人生规划不可或缺的一部分。消费和储蓄时，要考虑财务决策带来的长期影响。当监控财务状况时，请尝试找出哪些消费是冲动消费。冲动消费会严重损害预算。进行计划外的购买之前，想想自己为什么要买这个东西，有没有必要。和朋友聚会该结账时，在提出让大家把现金给你，你来负责刷信用卡结账之前，请三思而后行。信用卡还款日前就把现金花完了是非常有可能的。

借出大笔资金或共同签署贷款时要谨慎。共同签署的贷款你有100%的责任。另一方不还清债务，你个人信用评分也会降低。将所有财务文件存放在一个安全的地方，最好放在防火的保险箱中。如果没有保险箱，请尽一切努力确保所有财务信息的安全。与信誉良好的金融机构（例如银行或信用合作社）建立长期合作关系。这样不仅提供了统一的现金和储蓄交易场所，还为可能需要的其他金融服务（包括支票兑现、贷款、银行保险箱和长期投资方案）创造了资源。

最后，由于个人财务事项属于个人，所以在选择配偶或伴侣时，请将个人理财考虑进来。个人花钱的方式反映了个人的价值观和生活方式。选择一个能与你共享人生目标和财务理念的人。这有助于加强伴侣间的沟通、信任以及共同成功实现这些目标的可能性。

职场中的要和不要

✓	✗
要设定有效的财务目标	不要滥用信用卡
要编制预算	不要浪费钱
要现在就开始存款和投资	不要忽视信用报告
要学会保护个人身份信息	不要全部用现金开支

概念复习与应用

根据本章所学到的知识，完成以下练习。

- 编制并实施个人预算，加入储蓄和投资目标。
- 将新学到的个人理财知识整合到人生规划中。
- 调查并说明自己认为比较好的信贷类型和使用方式。

关键概念

- 个人财务管理是指对个人的收入和支出进行控制。
- 收入是指资金的总流入。
- 支出是指资金的总流出。
- 预算是一份详细的财务计划。
- 编制预算的第一步是明确目标。
- 债务是你欠的钱。
- 净值是偿还所有债务后剩余的资产。
- 信用报告是个人的信用情况记录。
- 身份盗用是指不法之徒得到你的个人信息后冒名顶替和招摇撞骗。

自测题：配对关键术语和定义

在"答案"栏中填写和关键术语配对的定义编号。

关键术语	答案	定义
资产		1. 每个月固定不变的支出。
自动扣除		2. 你拥有的比较值钱的物品。
预算		3. 举债成本。
信用报告		4. 平时可能意识不到的小额支出，它们汇总到一起很很可观。
债务		5. 个人的详细信用历史。
支出		6. 流入的资金。
FICO 信用分		7. 工资单上税前和其他各种代扣项目被扣除之前的金额。
固定支出		8. 自动从员工的薪水扣除一部分，代存到银行的储蓄账户。
弹性支出		9. 需在一定期限内分期偿还，并要收取利息的大额债务。
总收入		10. 扣税和扣除其他代扣项目之后到手的收入。
收入		11. 流出的资金。
利率		12. 控制个人收入和支出的过程。
负债		13. 在一段特定的时间内分配资金的一份详细财务计划。
贷款		14. 偿还欠款的义务。
浪费钱的地方		15. 偿清债务之后余下的钱。
净收入		16. 最常用的信用分系统。
净值		17. 每个月都在变的支出。
个人财务管理		18. 你欠的钱。

换位思考：如果你是老板……

1. 你要招聘一个经常和现金打交道的前台，为保证找到合适人选，你会采取哪些措施？
2. 为什么你要告诫员工个人财务管理非常重要？关于个人财务管理，你有什么新的想法？

活动

活动 2.1

确定自己的月收入,尽量如实填写以下信息。

月薪(税后净收入):	
月利息收入(存款和支票等):	
每月其他收入:	
每月总收入:	

活动 2.2

如果现在正处于负债状态,请列出每一笔贷款、每月还款额以及欠款总额。包括每年支付的利息金额。确定应该优先偿还哪笔债务。

债权人(信用卡公司、零售商、银行等)	每月还款额(元)	欠款总额(元)	年利率	偿还顺序

活动 2.3

根据在活动 1.4 中确定的目标创建财务目标以支持人生规划。确定实现各个目标所需的资金。在最后一列中,确定每个目标的预计达成年份。

	目标	财务目标（预计金额）	达成年份
个人生活			
长期目标			
短期目标 1			
短期目标 2			
短期目标 3			
教育			
长期目标			
短期目标 1			
短期目标 2			
短期目标 3			
事业			
长期目标			
短期目标 1			
短期目标 1			
短期目标 3			

活动 2.4

请用下列表格记录自己两周内发生的各项开销，即便是小额支出也不要遗漏。详细列出各项开销发生的日期、金额、所购产品或服务以及支付方式。

日期	金额	所购产品或服务	支付方式（现金、信用卡、借记卡、支票）

活动 2.5

编制个人预算,但只填写"预期支出"一栏。一个月后,记录实际支出,然后计算差额,看看哪些地方能省钱。

_____月预算表			
每月开销类别	预期支出	实际支出	差额(+或-)
每月可支配收入总额			
支出项:			
服装			
通信(手机、上网)			
日托			
还债(含学生贷款)			
捐赠			
教育			
娱乐			
食品			
住宿			
保险			
投资			
医疗			
交通			
水电气			
其他			

第 2 章　学有所成·笔记

第 3 章

时间和压力的管理与组织技巧

能干 • 冷静 • 高效

学习目标

- 理解压力对工作表现的影响
- 明确压力的类型、产生的原因以及应对措施
- 了解并运用时间管理工具
- 解决拖延症,提升个人生产力
- 理解有条理对时间和压力管理的影响
- 能够说出并在学校及工作场所中应用的组织技巧

个人自测:条理性

你是一个有条理的人吗?	是	否
1. 我的车内非常干净。	☐	☐
2. 我工作的地方从不杂乱无章。	☐	☐
3. 我的电脑文件存放有序,查找很方便。	☐	☐
4. 我用一个通讯录(电子或纸质)管理自己的专业社交网络。	☐	☐
5. 我每天都整理床铺。	☐	☐

▶ 如果上述问题有三个或更多肯定的回答,就表明你是一个有条理的人!在生活的所有方面都做到有条不紊,有利于缓解压力并优化时间管理。这两个因素是取得职业成功的关键。

压力对绩效的影响

走进工作场所，很快就会对工作环境有一个初步印象。这个初步印象主要来自员工的言行举止以及相互之间的交往模式。同时，你还会注意到工作区域是凌乱不堪还是整洁有序。本章将着重讨论压力管理、时间管理以及组织能力对工作绩效的影响。东西都有条理地摆放，能让我们的工作更轻松，帮我们节约时间。事先不做合理的计划，造成没有足够的时间完成工作，就会感受到压力。当然，还有其他因素影响着工作绩效，但毫无疑问，时间、压力以及组织能力是最重要的因素。压力管理、时间管理和组织能力是必须发展和持续实践的个人技能。如第1章所述，良好的个人习惯会反应在工作中，最终转变为正面的工作行为。身体健康的员工工作高效、很少旷工，和身体不健康的员工相比，他们很少抱怨自己身体不适。

压力（stress）是身体对紧张情形做出的反应。压力会对工作绩效产生影响，而压力又受各种因素的影响，包括饮食、体育锻炼、时间管理和组织管理能力等。压力不仅会让某一天变得很糟，持久的压力还会造成永久性的心理和生理损伤。

虽然有些压力是有益的，能够让思维保持活跃，但持久的压力迟早会造成这样或那样的损伤。它不仅会对工作绩效产生影响，而且还会影响个人生活。尽管很难做到控制所有的压力，但请尽量将其保持在一个较低水平。由压力引起的损失非常严重，据世界卫生组织（WTO）估计，美国企业每年要为此付出3000亿美元的成本。

压力的种类

例如在课堂上，老师决定让学生们举办一次关于本课内容的即兴演讲。一些有准备且自信的学生自然对此兴奋不已，但另一些没有准备且相对内向的学生则会感到脸红心跳，有些不知所措。结果，他们会感到压力很大。从这个例子可以看出，每个人对压力情形的感知是不同的。可以说，压力是生活的一部分，但重要的是要认识到自己所承受的压力，并能妥善处理压力。压力有积极的，也有消极的。无论在学校、公司还是

说一说

来自学校的压力是如何影响你生活中其他方面的？

第 3 章　时间和压力的管理与组织技巧　　41

在家里，你都会感受到压力，无法避免。但对压力的反应和应对方式决定着压力会产生怎样的影响。有些压力比较轻微，只在某段时间产生影响。这可能是一种**正面压力**（positive stress），它激励你努力完成工作。但即便是正面压力，持续时间过长也会造成伤害。例如，某项工作的截止日期就要到了，肾上腺素激增，使身体和头脑保持兴奋状态，从而让你能够按时完成任务。但是，如果一直处于这种赶时间的状态，压力水平居高不下，最后会导致你厌恶工作，身心疲惫。

负面压力（negative stress）会导致情绪起伏很大，思维混乱。这种压力会对身心造成损害，带来易怒、沮丧和多疑的表现。还有另一些症状，比如头痛、疲劳、暴饮暴食、免疫力下降和身体虚弱。如情况严重，负面压力最终还会导致溃疡、心脏病和精神障碍。

> **说一说**
>
> 学生可能要面对哪些常见的负面压力源？怎样积极应对？

案例

出场人物：迪伦

场景说明：迪伦最近经常头痛，并且很容易感到疲劳。想了想近来发生的事情，迪伦意识到头痛和疲劳可能都是压力太大造成的。最近实在太忙了，除了工作和学习，几乎没有一点休闲时间。迪伦决定改变这种状态，否则身体健康状况还会持续恶化。于是，他花时间写下近期目标，并制定了计划，积极运用压力管理技巧。没过多久，迪伦感觉好多了，他在学习和工作上游刃有余，还能时不时地放松一下。

> **主题讨论**
>
> 迪伦还可能有什么样的症状是压力的表现？

练习 3.1

列出上一年让你感到很有压力的事情，至少三件，写下它们对你的身心所造成的影响。

_____

_____

_____

应对压力

应对压力的第一步是找出生活中主要的压力源。找出压力源并妥善处理，会降低它们的消极影响。需要搞清楚它们是如何影响心态和行为的。虽然生活中压力无处不在，但以下举措可以减少压力造成的不良影响。

1. 找出让自己觉得很有压力的事情。
2. 搞清楚自己为什么会对这些压力源有反应以及自己的反应体现在哪些方面。
3. 通过事先设想情境和设定目标来积极应对这些压力源。
4. 使用一些有助于缓解压力的方法。

案例

出场人物：格蕾丝和佐伊

场景说明：格蕾丝注意到，她的同事佐伊最近脾气很不好。但她平时不是这样的，以前和她合作的时候，总是非常愉快。所以，格蕾丝决定和她谈一谈，看看她到底发生了什么事情。原来，佐伊受到某个同事的骚扰，她告诉格蕾丝，这件事情让她感到很有压力，并且已经严重影响到她的工作和个人生活。格蕾丝鼓励佐伊积极采取措施，及时制止对方的骚扰（详见第12章），她还向佐伊介绍了一些应对压力的方法。通过妥善处理问题并积极采取行动来缓解压力，佐伊重新做回了快乐的自己。

> **主题讨论**
> 你会对一个明显正在承受着巨大压力的朋友提出哪些建议？

不能对压力视而不见。找到压力产生的原因才能采取相应的措施来改变它对自己的影响。

有两个重要的减压方法：控制饮食和加强锻炼。健康的心智离不开健康的身体。饮食要健康均衡，一日三餐一顿都不能少，并且每顿饭都要搭配均衡，要摄取适量的蛋白质、碳水化合物、蔬菜和水果。不要为了省事而不吃某顿饭，特别是早餐。

此外，加强体育锻炼也非常重要。运动时会分泌安多酚，这是一种能够带来愉悦感的物质，有助于改善情绪，提高睡眠质量，减轻抑郁和焦虑感。加强体育锻炼不仅能让身体健康，还能让你抛开烦恼，激发创造力。这并不意味着一定要参加什么健身班或减肥班，但需要制定一个持久的锻炼计划，保证自己的身体得到充分运动。可采取一些简单的运动方法，比如用爬楼梯的方式代替乘电梯，也可以把车停得稍微远一些以增加步行距离。只需每天锻炼几次，每次锻炼十分钟左右，便可增强体质，保持活力。还可以减少（或理想情况下停止）对酒精的滥用。这种刺激物可能会导致情绪波动，这通常会使情况变得更糟。在大学生中很常见的睡眠不足也是造成压力的原因之一。睡眠不足会导致肥胖、抑郁和其他慢性疾病。疾控中心建议成年人每天睡 7～9 个小时。如果无法在同一时间精神焕发地醒来，那么很有可能是睡眠不足所造成的。循序渐进地改变睡眠习惯。提前睡觉，睡前限制咖啡因的摄入并在安静和黑暗的环境中入眠（可通过耳塞和眼罩来改善环境）。如果可以持续地在没有闹铃的情况下于同一时间醒来，就意味着睡眠已经十分充足了。当身体获得足够的睡眠时，能量水平、心情和生产力都会得到显著改善。

> **想一想**
>
> 酒精常常用于缓解压力，但它会对身体健康造成哪些影响呢？

释放压力的方式还有很多种。你可能已经在不知不觉中运用了其中的一些方法，其中包括好好享受属于自己的休闲时间、听音乐、深呼吸练习、凝神冥想以及使用积极的想象等。

找到压力产生的原因，就能更好地控制压力源。自己的工作生活安排地越有条理，就越能有效地应对压力，进而减轻压力。

控制好自己的情绪也很重要。情绪化意味着对压力失去了控制，会变得不讲逻辑。如果在工作中，同事都不是很积极，很难融入他们，那么请给自己创造一个私人空间，让自己每天都可以有时间休息放松一会儿。要明白，在工作中不可能每个人的想法都和自己一致，而且还会碰到令人讨厌或者关系恶劣的人。

在压力大的情形下，可以使用刚刚提到的一些减压方法。如第 1 章所述，只有自己才能控制自己的态度以及对糟糕情况的反应。

学会放下手头的工作稍事休息，不要把工作上的烦恼带回家。认清压力源并学会好好照顾自己之后，就可以削弱压力对自己工作和生活所造成的不利影响，甚至彻底消除它。与最亲密的家人和朋友建立并维护一个朋友圈，和他们一起交流并倾诉烦恼。制定切合实际的目标也是很重要的。

如果公司提供了员工援助计划（EAP），可以从那里获得专业帮助。

> **搜一搜**
>
> 找一个提供营养资源的 APP 或网站来帮助自己维持健康饮食。

员工援助计划主要为员工提供有关财务、法律或者心理方面的支持。我们将在第 12 章详细讲解有关员工援助计划的内容。

职业倦怠（job burnout）是压力情形下的一种极端表现形式，会感到工作没有动力、没有激情。导致职业倦怠的因素有很多，包括对影响工作的决策没有掌控力、对工作职责的了解不够明晰、有仗势欺人或消极怠工的同事、有讨厌的老板或者对从事的工作或事业不感兴趣等。

职业倦怠通常有以下几种特征：

- 经常表现得行动迟缓或者心不在焉
- 总爱抱怨
- 生理和心理都不健康
- 不在乎生活品质
- 总是看时间，很容易心烦意乱
- 工作上没有成就感
- 总想给公司造成一些损害（悄悄拿一些公司的财产或直接毁坏）

找出导致职业倦怠的根源，并采取措施，在造成不良影响之前解决或消除这个问题。如果一直努力改变当前的工作状态，却发现自己钻进了一个死胡同，没有出路，可能需要考虑换一份工作。长期从事一项自己并不热爱的工作，无论对自己，还是对公司都会造成破坏性的伤害。

> **搜一搜**
>
> 在网上搜索一个在线测试来衡量自己的压力等级。

练习 3.2

如果产生了职业倦怠，你会怎么办？

_____

_____

_____

时间管理

还记得之前我们讲到的老师在课堂上要求即兴演讲的例子吗,有的学生因此而有特别大的压力,有的学生却因此很兴奋。这些学生之所以有压力,很可能是因为他们没有花时间认真学习,所以准备不充分。从中,我们可以看出压力和时间管理有着紧密的联系。**时间管理**(Time management)是指如何有效运用自己的时间。我们常说,时间就是金钱。如何有效运用时间本身就是一项技能。在工作中特别需要这种技能。如果能有效运用时间,就能按时完成任务,甚至还能提前完成。如果不对时间进行有效的管理,很可能会做一些丢西瓜捡芝麻的事情,在一些并不重要的工作上花费过多精力,却没有足够的时间完成真正重要的任务。有效的时间管理能为工作和生活节约出更多的时间。在第一时间将精力集中在手头的工作上,并且注重细节。这样全神贯注的工作有助于提高工作绩效,让工作变得有条理,而你的上司会认为你很重视自己的工作,这样就有可能获得更多加薪和升职的机会。

在工作中,往往会因为没有足够时间完成任务而感到压力很大。但是,很多工作在本质上是相似的,这样就很容易管理。在工作开始之前,花一点时间制定计划,为各项任务确定优先级别,并把它们安排得井井有条。不要总是拖到最后一分钟才开始着手工作。如果总是要做类似的工作,可以自己创作一个模板,这样就不用每次都重新开始了。不要不假思索,匆忙地开始工作,这样不仅很容易出错,后面还得花更多的时间纠正。要学会尽量一次性完成任务。

工作时常常有人来拜访,并且一来就是很长时间,这会打扰你的工作。遇到这种情况,要做到有礼有节。要礼貌地告诉对方,虽然自己很欢迎他的来访,但还有许多工作需要完成。如果是在办公室,不要邀请对方进屋座谈,这样可能会浪费更多的时间,在办公室门口站着把事情说清楚就可以了。委婉地告知对方,你现在很忙,没有时间和他详谈。不要在办公桌上摆放一些糖果盘,这会延长客人的停留时间。

把繁杂的任务分解成更简单、更小的任务。分解任务时将不同的事项分开,这样就可以规划完成每项任务需要花多少时间。当然,有紧急任务需要优先完成时除外。

> **延伸**
>
> 现代管理学之父德鲁克的时间管理诀窍
> 1. 始终坚持记录自己的时间使用情况。
> 2. 杜绝浪费时间的因素。
> 3. 统一安排可以自由支配的时间,保证专注不受打扰。
> 4. 要事第一与一次做好一件事。

本书以后会详细介绍如何使用身体语言以及如何与他人沟通。

请利用章末活动 3.1 的表格来弄清楚自己是如何利用时间的。参考以下建议进行高效的时间管理。

1. 列出每天需要完成的工作并按照优先级进行排序。这通常称为"任务清单"（to-do list）。许多电脑和智能手机都有这类应用，可以用它们建立一个电子版的任务清单。
2. 保证手头时刻有日历。可在日历上记录约会、会议或工作任务的详细信息。日历可以是纸质的，也可以是电子版的。
3. 整理工作区（包括电脑上的），用文件夹和收件箱整理项目并进行优先级排序。
4. 实施一次性处理策略。也就是说，读完文件、信件、备忘录或其他东西后，要么将其归档，要么将其排入工作日程，要么转发给相关个人，要么扔掉。不要任由它们在办公桌上堆积如山。
5. 只回复那些仅需简短答复的备忘录。直接将回复写在备忘录原件上，并保留一份副本作记录。
6. 不要浪费时间。有些事情看似不影响工作，但如果发生的频率过多，会对工作造成实质性的影响。这些事情包括上班时间串门、频繁发短信，不停地刷社交网络等。
7. 如果可能，留出一段时间来集中处理沟通问题（比如发送电子邮件和短信），不要分散处理。
8. 不要害怕寻求帮助。如果可以很好地运用时间管理技巧，你会清楚地知道寻求帮助并不意味着自己能力不够或效率低下。

练习 3.3

列出过去几周你在哪些地方浪费了时间。这些浪费对工作绩效有什么影响？你打算采取哪些行动来改变这种状况？

_____

_____

_____

拖延（procrastination）是指将任务推迟到很晚才开始启动。这种坏习惯对时间管理有严重影响，并给你带来很大的压力。导致拖延的原因有很多，比如害怕失败、做事追求完美、没有条理或者纯粹是因为不喜欢工作。拖延可能导致错失良机。工作中的拖延可能导致被扣工资、失去同事和上司的信任或者无法得到最理想的成果。为了克服拖延症，可以先想象一下自己完成任务之后的最终结果和心理感受，这会给自己带来动力。接下来要弄清楚需要哪些信息和资源才能得到预期结果，然后在此基础上制定任务完成计划。制定任务之后，就马上开始工作。如果任务非常艰巨，就将它分解成更小的任务，并将每个小任务进行优先级排序。在完成一项艰巨任务的过程中，休息并庆祝一下自己所取得的阶段性成果是非常重要的，这对自己也是一种鼓舞。

> **想一想**
>
> 你最近一次在工作或学校的项目上拖延是什么时候？拖延的原因是什么？带来了什么样的后果？

案例

出场人物：乔丹妮

场景说明：乔丹妮有一门必修课是化学，老师布置了研究任务，需要一学期的时间。老师在学期开始时布置了这个学习任务，并建议学生们制定计划和时间表，详细写明在什么时间完成什么任务，以便期末能交出一份合格的报告。乔丹妮课业繁重，拖延了这个作业。不幸的是，期末来临时，乔丹妮又被一大堆事情淹没了——其他课业、工作以及个人问题，于是，这份研究报告被一拖再拖。一想到这份报告，乔丹妮就觉得压力很大。最后，这学期还剩最后两星期的时候，化学老师提醒学生们，所有的研究报告必须在期末考试的前一天交上来。乔丹妮这才意识到自己已经没有时间既准备考试，又写研究报告。拖延使乔丹妮很有压力，最后挂掉了这门化学课，因为她完全放弃了，根本没有写研究报告，也没有参加化学期末考试。

> **主题讨论**
>
> 乔丹妮本可采取什么行动来避免拖延？

此外，还有一个导致压力和时间管理效率低下的因素，即许多人都不会对同事、上司以及其他人说"不"。在工作中，我们的任务是优先考虑自己当前的工作，提高工作效率。如果承诺的事情超过了自身的能力，就会影响到自己的工作效率。

> **说一说**
>
> 校园中还有哪些活动学生喜欢拖延完成？

　　如果时间有限，又有做另一个项目的同事需要帮助，首先需要衡量这个项目是否属于需要优先完成的任务。如果有时间，并且这个项目与需要优先完成的项目没有冲突，可以同意参与这个项目。相反，如果没有时间或者有更重要的事情要做，就要果断拒绝。如果这个要求是上司提出的，应该礼貌地告诉他，虽然愿意随时待命，但当前还有另一项需要优先完成的任务。咨询一下上司，自己应该先完成哪一个任务。因为很多上司都不清楚下属在特定时间的具体任务，所以需要和上司交流，明确当前哪一个任务最优先。

组织和绩效

　　有条理的人总是围绕着目标工作，他们清楚地知道被杂事包围是不可能集中精力的。他们会根据自己的目标合理规划家庭和工作环境。在第 1 章中，你已经有了自己的人生规划，并为此制定了目标。人生规划明确了你希望完成什么以及在什么时候完成。为了使自己有优异的表现而变得有条理，这并不是一件难事，这不仅能更有效地利用时间，还有利于缓解压力。

　　尽管让自己的生活变得井然有序会花一些时间，但要相信，这会为你实现目标赢得更多的时间。井井有条的清净环境使人心境平和，更容易集中精力。

　　许多工作中有条理的方法也同样适用于家庭生活。现代科技让我们可以通过使用电子设备变得更有条理。不过，请不要忘记那些看似普通但同样有效的工具，如碎纸机、文件柜以及各种办公收纳装备。

　　学会使用日历是让生活变得有序的最简单的方法。日历有很多种，如电脑日历、手机日历和传统的纸质日历等。由于大多数人在工作中都要使用电脑，所以在商业上为了效率，很多人都青睐电子日历。现在很容易访问 Web 信息管理工具、电脑以及手机。选择最适合自己情况的日历类型。当然，也可同时使用多种日历并进行同步。决定好之后，就要录入所有与工作相关的会议、个人约会以及重要期限。如果选择电子版的个人信息管理和通信软件，请将电话号码、电子邮箱以及其他重要数据存入其中以便查询下来。要随时查看并更新需要及时完成的任务、待办事项和笔记。只要情况发生变化，就要立即记录。如果使用了多种组织工具，请养成每天转移数据的习惯，或者利用软件的自动同步功能保持所有设备的自动同步与更新。为了使效率最大化，请根据自己的需要定制应用程序。

保持有条理并提高工作绩效的另一种方式是集中回复短信和电子邮件。每次收到即回会浪费很多时间。除非很重要需要马上回复，否则请选个时间集中回复。

如果有自己的办公空间，请确保工作环境和办公桌整洁干净。办公桌只放少量私人物品，这样看起来更专业。整理办公用品，把不需要的都收走，偶尔用到的放入抽屉。常用的放手边，包括订书机、透明胶、记事本、笔、修正带/液、剪刀、尺、计算器、荧光笔和一个电脑存储设备（如U盘）。将一些物品放在需要用到它们的地方，比如把A4纸放在打印机边上，记事本放在手机旁边。用完后记得放回原处。另外，将一些重要信息写在小纸片上或者建立一个空白文档，以便提醒自己注意一些重要任务和约会。办公桌旁最好放个垃圾桶，以便及时扔掉报废或用完了的办公用品。切记，每天至少销毁一次机密文件。

整理纸质文档时，把文件放到文件夹里，贴上标签，然后放入文件柜妥善保管。不要往文件柜里塞其他东西。文件要按照时间先后顺序保存（最近的放在最上面），其他文件可以根据主题或者首字母进行归档。请坚持用同一种文件归档方法。经常用到的文件应该是非常顺手的。文件应及时更新，过时的应妥善处理。任何含有个人信息或证件号码的废弃文件都应该用碎纸机销毁，其他不重要的或不包含个人信息的文件可以直接扔进垃圾桶。

出于效率和安全的考虑，还需要有序保存自己的电子文档。电脑桌面只放常用程序的快捷方式和需要紧急处理的文档。定期清理电脑桌面，让它保持整洁。和纸质文件一样，电子文档也需保持有序并标记清楚。与工作相关的重要项目文件、会议资料及其他事项，需要建立文件夹保存起来。为所有大项目都建立文件夹，以便在必要的时候能很方便地将文件归档或者恢复。为文件和文件夹命名的时候，尽可能简单明了。请记住，一定要对文件进行例行备份并妥善保存，以保护个人的机密信息。

高效的组织还意味着需要妥善处理电子邮件和书面信件。工作也许要求你为部门分发信件并进行归类,请使用开信刀集中打开所有信封。开启信封后,再进行分类。如果发现垃圾信件,请马上扔掉或用碎纸机处理掉。如有必要,请回复信件,然后将文件归档,或者将信件转给公司相关同事。除非获得许可,否则不要打开标有机密的信件。信件具有私密性,不能随意泄露给他人。如果收到一封原本机密佢尚未标明的信件,那么应该将其单独装入一个信封,并在信封上标明机密。不要将印有公司抬头的信纸用于私人通信,也不要为个人信件使用公司邮资。

职场中的要和不要

√	×
要认清压力源	不要等到身心疲惫的时候才开始重视压力
要以合理的方式应对压力	不要以为压力会自动消失
要保持营养均衡并制定锻炼计划	不要不吃早餐
要通过设定优先级来管理时间	(如果落后的话)不要害怕向别人求助
要花一些时间来让自己有条理	不要浪费时间

概念复习与应用

根据本章所学到的知识,完成以下练习。

- 运用本章介绍的工具来制定压力管理计划。
- 创建和利用日历系统。
- 总结如何让办公区域变得井然有序。

关键概念

- 压力是导致生理或心理紧张的物理、化学或情感因素。
- 压力可以是正面的,也可以是负面的。
- 压力的表现包括变得情绪化、没有逻辑或不能控制脾气。
- 应对压力的第一步是确定压力源。
- 均衡的饮食和适度的锻炼有助于更好地管理压力。
- 减压方法有很多,比如设定目标、放松和保证充足的睡眠。
- 一旦做到井井有条,就更容易培养良好的时间管理习惯。
- 向拖延症说不。
- 把工作组织得井井有条,有助于提高工作表现和减轻压力。

自测题:配对关键术语和定义

在"答案"栏中填写和关键术语配对的定义编号。

关键术语	答案	定义
职业倦怠		1. 把手头的任务拖到很晚才做。
负面压力		2. 管理时间的方式。
正面压力		3. 紧张情况下的生理反应。
拖延		4. 一种极端压力的形式,失去动力,对工作失去了兴趣。
压力		5. 让人有动力完成任务的一种积极的压力。
时间管理		6. 会导致生产力降低的压力,对身心健康不利。

换位思考:如果你是老板……

1. 你发现有个员工经常请病假,并且工作时表现得很烦躁。你会怎么做?
2. 你刚被任命为一个新部门的主管。怎样才能让部门有条不紊地运行,让员工的工作更有条理?请从沟通工具、必要的设备和软件等方面展开讨论。

活动

活动 3.1

创建一个时间日志，详细记录你未来 24 小时的时间花费。结束后，找出自己在哪些地方浪费了时间。

从时间日志中找出三个浪费时间的地方。
1.
2.
3.

活动 3.2

除了本章所提到的具体表现，请研究一下长期压力下的其他身体反应，然后将它们一一列出来。

1.	4.
2.	5.
3.	6.

活动 3.3

列出 5 个在目标职业中常用的时间管理工具。

时间管理工具
1.
2.
3.
4.
5.

活动 3.4

摄取的食物是否营养均衡会影响一天的生活,也会影响应对压力的能力。列出你在过去一天里在什么时候摄取了哪些食物,记录当时的心情或情况,并判断这些食物是否有营养。评估自己的饮食习惯是否需要调整。

摄取食物的时间	摄取的食物	当时的心情情况	是否有营养

活动 3.5

家里有什么地方需要收拾?制定一个计划来帮助自己解决拖延症,尽快将这个地方收拾好。

需要收拾的地方	计划

第 3 章　学有所成・笔记

第 4 章

礼仪和着装

印象 • 礼貌 • 看法

学习目标

- 了解职业着装要素
- 认识留下良好第一印象的重要性
- 理解何为职场礼仪
- 认识安排并按时赴约的重要性
- 明白着装会影响别人对你的看法
- 学会在商务社交场合表现得体

个人自测：社交礼仪

这么做合适吗？	是	否
1. 如果你已经认识某人，就不用和他握手了。	☐	☐
2. 如果纹身、鼻环和唇环看起来很雅致，那么在现在的职场中是可以接受的。	☐	☐
3. 如果受邀参加商务聚餐，可以点菜单上的任何一种菜品。	☐	☐
4. 给他人送一张手写的感谢便条现在已经没必要了。	☐	☐
5. 现在，在商务会议上看短信已经成为一种能够接受的惯例。	☐	☐

▶ 如果上述问题有四个或更多的否定回答，意味着你正在积极践行职业礼仪。尽管某些行业的商业惯例有所不同，但在完全摸透之前，最好采取保守和传统的方法。

每个员工都代表着自己的公司。所以，在公司内外的交流、着装及行为方式都会影响他人对你以及你的公司的看法。在商务、就餐和社交场合展现出正确的礼仪和礼节有利于发展积极的商务合作关系。个人仪表和举止能反映出所在单位的面貌。本章的目的就是让你充分准备好去应对工作中可能碰到的众多社交场合。

高管风度

高管风度（executive presence）是指展现高管一般的处世态度和职场行为。如果能展现高管风度，那么公司会因为你了解得体的职场行为举止，而认为你是一名合格的员工。

长辈曾经教给我们一些良好的行为举止，比如对别人微笑着说"请""谢谢"等礼貌用语，这些都有助于营造积极的关系。职场成功人士都熟知着装、商务礼仪、社交礼节、就餐、设备使用等方面的职业行为规范。工作中可能遇到各种社交情景，了解在这些情况下该怎么做，就能游刃有余地加强关系。其中有些知识可能是闻所未闻的，所以在第一次实践的时候，觉得有些不自然也是正常的。

> **想一想**
>
> 你的行为举止是否一直都很得体？

着装的影响

在工作中的行为和着装能够反映出是否成熟，是否重视工作。对一个人的初次印象往往是在见面后几秒钟内形成的，这时当事人可能都没来得及讲话。初次印象主要来自个人的外表。也就是说，同事、上司和客户会根据你的外表来形成对你的看法。外表对工作表现也会产生影响。如果穿着非常职业，行为举止也会变得很职业；如果穿着随便，行为举止也会随便起来。你可以将自己的外表想象成一个画框，画框是用来凸显画作的，你不希望画框太显眼，因为这会转移观众对画作的注意力，你只是希望画框能够对画作起着有益的补充作用。外表也是如此，它不仅体现了身体特征（如外貌），它还体现了态度、涵养和潜力。

练习 4.1

起来如何？请诚实回答。

1. 是时髦、落伍、职业还是不协调？
_____

2. 它符合你的个人品牌以及心目中理想的职场形象吗？
_____

3. 如果觉得自己现在的形象还不够职业，应该如何改进？
_____

    对于许多职场新人，着装得体可以说是最艰难的转变之一了。着装职业化未必与当下流行趋势相矛盾，关键是知道怎么穿才最得体。一个经验法则是穿着应接近于职位稍高的上司（直属上司）。这么会让别人知道你很看重自己的职业，也很重视公司的形象。着装职业化可帮助塑造良好的职业形象，让你在职业发展的道路上不断前进。

    需根据自己从事的行业和工作环境来了解工作中的着装规定，了解不同职业服装所表示的不同含义。为了确定怎么才算穿着得体，首先应该明确公司的**着装守则**（dress code）。着装守则是关于一些如何着装的具体规定，如必须穿什么、制服、发型、内衣、首饰和鞋。具体的着装守则取决于不同企业、行业、工作区域以及健康/安全要求。如规定必须穿制服，公司的着装守则会详细说明。如果不要求制服，那么为了确定自己应该如何穿着，可以仔细阅读着装守则了解哪些能穿、哪些不能穿，或者观察其他人的穿法，或者问问上司。有的着装守则规定含糊，有的却很清楚。但无论如何，工作中的着装都不能构成安全隐患。例如，不要穿容易打滑的鞋子，也不能戴那种晃来晃去的首饰，因为容易被设备勾住而造成危险。如前所述，不同企业的着装守则都不一样，其中要考虑到客户需求和安全等因素。一般情况下，在员工手册里可以找到这些规定。如果找不到，问问上司是否有相关规定，并做好记录。一个经验法则是根据上司的穿着来判断。正式的商务西服在办公室环境中并非肯定是最恰当的着装。注意，传统的工作场所不适合穿运动服（T恤和/或短裤）。

　　一旦清楚在自己的单位应该如何着装，就可以着手准备职业装衣橱（work wardrobe）。其中的衣物主要适合在工作或者与工作相关的场合穿着。填充衣橱的过程中，不必花很多钱添置昂贵的衣物，可以先购买一些必备的，尽量选择比较保守的。对于在传统环境工作的女士，可以选择一些款式简洁、质地优良的深色职业裙装、裤装及外套。裙子一定要过膝，裤子则要与合适的外套搭配。在大多数办公室，男士应选择深色的休闲裤以及与之相配的夹克和领带。如果是刚参加工作，还没有能力购买合适的衣物，可以在旧货市场或折扣店找到一些物美价廉的服装。如果买回来的是二手货，检查一下是否有破损或有污渍，然后将衣物送去干洗店清洗和熨烫。你可能会惊奇地发现这些衣物在清洗和熨烫后看起来也是非常专业的。请选择材质优良、贴身的、不易破旧的衣服。开始工作挣钱后，就可以不断向工作衣橱添加既符合公司规定，又符合自己个人品味的衣物了。

便装日和特殊场合

许多公司都有便装日（casual workday）。在这种日子里，公司会放宽对员工的着装要求。不幸的是，许多员工在这一天可能会表现得过于休闲。如果你的公司也有便装日，请记住，你仍然是在工作，所以必须穿着得体。当然，如果偏爱牛仔裤，也是可以穿的，但需遵守稍后提到的有关从头到脚的建议。不要穿破损（即便这样很流行）或者有污渍的衣服。不要穿那种带有冒犯他人的语言或图案的T恤。总之，穿着得体最重要。

　　了解更多的有关职业着装的规定和注意事项以后，请考虑地域和文化的差异。总的来说，不同文化对着装有不同要求。在有些国家，女性从头到脚都必须遮起来，而在另一些国家，女性则不允许穿裤装。对美国东海岸的男士而言，"商业便装"意味着得有一件西服外套，对美国

说一说

可以在当地的哪几家店或者网上哪些店买到价廉物美的职业装？

西海岸的男士而言，商业便装则是一条卡其裤和一件 POLO 衫。如果要到外地谈生意（无论国内还是国外），出发前请找出合适的服装。

公司还可能邀请你参加一些特殊的活动，如节日派对或酒会。出席这些活动时，可能需要穿着比平时更加正式的服装。和便装日的注意事项一样，也要注意稍后提到的关于从头到脚的建议。如果合适，女士可以穿着面料比较正式的服装。虽然在服装的款式和长度上有更多的选择，但请记住这些活动仍然与工作有关，所以穿着要适当保守，不要过于性感。男士则应在事前弄清楚是否需要穿礼服。大多数情况下，一套西服足矣。

从头到脚的形象建议

除了公司的着装守则，男士和女士还需遵守以下基本着装和卫生规则。

个人卫生	• 每天洗澡。 • 必要时可使用除臭剂。 • 适量使用香水、润肤露或古龙水。 • 气味不要过于浓烈。
衣物	• 衣服要合身，要干净并且要熨烫，不要穿有破损或污渍的衣服。 • 不要穿短裤或 T 恤上班。
头发	• 头发要干净，梳理整齐，并保持自然的颜色。 • 发型应该能反映一个人的职业。 • 许多工作场所，过于奇怪的发型或发色是不恰当的。
口腔卫生	• 养成良好的口腔卫生习惯。每天早起和晚上睡觉前都要使用牙刷和牙线，这样做至少可以保持牙齿干净和口气清新，还有助于保护牙齿，预防牙周病。 • 定期检查并洗牙，许多公共的医疗诊所都提供免费或低价的口腔保健服务。
手和指甲	• 手和指甲都要保持清洁，注意保养，按时修剪。 • 指甲不要留得太长。 • 如果允许使用指甲油，也要保持清洁，并使用比较保守的颜色。

首饰	• 尽量少佩戴珠宝首饰。 • 珠宝首饰要符合自己的整体形象。 • 首饰不要太招摇或发出不必要的响声。 • 避免佩戴太浮夸和艳俗的首饰。
鞋子	• 鞋子要整洁完好。 • 每天都要把鞋子擦亮,保证鞋面没有磨损。 • 拖鞋不适合工作场合。
其他	• 连帽衫不合适。 • 室内不要戴墨镜(也不要把墨镜卡在头顶或脑后)。 • 耳麦不应该看着很明显。

> **说一说**
> 当下的时尚和潮流有哪些是适合工作场合的?哪些不适合?

女士着装应在合理范围内反映出自己的个人风格和个性。穿职业装的时候,目标应该是通过恰当的"包装"将他人的注意力吸引到自己的某些特征上(如智慧和内在美)。女士应注意以下这些规则。

鞋子	• 要注意保证鞋跟完好,否则必须及早维修或更换。 • 鞋跟不要太高。 • 虽然能穿凉鞋和露趾鞋,但任何风格的人字拖都不合时宜。
袜子	• 尼龙丝袜不能破损或起球。 • 袜子应该是单色的,并且要和整体着装相配。
化妆	• 日常淡妆即可。 • 尽量不要化过于浮夸或不自然的妆。 • 工作时可以化妆,但不要化浓妆,让别人觉得你一下班就准备去泡吧。 • 不要化过浓的眼线和眼影。 • 唇膏颜色不要过于鲜亮或另类。
穿着	• 工作时不要穿很性感的衣服。 • 不能露出乳沟和肚脐。 • 无论当下流行什么,都不能够让别人看见你的内衣(文胸或底裤)。 • 裙子长度必须过膝。

和女士一样，男士也要通过着装来体现自己的风格和个性。对于一些工作，西服也许不合适。对男士而言，最大的着装忌讳是衣服不干净或者太紧。仔细阅读公司的着装守则后，男士还应注意以下这些不成文的规定。

鞋袜	- 鞋子应时常抛光且没有被磨损的痕迹。 - 鞋子的颜色应与裤子相配。 - 袜子颜色应与鞋子或裤子的颜色相配。 - 不要穿人字拖或凉鞋。
面部毛发	- 刮胡子和修剪面部毛发，包括鼻毛和耳毛。
裤子	- 在办公室里，西裤往往是唯一比较职业化的长裤。 - 除了便装日，牛仔裤不适合在办公室穿。 - 不要穿露出内裤的低腰裤。 - 尽量使用中性的平纹皮带。
衬衫	- 衬衫应该塞到长裤里。 - 西服衬衫要配领带。 - POLO衫最适合便装日。 - 衬衫不能过度磨损（特别注意领口周围是否有磨损或污渍）。 - 衬衫上不能印有冒犯他人的图案或标语。
帽子	- 除非宗教原因，否则不要在室内戴帽子。

珠宝首饰、身体穿孔和纹身

和职业装的情况一样，你不希望在工作场所穿戴或展示会令人分心的东西。尽管现在身体艺术和穿孔越来越普遍，也逐渐被社会所接受，但许多公司除了允许每只耳朵一个耳洞，都明文禁止暴露在外的纹身以及/或者可见的身体穿孔。身体艺术和穿孔对一些人具有冒犯性。很多人为了纪念某个特殊事件、某个人或者某个象征而纹身或穿孔。如果你这么做，请一定考虑长期后果。人际关系和处境会发生改变。考虑大小、颜色、图形和位置，以及它在工作场合对你的形象的影响。纹身和一些穿

想一想

纹身或穿孔会对你在目标行业保住工作造成什么影响？

孔很难去除。即便可以去除，也会非常痛苦。

即使现在不在乎社会外界对你的纹身和穿孔的看法，将来也有可能会后悔。如果身上已经有了纹身或穿孔，那么在清楚公司的相关规定之前，最好先用衣服、化妆品或其他方法遮住。许多公司还对除了耳环之外的身体穿孔有严格规定。有的穿孔会迅速闭合，所以没办法在上班时间移除。其他像微表皮穿刺这些形式的穿孔则不能轻松地移除。在这种情况下，要确定对自己而言什么是最重要的——工作还是自己的穿孔/纹身。总体而言，对于珠宝首饰、穿孔和纹身请遵循以下规则。

- 鼻环、唇环和舌环让你显得不专业，不适合出现在正式的工作场合。
- 身体上其他部位的穿孔和/或首饰在工作时不要显露出来。
- 每只耳朵上有两个以上的耳环也是会被认为是不专业的表现。
- 耳环、项链和其他首饰不要太抢眼，要避免这些饰品上有冒犯他人的装饰符号或标语。
- 身体艺术（纹身）不要在工作时显露。

商务礼仪

我们身处现代社会，人际交往不可避免，由此而形成一套标准的社交行为，这就是礼仪（etiquette）。说到礼仪，人们一般会认为它只适合上层社会。但这并不正确。无论什么人，无论什么地位，行为举止都要遵循社会准则。要想在职场中获得成功，无论在工作还是生活的各个方面，都要注意礼仪。

学习常见的商务礼仪前，先来给一些术语下定义。理解这些术语，并将其运用到日常行为中，有助于有更好的工作表现。首先，要学会**礼貌**（courtesy）待人。有礼貌的人举止得体，尊重他人，而且非常细心周到。然后，我们要学会**尊重**（respect）他人。尊重是指高度重视他人的感受，优先考虑他人的需要而不是自己的。若想在工作中成为绅士或淑女，学会前面提到的两点非常重要。表示尊重的最简单方法之一就是，待人如待己，你希望他人如何对待自己，就要如何对待他人。其他方式包括彬

说一说

讨论一下在教室和课堂上怎样可以表现得有礼貌。

彬有礼、认真倾听、注意自己的行为举止和展现对他人的关心。

我们很小的时候，父母最常教我们说的话就是"请"和"谢谢"。虽然如今人们已经不那么频繁地使用这些礼貌用语，但它们的确能够为你在工作中的表现加分。试想一下，如果有人对你说"请"和"谢谢"，你是不是会更愿意为对方提供方便或再次帮忙呢？因为你的所作所为得到了别人的肯定。所以，如果有人帮助了你，请记住跟对方说声"谢谢。"不这么做的话会显得你自私自利，不值得人尊重。如果常常表达感谢，人们就更乐意提供更多友善的帮助。

要养成写感谢便条（感谢信）的习惯。如果是一次普通的感谢，写电子邮件也是可以的。但是，如果有人花了五分钟以上的时间帮助你，或者送给你礼物，就请手写一张感谢便条以示谢意。要及时写感谢便条，不要拖到超过三天才写。

练习 4.2

有哪些赢得尊重的方式？请列出来。

_____

_____

_____

握手

得体的握手能够向对方传递出你的自信。要习惯于在商务会见时，和对方进行职业性的握手，并伴以友好的口头问候。靠近约见的对象时，先和对方眼神交流，流露出微笑，然后一边打招呼，一边伸出右手。例如，"你好，曹小姐，我是下厨房的'糖湖鹿'。上周开会的时候我们见过面，很高兴再次与你会面。"这时，曹女士也会伸出她的右手。你们的手在虎口处交叉（图 4.1）。请礼貌地握紧对方的手，上下摇动两下。握手时注意以下事项。

- 不要太用力。
- 握住对方的整个手掌,而不是仅仅握住对方的手指,这会冒犯对方,因为这意味着你认为自己高人一等。
- 不要掌心向下与对方握手,也不要轻拍他人的手,这样做也会冒犯对方。
- 如果手心有汗,在裤子两边把手擦干之后再和对方握手。

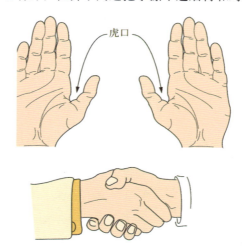

图 4.1
正确的握手方式

掌握握手技巧需要不断练习。如前所述,需要养成首先和别人打招呼并做自我介绍的习惯。刚开始可能会感到不适应,多练几次就好了。经常主动和别人握手的人会变得越来越自信。

练习 4.3

找一个朋友练习如何主动进行自我介绍以及如何职业性地握手。用 1~5 的分数(1 分最差,5 分最好)评判对方的自我介绍和握手表现。和朋友一起讨论有哪些地方需要改进。

_____

_____

_____

学会相互交流并建立专业网络

要想在工作中获得成功,免不了和不认识的人打交道。这种与没有直接工作关系的人交往并建立人际关系的过程称为建立**专业社交网络**(networking)。找工作的时候常常要用到专业网络,具体将在第 13 章深入研究。在工作中,建立自己的专业网络对你和他人的合作非常有用。在商务会见中,如果不认识房间里的某个人,主动与之交谈可增强你的自信心。做完自我介绍后,可以问问新认识的人的一些情况。了解一下对方的工作,并找出你和他之间的共同点。初次谈话重点要放在对方身上。必须认识到,我们目标是认识新朋友并与之建立良好的关系,这样将来再次见面或联系的时候,他们就会记住你并对你有一个好印象。良好的第一印象是通过笑容、眼神交流和自信的身姿创造的。

有时,和你在一起的人互不认识。如果两个人互不相识,但你认识他们两个,就应该介绍他们互相认识。介绍时,应该将较低位阶的人介绍给较高位阶的人。例如,"雷恩,这是马特余,我的隔壁邻居。""马特,这是雷恩·麦凯恩,我们公司的总裁。"这一规则适用于各种社交场合,包括会议、宴会、酒会和舞会。介绍他人互相认识是建立专业网络的一种重要形式。介绍两人互相认识后,如有可能,可以提供他们中某个人的信息,为他们继续对话创造基础。例如,"雷恩,你和马特上的是同一所大学。"

练习 4.4

三人一组,假定一个是你的老师,另一个是你的朋友,练习将老师介绍给朋友。

_____

_____

_____

商务约会

一种常见的商务活动是安排并参加约会。约会形式多样，比如面对面、通过手机或者通过互联网技术（电子邮件、短信或视频）。安排会见时间的时候，请检查时区差异，并在确认消息中明确时区及缩写。例如，"我想和你见一下面，时间定在太平洋标准时间（PST）4月21日，星期二，上午9点。"

有时需要和前台或行政助理安排会见时间。记住善待前台或行政助理。他们是其上司的把关人，很多日程都是由他们安排的，而且经常对上司的决定有很大的影响力。安排见面时，报上自己的名字，说明目的以及方便的时间。尽量不要安排在周一早上。因为很多人会在这个时候安排整周的日程。如果可能迟到，请及时打电话告知。到得太早同样有风险。不要提前十分钟以上到达约会地点。到得太早可能暗示着你是个不听从指示的人。如果必须取消约会，请及时告知对方并表达歉意。千万不要随随便便就爽约。

如果使用电话和对方会谈，请确保打电话的地方非常安静，不会有噪声影响通话。使用可靠的电话连线。如果会谈需要使用网络，使用可靠的网络连接，并在会谈前十分钟登录上网，确保网络连接有效。如果会见包含视频通话或者要使用网络摄像头，请穿职业装，并将通话地点设在更专业的地方。总的来说，办公室或书房最合适。出于对保密性问题、噪声问题以及专业化背景需求的考虑，不要在公共场所会谈。我们将在第10章进一步介绍如何用科技进行沟通。

赴约时（无论面对面还是线上），请提前5~10分钟到达或报到，但不要太早。如果是面对面的会谈，在进入办公室后，请和前台打招呼，并礼貌地介绍自己。然后告诉对方自己和谁约好在什么时间见面。进入会面地点后，请等待对方邀请自己才入座。在会议快结束的时候，记得感谢其他与会人员。如果参加的是线下会议，在合适的情况下可以和他人交换名片，会议结束时要和其他人握手道别。有关会议管理的其他信息将在第11章讨论。

用餐礼仪

工作中会遇到各种各样的用餐场合。有的比较随便，有的则较为正式。你很可能会看到桌上摆放着如图 4.2 一样的西餐餐具。可以花点时间熟悉这张图，学习如何正确摆放和使用西餐餐具和杯盘。很多大学生比较习惯快餐的用餐方式，不太习惯这么正式。以下用餐礼仪是需要引起注意的。

- 一旦入座，请将餐巾放在自己的大腿上。如果要离座，请将餐巾放在自己的盘子旁边，而不是放在椅子上。
- 不要点太贵的或乱七八糟的东西。
- 除非有人先点含酒精的饮料，不然不要喝酒。当然，最好能避免喝酒。即便喝，也要尽量少喝，不要超过一杯。
- 在所有人都点完单之前，不要谈论业务事宜。桌上的谈话主题应该是积极向上并且没有争议性的（如政治和宗教问题）。
- 使用桌子上摆的饮料或面包时，先问其他人要不要。
- 在吃西餐时，餐具是按照使用的顺序放置的。上菜后，请先使用盘子外侧的餐具，然后逐次向内。盘子上方的餐具是用来吃甜点的。
- 把一份面包和一份黄油放到面包盘中（用餐盘左上角的盘子）。黄油不要一次抹完。吃一片抹一片。
- 如果是最后一片面包或者最后一点开胃菜，先问别人要不要再拿。
- 即便你的菜都上了，也不要开始用餐，要等所有人的菜都上了才能开始。如果别人的菜都上了，只有你的还没上，你可以请别人先用餐，这样他们的菜就不会凉了。用餐速度要和他人保持同步。
- 不要用手抓菜，除非你的主菜确实用不上餐具。
- 礼貌对待服务生和其他餐厅员工。
- 咀嚼食物的时候把嘴巴闭上，不要含着食物说话。
- 用餐时打嗝或者喝汤发出喷喷声是不礼貌的。如果不小心打嗝或者发出声音，请立刻说"对不起"。

说一说

有没有什么常见的用餐或社交场合让你感觉很不自在的？遇到这样的情形应该怎样应对？

- 用餐完毕，请将刀叉放在一起，刀刃向内，叉齿面向上。如果只是稍作休息，并不想让服务生收走餐盘，可以将餐具呈"八"字形放置在餐盘上，叉齿面向下。
- 用餐时接打电话是不礼貌的。如果必须使用电话，请说声"对不起"并离开餐桌。
- 将自己的那份餐费结清，并给服务员付适当的小费。如果你是受邀前来赴宴的客人，请向东道主提出要付你那份的餐费。如果东道主把账全结了，记得道谢。

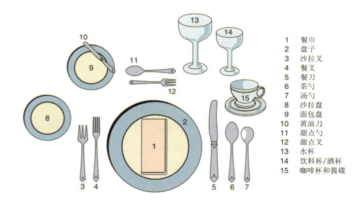

图 4.2
正确的握手方式

主题讨论

参加商务会谈时，应该采取什么样的行动来确保自己的着装和言行举止是合时宜的？

案例

出场人物：布兰森

场景说明：当布兰森来到会议的时候，他很庆幸自己穿的是职业装，因为在场的每个人都打扮得很职业。在交谈的过程中，他一直和对方进行眼神交流，面带微笑，并得体地握手。布兰森和会场上的其他人交换了很多名片，建立了自己的专业网络。在午餐的时候，他也遵守了用餐礼仪。第二天上班时，布兰森立刻写了一张感谢便条给邀请他参加会议的主管。下班前，布兰森的主管请他到办公室，并告诉他，与会人士对他的印象非常好，认为他非常专业。布兰森意识到，事先做一些准备能够带来丰厚的回报。

工作中免不了参加社交聚会。许多邀请函是要求一个 RSVP，即法语"请回复"（法语 répondez s'il vous plaît）的缩写。一旦收到这样的邀请函，请立刻回复对方自己是否接受邀请。不回复是一种失礼行为。

参加聚会时，记住你的目的是为了和其他专业人士交流，并建立专业网络。因此，请将注意力放在怎样和别人建立联系上，而不是放在食物上。

- 用餐过程中，尽可能不喝或少喝酒。
- 如果想吃点东西，可以拿盘子取一点餐前点心，别多拿。拿好后立刻离开餐台。
- 左手端盘子，这样就能空出右手和别人握手和打招呼。
- 不要边吃东西边说话。
- 如果有姓名徽章，将其恰当地佩戴在右肩上。
- 如果必须手写自己的姓名徽章，请将姓名写清楚。

其他基本礼仪

刚开始，繁复的商务礼仪会让你感到无所适从，但是，如果坚持练习，遵守商务礼仪就会成为习惯。如果对商务礼仪有不清楚的地方，模仿那些举止得体的专业人士的举动是不会错的。留意周边环境，看看你所尊重的人是怎么做的，向他们学习。下面总结了各种关于礼仪的小技巧。按照它们做，你将成为职场中令人欣赏和受人尊敬的专业人士。

- 态度亲和。除了说"请"和"谢谢"，不要低估了微笑和眼神交流的重要性。积极态度可以通过自己的举止表现出来。在走廊上、电梯中或会议室里遇见别人的时候，记着微笑着和对方打招呼，并和对方进行眼神交流。
- 进办公室前先敲门。除非别人邀请，否则不要擅自进入别人的办公室或私人工作区域（如小隔间）。如果想拜访的人的办公室门平时总是开着，那么在门关着的时候不要去打扰他。如果事情很紧急，必须得到他的关注，那么请先说声"对不起"再打断别人。如果门是开着的，但被访者正在和别人交谈，请耐心等待。
- 先人后己。如果和同事一起排队或点单，轮到你的时候可以谦让一下，让同事先来。这样可以体现你对他人的尊重，说明你是个有礼貌的人。
- 必要时请道歉。凡人都会犯错。当你意识到自己的言行可能伤害别人的时候，请立刻向对方道歉。正如你会在第 12 章学到的那样，道歉并不代表示弱，而是坚强和成熟的表现。
- 不要使用不敬的言语。在工作中不能使用不敬的言语。即便你的同事中有人使用，你也不能使用，因为不是所有人都能够接受这种不好的语言。和别人对话要专业，尊重别人，不能说不敬的话。如果不小心说了，请马上道歉。
- 避免主导对话。成功的对话离不开一个关键因素，那就是倾听。将在第 9 章学习如何成为一个积极的倾听者。倾听意味着你重视对方提供的信息。但许多人喜欢一直说自己的事情，这很不礼貌。如果在谈话过程中，你总是说自己怎样，对方会觉得你这人很讨厌。下次与人交谈时，请注意自己说了多少次"我"或"我的"。谈话时，尽量少用这些词语。

> **搜一搜**
>
> 在网上找一个商务礼仪测试，给自己的职场礼仪打打分。

职场中的要和不要

✓	✗
要穿职业装上班	不要在上班时穿运动服、拖鞋或性感的服装
要勤洗澡，保证个人干净卫生	不要过量使用香水（或其他喷液）
要注意眼神交流，握手文雅有力	不要只握对方的手指（在握手时）
要在工作中遵守正式的用餐礼仪	不要在餐台上使劲去拿食物或者用手抓食物，也不要在盘子中放太多食物
要在恰当的时候说"请"和"谢谢"	不要假设对方知道你很感激他的友善举动

概念复习与应用

根据本章所学到的知识，完成以下练习。

- 确定适合特定工作场合的恰当和不恰当的着装都有哪些。
- 会进行职业化的介绍和握手，积极建立专业网络。
- 在正式用餐场合礼仪得体。

关键概念

- 展现高管风度，证明你很懂基本的职场行为。
- 别人对你的初次印象很大程度上取决于你的仪表，正所谓以貌取人，并非没有道理。
- 在工作场合的穿着和举止能反映出个人的成熟度和对工作的重视程度。
- 立刻着手打造个人的职业衣橱。
- 有的人很难接受纹身、穿孔和身体穿刺首饰。在职业化的工作环境中，这些都是不合适的。如果想纹身或穿孔，请仔细考虑这样做可能会有哪些长期后果。
- 遵守商务礼仪并在生活的各个方面坚持贯彻执行。
- 养成以书面或口头形式向他人表示感谢的习惯。
- 在社交场合或宴会上有得体的礼仪，和工作中的专业行为一样重要。

Professionalism：Skills for Workplace Success

自测题：配对关键术语和定义

在"答案"栏中填写和关键术语配对的定义编号。

关键术语	答案	定义
便装日		1. 社交行为的一套标准。
礼貌		2. 公司放宽着装守则的工作日。
着装守则		3. 和与自己没有直接工作关系的人见面并建立人际关系。
礼仪		4. 拥有高管一样的风范，展现出得体的职场行为。
高管风度		5. 公司制定的关于着装的政策。
建立专业社交网络		6. 其中的衣物适合在工作中或者在与工作相关的场合中穿着。
尊重		7. 对他人礼貌、体贴和尊重。
工作衣橱		8. 优先考虑他人的感受。

换位思考：如果你是老板……

1. 你的一个员工被发现在周一上班的时候打了舌环，头发也染成了紫色。你会怎么办？
2. 你刚雇用了一名新员工，但他对商务礼仪一无所知。你具体要采取哪些方法逐步教会他有更专业的职场表现？

活动

活动 4.1

研究自己的目标职业适合穿哪些服装，记录对工作装衣橱的基本要求。假定预算只有 500 块。列出能让你应付第一周工作的服装及其花费。

需要添置的服装	花费
总计	75

了解到的这些信息将如何影响你自己的个人预算和人生规划？

_____

_____

_____

_____

_____

活动 4.2

去餐厅（不要去快餐店）练习用餐礼仪。在练习的同时，仔细观察周围人的用餐行为，列出其中 5 个不得体的地方，并想一下为什么说这些行为不得体。

不得体的用餐行为	为什么不得体
1.	
2.	
3.	
4.	
5.	

活动 4.3

说出礼仪方面需要改进的三个点,并列出具体步骤来制定改进计划。

礼仪上需要的改进点	计划
1.	
2.	
3.	

第 4 章　学有所成·笔记

第 5 章

伦理、政治和多元化

公平 • 正直 • 行为

学习目标

- 理解伦理对个人及职业行为的影响
- 了解保密的重要性
- 运用伦理决策
- 知道如何回应不道德的行为
- 理解各种形式的职场权力及其合理使用
- 了解办公室政治及互惠并予以正确运用
- 知道什么是职场多元化及其对绩效的影响
- 理解员工的基本权利以及法律对职场多元化的保护
- 意识到成见、偏见、不尊重文化差异的危险性

个人自测：道德感

你的道德感有多强？	是	否
1. 如果你的新上司总是公开拿一些办公用品，你告发他吗？	☐	☐
2. 一个同事在你面前说另一个同事的坏话，你会公开为其辩护吗？	☐	☐
3. 外部的一个供应商不小心少收了公司的钱，你会向其如实反映吗？	☐	☐
4. 公司的 HR 部门往你的工资账户多打了钱，你会主动反映吗？	☐	☐
5. 如果公司老总让你对消费者隐瞒产品缺陷，你会将缺陷如实告知消费者吗？	☐	☐

▶ 如果上述问题有两个或更多的否定回答，请花些时间重新评估一下究竟是什么在引导或者影响自己的价值观。开始重视职业道德。工作上的一言一行都是一个人道德水平的体现。

职业伦理、政治和多元化

商业建立在竞争基础上。而竞争关系有时会让你难以决断。所以,员工必须清楚认识到个人价值观和道德水平在工作中对自己职业伦理行为所产生的影响。工作中同样存在政治与权力。而你对政治和权力的处理结果是由你的职业伦理决定的。虽然办公室政治不可避免,但重要的是要合适地使用控制机制。本章旨在探讨职业伦理与权力之间的关系,再由此引入关于职场多元化及其影响的研究。职场多元化表现为各种不同的形式,但无论哪种形式,我们都要尊重并加以理性运用,使其转变为自己的竞争优势。

何为伦理

我们在念书的时候就被教导要遵守道德规范,只做对的事情。对学生而言,道德一般就是指不要作弊。工作中也有人会作弊。从开始工作到离开办公室——甚至在非办公时间——我们都必须按道德规范来行事,24 小时不间断。我们的个人行为反映了我们的道德观,而我们的道德行为反映并代表了我们的公司。

伦理(ethic)是关于对和错的一套道德标准。虽然这个定义很简单,但重要的是弄清楚是谁、是什么决定了道德上的对和错。正如性格是由外界诸多因素共同塑造的一样,你所秉持的道德标准亦是如此。

道德标准受朋友、家人、同事、宗教和社会的影响。例如,整日与小偷为伍,很可能不会把偷窃视为一种不道德的行为。如果家长经常为了贪小便宜而虚报小孩的年龄来购买低价电影票或游乐园门票,孩子自小就会觉得撒谎不可耻。一般宗教教义都有严格的戒律,撒谎、欺骗或偷盗是不道德的行为。美国一些大企业经常爆出一些道德丑闻。此外,我们每天接收到的消息也会影响我们的道德判断。

虽然上述因素都会对个人道德观的形成产生重大影响,但要认清一点,那就是道德行为应该从个人做起。在我们讨论职业道德时,一定要记住这一点。

道德行为是建立信任的基础。道德和信任都是领导力的关键元素。

说一说

在课堂中,学生的哪些行为是不道德的?

说一说

讨论一下一些企业最近发生的一些道德丑闻。

虽然以后会专门用一章来讨论领导力，但从现在起就要将道德行为和领导力联系起来。我们常常听说企业领导者需要有更好的道德品性。这是什么意思呢？如前所述，伦理是由社会定义的是非标准。**道德**（moral）则是由个人定义的是非标准。个人**价值观**（value）是引导一个人的行为的一系列重要信念。道德和价值观共同指引并影响在工作中的行为，最后决定了性格。**性格**（character）是指一个人的特殊品质，通常是一个人道德和价值观的反映。因此，如果人们称赞某人品德高尚（素质高），通常是指这个人诚实和公正。**正直**（integrity）是指某人始终以合乎伦理的方式行事。就算面对不合伦理的情况，也努力保持刚正不阿。

在第1章，我们提到了伦理和价值观的联系以及价值观是怎样影响性格的。在竞争激烈的工作环境，遇到的局势可能更为紧张，并且常常伴随着一些不为人知的动机和潜在的政治因素。尽管如此，不要因此而屈服，从此变得消极。如何应对你所碰到的情况正反映了你的性格。正如第一印象一样，对于你以及你的性格，如果人们已经形成了看法，就很难再改变。因此，请始终保持诚实公正的道德品性，让它真实反映自己的道德观和价值观。

> **想一想**
>
> 伦理观、价值观、性格和正直是如何对人生规划产生影响的？

价值观、冲突和保密

每个公司都有自己的文化。公司文化是这家公司员工的行为方式，它建立在公司领导人的行为基础之上。例如，如果公司所有高管都不拘一格，喜欢休闲宽松的工作环境，那么整个公司很可能都是这样。如果一个部门的领导总是压力重重、手忙脚乱，他的下属也会效仿他的行事风格。公司文化还反映了组织所秉持的伦理道德观。许多公司会通过一个**伦理道德声明**（ethics statement）来宣传符合伦理的行为。这是一种正式的公司政策，规定了工作中哪些行为不道德，违反者会受到什么样的处分。在一些美国企业受丑闻影响后，越来越多的公司开始重视伦理道德声明了。大多数公司的伦理道德政策中都会有专门针对**利益冲突**（conflict of interest）的条款。如果你的职权能够让你直接或间接获利，就有可能发生利益冲突。

案例

出场人物：一诺

场景说明：一诺的公司即将举办一项活动，需要寻找鲜花供应商。刚巧她的叔叔在当地开了一家鲜花店。如果能够拿到一诺公司的订单，叔叔的鲜花店将可以获得可观的利润。一诺不知道将这个消息告诉叔叔是不是不道德。

主题讨论
一诺可以采取什么行动来确定这是不是一种利益冲突？

如果你的职责有可能让别人误会你和公司存在利益冲突，你应回避相关的决策过程。如果不清楚某种情形是否属于利益冲突，可以向上司或相关部门请示，如实反映情况，然后征询你的上司或相关部门的建议。为避免利益冲突，很多公司对员工收受礼品的行为制定了严格规定。大多数公司都不允许员工私下收受礼物，或者对礼物的价值设定了上限。

工作中会遇到很多伦理问题。许多信息具有**保密性**（confidential），这意味着这些信息不能让别人知道，如客户记录、职员信息、工作报告和各类文件等。**默示保密**（implied confidentiality）是指员工有义务不向无关人士分享信息。无论是否被明确告知需要保密，都默认不要将和工作相关的信息告知无关人士。一个默示保密的例子是除非明确要求，否则不要将客户的个人信息分享给其他人。

有时会有人会引诱你甚至直接要求你泄密，千万不要落入他们的陷阱。如果不清楚是否应该把信息告诉别人，可以向上级请示。这样上级不仅会觉得你很有保密意识，还会觉得你很专业。

搜一搜
在网上查找关于职业道德的在线测试，来测一测自己的职业道德吧！

练习 5.1

公司严格要求员工不能收受价值高于 15 美元的礼物。公司的一家重要供应商在你生日的时候给你送上了鲜花。但这束鲜花的价值显然超过了 15 美元上限。你该怎么办？

_____
_____
_____

进行伦理决策

工作中时不时需要在合理运用职场权力和政治的情况下做出道德决策。想要始终如一地饯行道德准则并非易事。需要做出道德决策时,请使用三级伦理决策(levels of ethical decisions)来衡量。只要对三个准绳的回答有一个是否定的,就证明你的决策违反伦理道德规范。

1. 一级:行为合法吗?遇到道德难题时,首先考虑自己的行为是否合法。如果回答是否定的,表明行为违法,它肯定是不道德的。
2. 二级:行为是否对所有的利益攸关方来说都是公平的?如果回答是否定的,表明你的行为不道德。你的行为必须保证对所有参与方来说都公平。如果行为显然会损害某一方的利益,或使得利益攸关方无法维护自己的权利,那你的行为很可能是不道德的。注意,"公平"并不是说所有人都要对事情的结果满意,而是说你的决策必须客观公正、不偏不倚。有的时候,某个行为合法但不道德,这是因为合法的行为并不一定是正确的。例如,如果某人和已婚人士关系暧昧,从法律上讲,这种婚外恋的行为并不违法,但大多数人都认为这是不道德的。
3. 三级:行为是否对得起自己的良心?可以理解,人们对正当和公平的标准总是意见不一。如果你对上述问题的回答是否定的,而且你也感觉这个行为不好,那么该行为就极有可能是不道德的。这时伦理决策就成了你的个人主观判断了,因为你的良知成为了要考虑的一个因素。迪士尼经典动画片《木偶奇遇记》有一只名叫吉米尼的蟋蟀,它是匹诺曹的良心。匹诺曹撒谎的时候,他就会让匹诺曹感到难受。和匹诺曹一样,每个人都有良心。如果某人明知自己的行为不道德还去做,最终他会因此感到良心不安。只不过许多人很快就会感到良心不安,另一些人则会过一段时间才感受到。有的时候,即便是合法而且对他人公正的事情依然会让我们有负罪感,这类事情也很可能是不道德的。

练习 5.2

莎莎负责保管部门的备用金。她打算和朋友共进午餐，但是只有在下午很晚的时候才能去 ATM 机取款。莎莎内心挣扎良久，反复思考是否可以从备用金中先拿走 10 美元，等下午有时间取款后再还上。即使她这么做了也没有人会知道。从技术上来讲，这算不上偷窃，只是借款。莎莎盘算着临时借款这件事，但却因此感到有种负罪感。因此，她知道对自己而言，这么做是不道德的。最终，莎莎没有从备用金里取钱，放弃了和朋友共进午餐的计划。

请用三级伦理决策来衡量上面案例中小秋所遭遇的困境。

1. 如果莎莎先从备用金里借钱，合法吗？ _____
2. 莎莎的借钱行为公平吗？ _____
3. 这样的借钱行为会让你感到良心不安吗？ _____
   谁会成为这一行为的受害者？为什么？

练习 5.3

现在是晚上九点，外面正下着雨，你劳累了一天准备回家。此时的你饥肠辘辘，但兜里只有 5 美元，所以只能买些快餐带回家吃。你仔细点餐以确保餐费不超过 5 美元。然后你把钱递给收银员，他则把食物和找你的钱递给你。你看都没看就把它们全都放在副驾驶座位上，匆匆开车回家了。回到家后，你发现快餐店收银员找给你 20 美元。这时，你会怎么做？

用三级伦理决策衡量一下这种情况，并回答下列问题。

1. 把钱留下合法吗？ _____
2. 把钱留下公平吗？ _____
3. 这样做的话，你会产生什么样的感受？ _____

> **练习 5.4**
>
> 快餐店的收银员如何收银出错超过两次,一般就有被开除的危险。假设你本想把多找的钱留下,在知道练习 5.3 的收银员可能会因为你的行为而被解雇后,你还会坚持自己的决定吗?
>
> _____
> _____
> _____

职场权力

权力(power)是影响他人行为的能力。无论你是否意识到,工作中的每个人都拥有某种权力。成功的员工非常了解这种能影响他人行为的能力,并能合理使用。只有了解都有哪些类型的权力以及如何在工作中恰当地运用,才能更好地影响他人的行为。7 种基础权力是合法、高压、奖励、关系、魅力、信息以及专家权力。

合法权力(legitimate power)是公司明文赋予个人的权力,包括个人的职务以及来自该职位的其他正式权力。例如,为自己部门的员工分配工作是部门主管的合法权力。**高压权力**(coercive power)也来自你的正式职位,但与合法权力不同,高压权力通常比较消极,因为它是通过威胁和惩罚来体现的。例如,上司威胁说要削减你的休息时间。与高压权力相对的是**奖励权力**(reward power)。奖励权力是指用他人看重的东西来影响其行为的能力。例如,上司因为你完成了某一项任务发给你一笔奖金。有合法权力的人可以让下属获得加薪、晋升或其他奖励。但在工作中,你不一定需要有合法权力才能奖励其他人。下一节会更详细地说明。

关系权力(connection power)是指借助他人的合法权力的能力。

例如，负责安排会议的行政助理的权力就来自其上司的合法权力。之所以有此权力，是因为他们与手握大权的领导联系密切。剩下三种权力来自个人内部，它们往往被称为个人权力。**魅力权力**（charismatic power）是通过个人吸引力来影响他人的权力。我们在生活中都遇到过那种一旦走进房间，就能马上引起他人注意的人。他们的个人魅力源自对他人的真心。**信息权力**（information power）基于个人获得和分享信息的能力。如果能为他人提供重要信息，那么对于你交往的人而言就更有价值。例如，如果你是委员会成员之一，那么你便掌握了很多信息。**专家权力**（expert power）源自个人掌握的知识、经验和技术。例如公司的计算机维修人员，按照公司章程，他们在公司的正式职位并不高。但由于他们具备计算机专业知识，所以权力可不小。

练习 5.5

列出三种没有合法权力也能奖励人的三种方式。

_____

_____

_____

加强权力基础

如前所述，每个人都有某种形式的权力。认清权力的来源，加强并合理使用它们。如果想增强自己的合法权力，最简单的方法就是让别人注意到你的职务和责任。在这样做的时候，注意不要夸大或表现得自负。只有在有人违反了规定，或者行为不当时，才可以使用高压权力。即使到那个时候，也要私下以礼貌的方式使用高压权力。

奖励权力可以而且应该每天都用。如果有人帮助了你或者表现非常出色，你都应该对别人表示衷心的感谢或表示真心的赞赏。这不仅能在部门内，也能在部门外为你建立良好的人际关系。记住，态度要真诚。可以通过扩展自己的专业网络来加强自己的关系权力。如第 4 章所述，建立专业社交网络是指与没有直接工作关系的人交往，发展自己的人脉。和公司内外的人都发展关系。尝试每周至少发展一个新的专业网络联系人。和别人交谈时，注意保持眼神接触，发起一个话题，并将谈话焦点集中在对方身上而不是自己身上。以这种方式提高自己的魅力权力有助于建立信任，加强沟通，并使其他人更愿意和你合作。至于信息权力，可以通过参加会议、加入团队以及发展人际关系等方式得到加强。在不耽误工作和个人生活的情况下，可以多参加一些团队活动和会议，并积极主动地与他人分享信息。这样可以使公司里更多的人知道你。通过这个过程，你不仅能够更清楚了解公司的情况，还能加强你和他人的联系，从而增强你的关系权力。为了增强自己的专家权力，需要不断学习，尽量多阅读一些与工作相关的书籍和杂志，浏览那些有名的可信度强的网站，多参加专业会议和研讨会，并尽可能地多学一些新技术。一旦学到有助于工作的新知识，应该及时与同事分享，这样，同事们就会把你视为这一领域的专家。

办公室政治和互惠

一旦开始获得并使用权力，你就参与到政治当中了。**政治**（politics）是获得并使用权力的过程。通常情况下，如果人们评价某人很会玩政治，那么往往是带有贬义的。其实善于利用政治手段并不一定是坏事。正如之前提到的，在工作中认清、加强和使用各种权力是非常重要的。但是，如果一个人希望在政治中互惠，就可能会变得危险。互惠（reciprocity）是指在做了某事之后欠下的人情和义务。例如，你必须在两小时内交出一份报告，时间很紧，所以你请同事帮忙。你的同事立刻放下他手里的工作，让你得以按时完成工作。这样，你就与这个同事建立了一种互惠关系。如果同事下次也遇到很紧急的情况，他不但会请求你的帮助，而且会觉得你应该帮助。工作中有许多这样的互惠关系。不幸的是，有时有人会因为你欠他人情而要求你做一些不道德的事。

> **案例**
>
> **出场人物**：大卫
>
> **场景说明**：大卫的同事在他时间很紧的时候协助他完成了一份特别的报告。这位同事需要大卫帮忙的时候，大卫二话不说，立刻答应了对方的请求。不幸的是，这给大卫带来一个难题。因为这位同事希望大卫代她参加一个会议，并告诉参加会议的其他同事她病了。但实际上，大卫清楚这位同事是要和几个朋友一起外出度假。大卫告诉同事，撒谎是一种不道德的行为。但他的同事振振有词地说："你欠我一个人情。"大卫不知道如何是好。经过一番考虑，他决定告诉同事，自己确实真心感谢之前她对自己的帮助，也很希望能帮上忙，但确实不能帮她撒谎。大卫可以预见到他们之间的关系可能会出现紧张，但是从长远来看，这位同事会尊重大卫的选择。

主题讨论
如果大卫替同事撒谎了，可能会发生什么样的情况？

如果发现别人有不道德的行为，该怎么办

此前的小节中，我们讨论了如何在工作中做一个有德之人。但是，发现别人的行为不道德时又该怎么办呢？让我们回到伦理决策的三条准绳。每个人都应该遵守法律，如果你发现有同事违反法律，应该立即告知你的雇主。可以用匿名的方式将相关信息告知上司或 HR 部门。但要注意，在告发前，你一定要列举事实及有力的证据予以证明，记录下重要的日期、事件，保存相关证据的副本。你需要这些证据来维护你的信誉。如果同事触犯了法律，并且情况很严重，可以向相关的政府部门告发。如果情况不是很严重，公司管理层认为可以接受，就尊重公司管理层的决定。但是，如果你仍然受这种行为的困扰，觉得十分不合适，就要认真考虑是否值得继续留在这家公司工作了。

案例

出场人物：托尼及其同事

场景说明：托尼发现某位同事收下了供应商送给他的一部智能手机，但其他同事并没有收到。这位同事解释说，供应商是为了和公司搞好关系才送了他这部手机，因为是他负责采购，所以有权保留这部手机。托尼认为这不公平，也不道德。所以，他礼貌地向 HR 部门咨询此类行为是否违反公司规定。得到的回答是，这位同事可以保留这部智能手机。虽然托尼认为这种行为不道德，但公司认为这并不违反公司章程。由于这种行为不算很严重，而且公司管理层接受了这一行为，所以他决定尊重管理层的决定。

> **主题讨论**
> 你认为这位同事保留手机的做法是公平的吗？为什么？

常见伦理问题

在公司中发生的另一类常见伦理问题是偷窃。公司被偷盗的财物通常不是笔记本电脑或大型设备这样的昂贵资产，而是一些看似不起眼的东西，如办公用品等。许多人觉得从单位拿一支笔回家不算是一种偷窃。但是，办公用品只能用于工作。

坚守职业道德不仅会让你在和人相处时显得非常职业，而且能凸显你的可靠性，并引导你在上班时间的行为。你要清楚，公司是花钱雇你来工作。如果经常在上班时间处理私人事务，就相当于从公司偷窃时间。虽然偶尔需要处理必要的个人事务，但经常将时间花在和工作无关的事情上是不合适的。一般来说，上班时间不能摸鱼，比如做以下事情。

- 上网"摸鱼"，做一些私事，比如浏览社交网络或购物。
- 接听私人电话或发短信。
- 超过规定午餐和休息时间。
- 玩电脑游戏。
- 将办公用品或设备用于私人用途。

如果必须在上班时间做私事，请在休息或午饭的时候做。尽量在上班前或下班后做这些事情。

> **说一说**
> 工作时间打私人电话合适吗？

浅谈多元化

2013 年，美国国税局（IRS）被指控因为宗教信仰而使某些人受到了不公平待遇。这件事是不幸的例子，说明了伦理、政治和多元化之间是如何相互影响的。多元化以不同形式出现。虽然很多人一想到多元化就认为是种族差异问题，但这远远不只是种族差异。从种族、政治和宗教信仰到个人发型，人和人的差异体现在各个方面。职场多元化（workplace diversity）是指同事之间的差异。这些差异包括年龄、性别、经济状况、体制、智力、宗教信仰和性取向等。

探讨这些问题的时候，注意职场多元化的以下要点。

- 无论彼此之间存在怎样的差异，每个人都应该受到尊重。
- 多元化应该成为我们改革、创新以及互相鞭策进步的有力武器。
- 只有对工作绩效产生负面影响时，和多元化相关的个人差异才会成为一个问题。

案例

出场人物：戴安娜

场景说明：戴安娜的一个新朋友和她有不同的宗教信仰。虽然这位朋友从未公开谈论过自己的宗教信仰，但戴安娜发现每天一到午餐时间，他就会悄悄溜回办公室吃一种特殊的食物。戴安娜觉得和他一起工作很愉快。但每当他们谈论起吃饭或者宗教的时候，戴安娜有一些不知所措。戴安娜想和这个朋友交流一下宗教信仰的差异，但又害怕冒犯对方。

主题讨论

戴安娜合适与这位朋友讨论宗教之间的不同吗？如果认为不合适，为什么？如果认为合适，戴安娜该问这位同事什么样的问题呢？

反歧视法律

美国公平就业机会委员会（EEOC）制定了相关法律，保护人们在招聘、雇用、工资待遇、晋升过程中不会遭到歧视或会遭到违法解雇。这些法律基于美国《民权法案》第 7 条而制定，明令禁止任何基于性别、宗教、种族、肤色或国籍的歧视行为。之后又陆续制定了一系列法律，进一步保护美国公民在年龄（四十岁以上）、身心障碍、性别、性取向、仇恨犯罪、怀孕、服兵役等方面不会遭到歧视。只要属于上述类别之一，就是受**保护阶层**（protected class），也就是受民权法案保护不受歧视的人。**职场歧视**（workplace discrimination）是指在工作中针对受保护阶层的歧视行为。

> **想一想**
>
> 看看房间，找出你和室友之间的差异。

如果认为自己受到了歧视对待，请首先向公司的 HR 部门反映，如果未能得到妥善解决，可与当地的公平就业和住房部（DFEH）、劳工部或者公平就业机会委员会（EEOC）联系。每位员工都有权享有一个无歧视的工作场所。

种族（race）是指具有特定体征的人群。种族划分十分广泛，如西班牙裔、亚裔、非洲裔美国人、美国原住民以及盎格鲁 - 撒克逊人等。**文化**（culture）是指人群的不同行为模式。文化的差异表现在各个方面，如生活的地域、年龄、经济状况以及宗教信仰等。随着工作场所逐渐多元化，很难想象一个工作场所没有不同的种族和文化。

随着我们步入全球化经济时代，必须要注意到并尊重全球化差异。美国人常被人指控有**种族优越感**（ethnocentric）。种族优越感是指一个人认为自己的文化优于其他文化。如果一个美国人感觉到了种族优越，那看起来真的有点蠢，因为美国是一个真正的多元文化国家。没有任何一种文化比其他文化优异。在工作中必须学会尊重各种文化，并意识到不同文化对工作环境的影响。

理解种族和文化对工作的影响，可以帮助我们发现这些差异对我们的价值观和行为的影响。第 1 章说过，别人的想法与行为未必与你相同。另外，人们的外表和价值体系也各不相同。就算你不喜欢某人的外表，不认同某人的价值观或宗教信仰，也应该尊重每个人的差异，并以职业化的态度与他人相处。

随着我们深入了解文化差异，需要正视代沟及其对工作的影响。刚刚开始工作的人（18～22 岁）和准备退休的人（55 岁以上）有着不同的需求。在领导力、职场关系和科技运用这些方面，这些需求反映了不同的优先级、价值观和态度。

成见与偏见

第1章讨论了人在态度上的差异，以及这些不同的态度是如何影响我们性格塑造的。过往经历塑造了我们当下的自己。这些过往经历会影响我们对于各种人和事的看法。**看法**（perception）是指人们对现实的理解或解释。如过往的经历比较积极，我们对人和事的看法也会比较积极。例如，你的上司叫你去他的办公室，对于这一信息，你可以进行正面解读和负面解读。如果上司善于沟通，平时经常请下属去办公室议事，你会比较积极地看待此事。反之，如果上司只有在批评下属的时候才叫他们去办公室，你会认为去他办公室意味着挨批或受罚。

为了更方便地理解周遭的人和事，我们常常根据以往的经验形成刻板印象，即**成见**（stereotype）。成见使我们刻板地看待特定的群组或情况。这些刻板的看法既可能是积极的，也可能是消极的，但我们常常把成见套在具有相似特征的人或事上。工作时，我们也会对某些形式的会议（情况）或特定部门的成员（人群）形成成见。比如在上个例子，如果你的上司是一个善于沟通的人，你很可能刻板地以为所有上司都是好的沟通者。

理智的做法是，我们在清楚理解成见的定义后，要学会避免消极地使用成见。例如，我们似乎对金发女郎有成见，觉得她们智商不高。但这个看法是错误的。所以，在对情况做出回应之前，你应该确认自己没有受到以往的看法或成见的影响，而确实是基于当前的事实和情况做出的回应。

在上面的例子中，如果认定所有金发女郎都智商不高，就形成了一种偏见。**偏见**（prejudice）是指对于特定人群或个人所持有的积极或消极的看法，这种看法来自于个人对于特定人群、个人或事物的感知。一般来说，偏见在工作中是一种消极态度，会导致歧视。所以，如果因为自己觉得金发女郎总是智商不高而不雇用她们，就有歧视美女的嫌疑。大多数人都抱有一定的偏见。请找出自己对哪些人或事存有偏见，并了解自己会持有这些偏见的原因。一旦认清哪些不足需要改进，可以马上采取行动消除偏见。一个办法是好好了解自己有偏见的个人、群体或事情。

练习 5.6

你在学校里发现人们持有哪些偏见？在社区呢？

_____

_____

_____

  贴标签（labeling）是指人们根据过去的经验来描述个人或群体的做法。我们会给群体或个人贴上正面或负面的标签，然后观察对方的行为来判断这一标签是否合适。例如，我们给某个同事贴上了"聪明人"的标签，而此人的行为也符合"聪明人"的预期（不论他是否真的很聪明），那我们就保持这一看法。但是，如果此人表现愚蠢，我们则会去掉这一标签。

  我们还会根据他人的语言或口音对其做出假设，假设的内容包括个人经济状况、智力水平及风俗习惯等。在多元化社会，在家里说不同的语言是很常见的事。工作中会说外语是吸引客户或满足客户需求的一种有效方法。所以，对职员来讲，精通双语是一种竞争优势。

  不要取笑那些生活方式或文化与自己不同的人，更不要嘲笑有身心障碍的人。即便是你觉得无伤大雅的玩笑，也可能给别人造成巨大的伤害。而且，这不仅是对他们的冒犯，甚至有可能侵犯到了他人的民事权利。你的某些不合时宜的言论很可能被认为是歧视或骚扰行为。

案例

出版人物：古德

场景说明：古德受邀与新同事一起共进午餐。席间，某个同事讲了一个关于少数族裔的瞎子的笑话。身为少数族裔的古德有礼貌地笑了笑，但心中甚是不快。古德思忖着如何有效地处理此事。是明确告诉对方这么做不妥呢，还是将此事报告给部门主管？古德确信这个笑话非常不妥。

主题讨论
古德可以采取哪些行动来处理这件事？怎么做最合适？为什么？

很多公司正在采取多种措施以更好地应对职场多元化。首先，公司会提出**多元化声明**（diversity statement），提醒员工多元化应成为公司发展的资源，而不应成为滋生偏见和成见的温床。其次，公司还纷纷为员工提供多元化培训，让员工知道如何消除工作中的歧视和骚扰。这种培训针对所有员工、客户以及供应商。最后，公司还努力消除玻璃天花板（glass ceiling）和玻璃墙（glass wall）。玻璃天花板是指阻止特定人群（如女性和少数族裔）从事管理工作的无形障碍。玻璃墙是指阻止上述人群从事某一职业（如高尔夫球教练）或进入某一工作场所的无形障碍。积极主动的公司还会为女性和少数族裔员工提供专门的培训，教他们如何获得晋升机会。不能因为对方是女性或少数族裔就给予优待，但他们应该平等地享有机会。给资质最佳的员工提供机会，是每个雇主的责任。

文化差异

现代社会可以说是由来自四面八方的人组成的大熔炉，所以了解文化差异及其对工作的影响就变得非常重要了。文化差异包括的内容有许多，如宗教信仰、年龄、性别、家庭背景等。

世界上有各式各样的宗教。尽管美国的节假日主要是根据基督教的节日而定，但并非所有在美国工作的人都是基督徒。记住，和你宗教信仰不同的人享有的权利同你一样。之前说过，美国《民权法案》明确禁止任何基于宗教信仰的歧视行为。每个人都有权庆祝自己的宗教节日，并有权遵守自己的宗教习俗。再强调一次，必须尊重每个人的宗教信仰，不能因为宗教信仰的不同而谴责他们。虽然一个人的宗教信仰渗透了其人生的各种方面，但和其他多元化问题一样，如果宗教信仰影响了工作绩效，问题就必须得到解决。

一些国家的文化是以自我为中心，而另一些国家的文化则认为国家和社会的利益高于个人利益。还有一些国家，妇女和儿童不能得到和成年男性一样的平等对待。虽然我们并不认同其价值观，但我们必须尊重这种文化差异。了解了这些不同之后，就不会因为无知而冒犯他人。例如，对于来自其他国家的人来讲，我们常用的一些手势可能带有不敬的含义。如果觉得自己可能因为文化差异冒犯了他人，应该主动找出原因，如果有必要则需向对方道歉，同时保证类似情况不会再发生。

文化差异对于企业既有积极影响又有消极影响。对他国文化的了解能帮助企业熟悉他国市场的特点，激发企业创造力。由于员工和客户之间差异巨大，广泛了解不同文化有助于改善各种人际关系。但是，如果企业不重视对员工的培训，不注重文化差异，就可能造成偏见与歧视，从而导致负面结果。

职场中的要和不要

✓	✗
要遵守伦理道德规范	不要在工作和生活中采用不同的道德标准
要保守秘密	不要辜负公司对你的信任
要认清并提高你在工作中的基础权力	不要用你的权力伤害他人或做不道德的事
要了解有关职场多元化的合法权益	不要忍受歧视
要学会尊重人与人之间的差异	不要认为自己是少数族裔就该享有特权
要为自己的文化和传承感到骄傲	不要对他人存有偏见
要主动了解职场多元化问题	不要随便给人贴标签

概念复习与应用

根据本章所学到的知识,完成以下练习。

- 理解始终如一地做出合乎伦理的决策,有助于成功地实现人生规范中设定的目标。
- 能细数基础权力有哪几种及其各自的优点和正确用法。
- 知道员工享有在工作场所不受歧视的基本权利和法律保护。

关键概念

- 道德标准受朋友、家人、同事、宗教和社会的影响。
- 不要把需要保密的信息泄露给与工作无关的人。
- 工作中要有效地行使权力
- 不要以不道德的方式行使权力或者搞政治互惠。
- 如果职权能够让人直接或间接获利,就可能发生利益冲突。
- 无论彼此存在怎样的差异,都应该以专业的态度平等地对待他人。
- 美国《民权法案》第七条明令禁止任何基于性别、宗教、种族、肤色或国籍的歧视行为。
- 多元化应该成为我们改革、创新以及互相鞭策进步的有力武器。
- 只有当多元化对工作绩效产生负面影响的时候,它才会成为一个问题。

自测题：配对关键术语和定义

在"答案"栏中填写和关键术语配对的定义编号。

关键术语	答案	定义
性格		1. 能吸引他人的个人权力。
魅力权力		2. 通过个人的知识、经验或专业知识赢得的权力。
高压权力		3. 一个人认为自己种族的文化优于其他文化。
保密性		4. 是非对错的社会道德标准。
利益冲突		5. 以个人获取和共享信息的能力为基础的权力。
关系权力		6. 引导个人行为的重要信念。
文化		7. 帮助做出伦理决策的三个问题。
多元化声明		8. 个人的独特品质。
伦理		9. 借助他人的合法权力。
伦理道德声明		10. 获得并使用权力的过程。
种族优越感		11. 因为做了某件事而欠下的人情和义务。
专家权力		12. 是非对错的个人标准。
玻璃天花板		13. 根据过去的经验来描述个人或群体的做法。
玻璃墙		14. 公司赋予你的权力。
保密义务		15. 人们对现实的理解或解释。
信息权力		16. 一种声明，提醒员工多元化应成为公司发展的资源，而不应成为滋生偏见和成见的温床。
正直		17. 通过威胁和惩罚来体现的消极权力。
贴标签		18. 人和人的不同行为模式。
合法权力		19. 用有价值的东西影响他人的能力。
伦理决策准绳		20. 根据个人的看法对特定个人或群体所持有的积极或消极看法。
道德		21. 具有私密性的事物。
看法		22. 受美国民权法保护不受歧视的人群。
政治		23. 同事之间的差异。

续表

关键术语	答案	定义
权力		24. 员工不与无关人士共享内部信息的义务。
偏见		25. 对特定群体或情况的刻板印象。
受保护阶层		26. 一个人始终如一地以合乎道德的方法行事。
种族		27. 职场中针对受保护阶层的歧视行为。
互惠		28. 一个职权能让你直接或间接获利。
奖励权力		29. 一个人影响他人行为的能力。
成见		30. 让受反歧视法保护的阶层不能晋升成为公司高层的无形屏障。
价值观		31. 让受反歧视法保护的阶层无法从事特定工作的无形屏障。
职场歧视		32. 正式规定了工作中哪些行为是不道德的公司政策。
职场多元化		33. 具有特定体征的人群。

换位思考：如果你是老板……

1. 怎样才能对员工的行为做出最合理的伦理决策？
2. 如果发现某位员工有歧视其他员工的行为，你会怎么做？
3. 怎样才能让工作中的歧视和骚扰行为最小化？

活动

活动 5.1

Integrity（正直）的词根是 integer（完整）。研究这两个词，概述这两个词与职场权力 / 政治的合理使用之间的关系。

_____

_____

_____

活动 5.2

列举一次你认为私人信息不该公开分享的例子,比如在医院候诊或者在商场购物时无意听到别人的私聊。

_____

_____

_____

活动 5.3

列举至少三种场景,说明在这样的场景下,员工很容易被诱使做出不诚实或泄密的行为。

_____

_____

活动 5.4

与公司外部人员讨论以下公司内部信息是否合适?为什么?

信息	是否合适	为什么?
1. 重要客户		
2. 财务信息		
3. 老板的工作风格		
4. 公司使命宣言		
5. 公司董事会成员姓名		

活动 5.5

研究任意一个国家的职场中有哪些常见的现象和惯例(例如,性别、宗教、服饰、送礼和会议)。说说你的发现。

_____

_____

通过这次研究，你对多元化有什么新的认识？

_____

_____

活动 5.6

你最近碰到过什么偏见吗？请举例来说明。

_____

_____

针对这种情况，可以用哪些不同的办法来处理？

_____

_____

第 5 章　学有所成・笔记

第 6 章

工作职责和职场人际关系

负责 • 尊重 • 参与

学习目标

- 界定并将授权、个人职责及责任的概念联系起来
- 解释职场关系如何影响职场成功
- 了解与上司、同事、高管以及客户之间的关系哪些恰当以及哪些不恰当
- 知道如何应对负面的职场关系
- 了解在社交场合以及赠送礼物的时候有哪些基本注意事项

个人自测

这是谁的事情？	是	否
1. 如果不是我把休息室弄脏的，那我就没有责任把它打扫干净。	☐	☐
2. 如果复印机被卡住了，但责任不在我，我就没有义务把卡住的纸张清理掉。	☐	☐
3. 只要我愿意，我可以和任何人约会，包括同事、供应商和客户。	☐	☐
4. 只要其他员工答应为我保守秘密，我可以私下悄悄告诉他们我不喜欢我老板或某同事。	☐	☐
5. 如果我不想参加公司活动，我就可以不参加这些活动。	☐	☐

▶ 如果上述问题有两个或更多的否定回答，那么你是对的。尽管在工作中，你有权对上述敏感问题做出自己的选择，但你的行为应该反映出责任和担当。所以，遇到上述情况时，请始终如一地用对你和你的雇主都有正面意义的方式来应对。

授权和承担责任

每个员工都要承担责任，这句话究竟意味着什么呢？承担责任是指每个人都要为自己的行为负责，确保自己的所作所为对自己和公司都有着积极的影响。这可能包括业务项目、客户体验、与同事和供应商的关系等。无论在政界、商界还是在教育界，都要为自己的行为负责。不幸的是，许多人并没有表现出足够的责任感。在本章，我们将讨论责任和职场关系的概念。授权、职责、责任都属于个人选择，这些选择不仅会影响你在工作中能否获得成功，还会对工作场所中的人际关系产生重大影响。

在第 5 章，我们探讨了权力基础以及职场权力对政治和伦理行为的影响。每个员工都有权力；遗憾的是，许多员工都没有恰当地使用，或者根本不用。随着公司越来越重视质量和绩效，员工做出好的抉择正变得越来越重要。

所谓**授权**（empowerment，也称"赋能"），是指让接触客户的一线员工拥有权力和决策权，以提高质量和客户满意度，最终提高盈利。这种理念的逻辑是，如果让员工觉得自己的行为能够为公司的成功做出直接贡献，他们会表现得更出色。

假设有一位公司客户服务部经理告诉他手下的员工，要以客户满意为宗旨。这位经理自认为他已经给了员工充分的授权。但是第二天，当他在店里巡视的时候却发现，只要客户提出退货退款要求，店员一律接受，即使有的并不符合退款规定。

于是老板立即对员工无条件退款的行为给予了纪律处分。然而，员工明明做到了经理的要求，让客户满意了。经理以为自己给了员工充分的授权，实际却并非如此。

告诉某人做某事和指导给对方该怎么做是两回事。在这个例子中，这名员工对"让客户满意"的解读显然与经理的本意不同。那么，这名经理到底应该如何授权呢？经理正确的做法应该是与店员一起讨论公司制定的退货规定，和店员一起进行角色扮演，演练各种客户场景，然后再对其表现进行监督。训练过程中，只要员工犯错，就马上纠正；如果表现良好，则给予积极表扬。

作为员工，如果有学习的意愿，证明你愿意承担自己的职责。承担职责（responsibility）是指你接受了赋予你的权力并尝试合理使用这些权力，不辜负授权者的期望。与授权和职责密切相关的另一个概念是责任。如果没有承担责任，那么授权和职责将毫无意义。**承担责任**（accountability）是指你担负起自己的职责，并对授予你职责的人负责的行为。组织上下所有员工都要持之以恒地发挥自己最好的表现，对同事、上司、客户以及公司投资者负责。

要想在工作中获得尊重和信任，最好的一个办法是主动要求和承担新工作。如果对某种新技能感兴趣，那么应该和上司谈一谈，请求上司提供学习的机会，这样可以提升你对公司的价值。一旦得到机会，就要承担起相应的责任，并及时汇报工作情况。有价值的行为能够为公司总体使命提供支持。应该为自己所做的每一个项目都设定便于测量的目标，否则，就很难真正为自己的绩效承担起责任。

当肩上的责任越来越重的时候，不要害怕寻求帮助。从他人和过往的经验中学习。如果犯了错误，先道歉，不要归咎于他人。搞清楚犯错的地方和原因。从这些错误中吸取教训，让它们带领自己走向成功。

案例

出场人物：克莉丝汀

场景说明：克莉丝汀对自己的工作越来越有信心了。她想为公司创造更多的价值，于是学习了承担个人责任的概念，并主动要求做一些额外项目。在做项目的时候，她保证让上司及时了解每个项目进展情况，并在每次成功完成项目后做出汇报。她的上司注意到，克莉丝汀不仅对个人发展负责，而且对部门的成功也很有责任心。所以，上司告诉克莉丝汀，自己对克莉丝汀的上进心印象深刻，并考虑提拔她。

主题讨论

克莉丝汀还可以做些什么来展现自己是有责任心和并且乐于承担责任的？

承担个人责任

在如今经济形势不明朗的情况下，员工更需要以积极的态度全力以赴地工作。多年以来，所有公司都在想方设法，不断提高效益和减少浪费。

负责的员工会为自己的绩效，行为以及工作中做出的抉择承担责任。准时上班，并做好自己的分内事。不要为了享乐而不来上班，除非真的生病了，否则不要请病假。将带薪假期攒起来，留作应对紧急情况、参加葬礼等类似突发事件。在工作时间，请专心工作。不要在上班时间上网或者做私事。当某位员工因故迟到、缺席或者没能按时完成任务的时候，其他员工要主动承担其这名员工的职责。如果不对自己的工作和同事负责，会导致职场人际关系恶化，对工作绩效造成影响。

工作中的人际关系

无论是在谁身边，成熟而自信的人都会以相同的方式行事，但缺乏安全感的人在同事和上司面前则往往会摆出两副不同的嘴脸。因为他人身份的不同而采取完全不同的行事方式是错误和不成熟的。无论面对的是谁，都应该表现得专业并尊重对方。在这一节，我们将讨论工作中的各种人际关系以及它们对工作绩效的影响。

我们上班的时间往往比与家人相聚的时间还要多，所以，工作中的人际关系会对工作绩效产生显著影响。尊重并以职业态度对待他人是非常重要的。与我们喜爱的人相处时，做到这一点并不困难，难的是与相处不来的人在一起时依然做到这一点。在第 12 章，我们会讲到工作中的冲突，以及如何与相处不来的人高效地进行合作这一敏感问题。不幸的是，如果不能做到公私分明的话，和同事过于亲近的关系有时会像职场上的敌人一样具有不良影响。当然，与同事交往并没有什么不正常的，但是要注意分寸，不要让社交圈局限于同事之间。这样做很危险，因为你很可能变得公私不分。那些不在你朋友圈子中的同事则很难信任你。你甚至会潜意识里表现出任人唯亲的倾向。即便你没有这么做，圈外的人也会认为你会偏心，并因此而不再信任你。

适应了工作及工作环境后，就能在多种场景中找到机会增强与同事、上司、投资人、供应商及客户的关系。接下来，我们会对一些场景进行讲解，并探讨如何在这些场景中表现得更出色。

如何与高管相处

面对一屋子高级管理人员的时候，怎么做才是妥当的呢？对许多员工而言，这是一个难题。不过，在一些工作会议、公司活动或社会活动中，很可能会碰到此类场景。有的人可能想趁机和高管套近乎，为顶头上司歌功颂德或者为自己争取更好的职位。这些举动虽然听起来很有诱惑力，但对有些人而言，这样的行为是非常失礼的。不要表现得太张扬，让自己引人注目。如果有机会，应该树立专业而积极的形象。要谦和地强调部门所获得的成绩，而不是个人的成就。

如果是参加平时没有参加过的会议，请聚精会神，安静地坐着并在必要的时候发表自己的个人意见。不要去主导对话。如果合适的话，可以在会前或会后向高管做自我介绍，但请不要打断他人的谈话。自信起来，与对方对视，伸出手，然后说："哈比夫人，你好！我是会计部门的蒂姆·布兰登。很高兴认识你。"话语要简短、积极，目标是给高管留下一个良好且难忘的印象。不要抱怨某人或某事。讨论与个人工作相关问题也是不妥的，如希望换个职位等，除非此类话题本来就是会议议题。应该让高管来主导对话，在谈话过程中，注意对方的肢体语言。如果对方面向你或频频点头，可以继续谈话。但如果对方的眼神看向别处，或者身体朝向别的地方，说明对方的心思不在你身上。这时，你应该礼貌而主动地结束对话并及时离开。充分利用与高管建立人际关系的机会，为你和你所在的部门树立一个良好的印象。

> **说一说**
>
> 为什么在这种场合中不应该说别人的坏话？

如何与上司相处

许多员工对其上司的感情都十分鲜明（要么喜爱，要么讨厌）。在我们介绍如何以职业的方式与不同上司相处前，需要记住，上司也是人。和我们一样，他们也要不断学习新技能，培养自己的能力。即便他们不完美，我们也应该假设他们已经尽力了。

碰到了好的上司，要心怀感激。好上司尊重他人，做事公正，而且努力培养下属。人们总是希望能够和好上司成为好朋友，但一定要保持这个关系的职业性。虽然向上司分享你个人生活中的一些重要事情（如配偶、子女的成就或度假计划等）并没有什么不妥，但不要交流太多个人信息。将这段关系当成一个学习的机会，学习和培养上司身上令你欣赏的管理和领导品质，并将这些品质融入到个人的职场行为中。

当然，有的时候，我们也会认为上司不称职，这类上司不知道自己应该扮演什么样的角色。当你这么想时，问问自己，这样的负面看法是基于事实形成的，还是由自己的不安全感产生的。不过，无论他们有多不称职，都应当秉持职业态度，对他们保持尊重。专注于做好本职工作。这样做能够体现出你的成熟，并且有利于缓和你和上司之间的紧张关系。如果你的表现一直非常优秀，就有可能引起公司里其他人的注意。如果和不称职的上司发生了冲突，请不要让个人情绪影响工作绩效。应该保持积极而高效，不断为公司创造更多的价值。如果有同事在说上司的坏话，就算你也想这么做，也要尽量克制。要保持职业态度和对上司的尊重。如果有一个不尽人意的上司，将这段经历作为一面镜子，提醒自己有一天成为上司时不该做哪些事。

在职业生涯中，还可能遇到蛮横不讲理的上司。这类上司总是贬低或威胁下属。他们之所以这么做，主要是因为缺乏自信，觉得自己的职位坐不稳当。所以，就只好用自己合法的高压权力来打压别人。应对这种上司的方法有几种。如果还可以忍受，就努力适应。不要在公开场合说上司的坏话。如果无法忍受并且严重影响到了工作，可以带上相关证据，私底下求助于人力资源部门的同事。相关同事会观察、调查、记录事态发展、采取矫正措施并在必要的时候对上司进行管理培训。在汇报上司的不当行为时，要尊重事实，客观公正。HR经理要的是事实，而不是情绪。此外，请不要越级告状。这样做意味着保密和缺乏信任。最后，如果上司的行为和工作状况未得到丝毫改善，可以开始私底下换到公司其他部门或其他公司。作为员工，你拥有合法权利。如果上司歧视或者骚扰你，可以立刻将相关情况记录下来并上报。上司不应该让你做与个人工作无关的事情，有些上司会让下属给自己办私事或做与工作无干的事。如果发生这种情况，应该礼貌地拒绝对方的要求。

就像我们无法选择自己的同事一样，我们同样无法选择自己的上司。无论碰到哪种上司，都应该尽自己最大的努力完成本职工作。

如何与本部门的同事相处

能够在工作中交到朋友是一件好事。不幸的是，如果和工作中的朋友在私交上出了问题，工作也会受到影响。所以，在工作中交朋友一定要谨慎。亲密的朋友是你信任的人，他们了解你的短处和长处。尽管应该信任同事，但还是要有所保留。在工作中应该友好地对待所有人，这非常重要，想和有的同事在工作之外发展友谊也很常见，但一定要谨慎。因为一旦有了矛盾或者变动，友谊的变质就会同时影响到工作和生活。比如，其中的一个人突然被提拔为另一个人的上司，那么双方的关系就会多少有些尴尬。即便当事人不在意，其他同事还是可能觉得他们之间有裙带关系。如果下班时间也约同事出去玩，很可能在工作上陷得太深。因为连接友谊的纽带主要是工作，所以，在一起的时候，讨论的话题可能还是工作。这种关系不健康，并且很可能在工作抉择中造成利益冲突或导致违反保密协议。

如何与其他部门的同事交往

现在，我们将职场友谊的话题延伸到整个组织中。可以约见公司里的其他人，建立自己的人际关系网络。正如在第 5 章介绍的那样，不断加强关系权力的同时，可以了解到更多的信息和人脉，这有助于我们更好地完成工作，甚至可能让我们获得晋升的机会。在和他人交往的过程中，请尊重他人，并保持积极的对话。即便对方有意谈论负面的话题，也应该做出积极的回应。如果有人说同事的坏话，请为同事辩护，不要助长流言蜚语。

案例

出场人物：伊万、朱利安和小乔

场景说明：伊万和一个朋友朱利安正在休息室里休息，这时，同事小乔走了进来。她看起来不太高兴，一边走一边说："我再也无法忍受克瑞了！"伊万的朋友朱利安马上回答道："太糟了！克瑞是我的朋友。"小乔的脸马上就红了，转身离开了休息室。伊万告诉朱利安，自己从不知道她和克瑞是朋友。"嗯，我们确实不是好朋友，但我们都在一起工作。"朱利安接着告诉伊万，如果你马上告诉对方你无法忍受对方说别人的坏话，就很容易结束这些负面对话。伊万觉得这个建议太赞了。

主题讨论

在这样的场景下，朱利安还可以用其他什么方式来恰当地回应或处理？

企业文化（corporate culture）是由员工行为反映出来的公司个性，是公司上下共享的价值观和信念。员工士气（employee morale）是指员工对企业所持有的态度。公司文化对员工士气影响重大。员工士气的高涨或低迷也会对员工的态度、满意度和精神面貌产生影响。如果员工士气高涨，那么员工就会更快乐，更有生产力。同样，高涨的员工士气也对职场关系有正面影响。在积极的企业文化中，雇主会用各种方式提升员工士气，例如让办公场所舒适宜人、对表现出色的员工给予表扬和奖励以及对员工表现出充分的信任等。

练习 6.1

有什么办法可以在工作中提高员工的士气？什么样的职场关系会导致员工士气低落？

_____

_____

_____

_____

与同事关系恶化怎么办

即便是最好的朋友,也会碰到无法解决的冲突,友情可能因为冲突或误会而破裂。不幸的是,工作中的友情也不例外。有时候,你甚至根本不知道自己到底做错了什么,而另一些时候,你可能想要主动结束与他人的友谊。正如我们先前提到的那样,尽管不需要喜欢工作中的每一个人,但确实也不该让别人知道你不喜欢他。以专业的方式向每个人表示尊重,即便是自己所讨厌的人。

如果深陷于负能量的职场关系,可以采取以下行为加以补救。

- 如果伤害了别人(无论是有意还是无意),都应该马上道歉。
- 如果对方接受了道歉,就要改正自己的错误行为,表现出自己的诚意。
- 如果真诚道歉,对方还是不接受,请继续努力,用行动说明自己的歉意。
- 如果和对方的关系彻底破裂,也不要心怀怨恨。还是应该表现出应有的礼貌,尊重对方,专业一些。
- 如果对方态度粗鲁,举止不当(无论是直接还是间接),请不要以牙还牙,而应该尽量以德报怨。
- 如果对方的粗鲁行为或不当举止影响了到了自己的工作表现,或者对你构成了骚扰或威胁,请把相关情况记录下来,在必要时向上级汇报。

朋友做不成了,最难受的是对方根本不接受你的道歉。从小,大人就教育我们,要喜欢身边的每一个人,也要努力得到身边每一个人的喜爱。但是从人性的角度看,这是不可能的。我们不可能和工作中的每一个同事都成为朋友。而且,人们的感情有时会受到伤害,会觉得有的伤害无法原谅。缺乏尊重和专业素养的行为会影响到工作表现。在工作中,优先级最高的始终是高质量完成自己的工作。公司付钱给你是雇你来工作的。因此,一旦工作上受累于负能量的人际关系,就不要忽视这个问题。首先,问问自己,是不是自己的行为而导致冲突迟迟得不到解决。如果是,就立刻改正错误。被伤害的同事一旦感到不快,可能会说你的坏话。请不要以牙还牙。这样只会使你们双方都显得很小气和幼稚。将发生的不快如实记录下来，以成熟的方式处理。如果对方不思悔改，并影响到了你的工作表现，可以求助于上司或人力资源部门。这时用得上书面文件了。

> **案例**
>
> **出场人物**：莫妮卡和乔达
>
> **场景说明**：从第一天上班起，莫妮卡就和乔达成了好朋友。在休息时间，他们总是形影不离，而且每周至少一起外出吃饭一次。一天，莫妮卡手头上有一项紧急的项目需要完成，所以，当乔达邀请她共进午餐的时候，莫妮卡婉拒了，并说明了原因。第二天，莫妮卡邀请乔达一起去吃午饭，乔达用奇怪的眼神看了她一眼，扭头就走。"乔达，你怎么了？"莫妮卡追上去问道。乔达摇了摇头，随即离开了办公室。接下来的几天，莫妮卡没有找乔达，她希望无论发生了什么，大家都能冷静一下。但一周过去了，乔达还是对莫妮卡不理不睬，情况变得更加糟糕了。莫妮卡决定做最后的努力挽救这段友情，她走近乔达说："乔达，如果我做了什么让你不高兴的事情，那么真的很抱歉，但我希望我们能够好好地谈一谈。"不幸的是，乔达还是一副不屑的样子，转身离开了。

主题讨论

莫妮卡接下来应该怎么做？

找到上司进行干预时，要客观冷静地阐述事实，列出对方的不当行为，确保说明这种情况如何对工作场所和表现产生了消极影响。不要抱着想给对方找麻烦的动机去找上司。请记住，你的目标是寻求上司的帮助，给自己创造一种同事之间相互尊重的职业化工作关系。上司可能会把你们叫到办公室谈话，弄清楚事情的来龙去脉，此时千万不能表现得情绪化。再次提醒你注意，目标是与对方达成和解，共同创造同事之间相互尊重的职业化工作关系。

工作中的约会

工作中有一个常见的棘手问题，那就是与同事、主管、供应商或客户约会。由于我们大部分时间都在工作，所以同事之间难免日久生情。虽然无法阻止你与同部门的同事约会，但许多公司并不鼓励这种行为。有的公司甚至要求谈恋爱的员工签署声明，如果他们之间的关系破裂，公司不承担任何责任。无论是同事之间还是上下级之间，约会都是非常不妥的，可能会使双方和公司惹上性骚扰的官司，相关内容我们将在第 12 章详细探讨。恋爱行为可能会对整个部门产生消极的影响，而且很可能让大家感到不舒服。

如果和客户或供应商约会，也要非常谨慎。要好好想想，这种关系是否会对工作造成什么潜在影响。记住，在和这两类人打交道的时候，你的身份是公司代表。所以，在交往过程中，不要泄露机密信息，也不要说同事或雇主的坏话。小心行事，不要让自己陷入任何利益冲突中。最好将自己的情事和公事分开。

> **想一想**
>
> 你会和同事私下约会吗？这样做的风险是什么？潜在可能造成的伤害又是什么？

工作中的社交活动

与工作有关的社交活动很多，如野餐、聚餐和生日聚会等。有些人喜欢参加这类活动，而有的人却不喜欢。参加工作时间之外举办的与工作有关的社交活动不是必须的。但是，对于那些在上班时举行的活动，最好还是都去参加。否则，别人会觉得你没有礼貌。如果活动举办的时候，确实有重要的事情走不开，那么可以到活动现场稍作停留，向活动举办方致歉。如果决定参加活动，事先弄清楚是否要带什么。比如，聚餐时，如果别人都带了一份自己炒的菜，而你却两手空空，会显得非常没有礼貌。除非有人主动提出，否则也不适合将剩菜打包回家，这也是不礼貌的。上班时间举办活动，不要供应含酒精的饮料。

尽管有权选择是否参加下班后的活动，但不可否认，这些活动可以为营造人际关系网提供很好的机会。这些活动包括公司赞助的活动和同事举办的私人社交活动。正如我们在第 4 章介绍的那样，如果发出邀请的一方要求受到邀请的尽快回复，那么就应该尽快告知对方自己是否参加活动。如果决定不去，那么首先要感谢对方的盛情邀请，再婉拒。这能让你和对方保持良好的关系。如果决定参加活动，请事先弄清楚是否需要带些什么。如果活动是在对方家里举办的，那么可以给主人送上一份礼物。在到达和离开的时候要向主人当面表示感谢。如果在这些社交活动中有酒精饮料供应，应该谨慎饮用，最好不要喝。但如果一定要喝，最多只喝一杯。

共享办公空间

为了加强团队合作并有效利用办公空间，许多公司都采用办公室隔断的方式办公。这些小隔间不仅为员工开辟了工作区域，还能够很好地尊重个人隐私，就好像独立办公室一样。如果在这样的公共办公区域工作或处理事务时，请不要高声喧哗、发出气味或做其他可能打扰别人或让人讨厌的事情。请小声说话。把每个小隔间都想象成一个有门的办公室。就像在去别人办公室前需要提前通知或敲门一样，如果没有得到别人的许可，请不要进入别人的小隔间。如果因工作需要确实要到别人的小隔间去，请站在隔间入口处，轻轻地敲一下隔板并说："对不起，打扰一下。"然后，等待对方邀请自己进入他的办公区域。如果需要办的事情需要占用比较长的时间进行讨论，请使用附近的会议室，以免打扰他人。请记住，要尊重他人工作中的隐私。未经他人允许，不要拿或者使用别人办公桌上的物品。

> **说一说**
>
> 在公共办公区域，员工要避免造成哪些干扰？

休息室里的社交提示

在休息室里，往往有可以取用的咖啡。但是在大多数情况下，这都不是由公司买单的。咖啡、点心或其他用品往往是员工自己花钱买的。如果经常在休息室喝咖啡吃零食，请主动出钱买一些食物。有时，大家还会出钱一起购买甜甜圈、曲奇饼或生日蛋糕，上述原则也同样适用于这些情况。如果你享用了这些食物，可以提出分摊费用，也可以轮流请客。许多办公室配备了冰箱供员工存放食物，不要未经别人允许就吃他人存放在冰箱里的食物。如果在冰箱里放了自己的食物，记得贴个标签，每周清理一次没吃完或变质的食物。最后，勤于清理。如果用了咖啡杯，在喝完咖啡后要及时其清洗干净。在离开休息室前，将垃圾及时清理掉，给下一位员工留一个整洁干净的休息室。

其他注意事项

尽管在工作中卖东西筹钱是非常有诱惑力的,但这种做法却有待商榷。许多公司都明令禁止这种行为。即使公司允许,也要注意,不要让同事感到厌烦或者因为没有买而觉得内疚。

在某些特殊的日子(如生日或节日)送同事礼物是可以接受的。不过,没必要给每个人都送礼物。如果要送礼物,请不要张扬,否则没有收到礼物的人会感到不高兴。如果位居管理岗位,那么请不要单独给某个员工送礼。如果管理人员要送礼物,就要每人一份,让大家觉得你不偏心。

同事们为某些特殊的事情(如向上司和行政助理表达谢意、庆祝有人退休等)凑钱买礼物也是常见的事情。虽然没有规定说大家一定要参加,但最好交上份子钱。如果非常不想参加或是没有余力出钱,请礼貌地拒绝,不要做负面评论。如果觉得钱的数目太大,可以量力而为,并告诉筹款人最近个人的财政预算比较紧张。如果收到了礼物,收到礼物的时候请马上向对方表示感谢,随后再亲手写一张便条表示感谢。

优秀的员工对公共办公区域有着主人翁意识,并恪守着常规的礼仪。例如,在咖啡壶空空如也时尽快加水,或是在打印机的纸张不足时及时补充。当办公设备损坏或是打印机卡住时,请不要把问题扔在那儿等别人解决,而是主动承担起责任,自己解决问题。如果自己解决不了,请及时通知维修人员。

练习 6.2

工作场所中,还有其他哪些可能引起冲突的问题?

_____
_____
_____

职场中的要和不要

✓	✗
要对自己的绩效和事业成功负责	不要等别人来告诉你该做什么
要行事始终如一且专业化	不要只有在上司在的时候才卖力工作
要维护上司的形象	不要说上司的坏话
要与同事建立积极的人际关系	不要将自己的朋友圈局限于同事之中
要以得体的商务礼仪参加社交活动	不要在与工作有关的社交活动中放纵自己

概念复习与应用

根据本章所学到的知识,完成以下练习。

- 总结承担责任为何对今天的职场至关重要,提供例子来说明如何让自己更好地承担责任。
- 描述对待老板、同事、供应商和客户有哪些适当和不当的行为。
- 描述职场人际关系变得消极时该如何应对。
- 确定基本的工作场所期望,包括社交活动和送礼时该怎么做。

关键概念

- 承担工作职责的一种重要方式就是为自己的行为负责。
- 应该与工作中的同事保持积极的友谊关系,但不要将自己的朋友圈局限于同事之中。
- 如果和同事的关系恶化,要保持对对方的尊重,并以专业化的方式行事。
- 最好不要和工作上相关人员约会。
- 参加公司内各种社交活动的时候，要注意礼节。

自测题：配对关键术语和定义

在"答案"栏中填写和关键术语配对的定义编号。

关键术语	答案	定义
责任		1. 企业所持有的态度。
企业文化		2. 客户的一线员工拥有决策权。
员工士气		3. 行为反映出来的公司人格。
授权		4. 赋予自己的权力。
职责		5. 自己的职责，并对授予职责的人负责的行为。

换位思考：如果你是老板……

1. 怎样才能让员工乐于承担一些额外的责任？
2. 如果发现员工士气低落，你会如何应对？
3. 如果有两名员工关系恶化，你会怎么做？
4. 你从未给员工送过礼物，但手下有名员工却经常在你生日或节日的时候给你送礼物。接受这些礼物是否妥当？

活动

活动 6.1
你明天要参加一个会议,但晚上家里有急事要处理。怎么办?请解释这么做的理由。

_____

_____

_____

活动 6.2
上司总是说你同事的坏话,并且总是鄙视他们。你非常不喜欢他这种行为,因为你忍不住会想他背后会怎么说你。你该怎么办?

_____

_____

_____

活动 6.3
为公司提供办公用品的供应商派来一个新的销售员。她手上没有戴结婚戒指,还和你调情。请考虑,如果你和她约会,可能会出现哪些与工作有关的问题?请说出三种可能。

1. _____
2. _____
3. _____

活动 6.4

确定完成人生规划中的主要目标需要具体完成哪些任务，然后列出要如何负责实现这些目标。对每个人生规划中的目标，应该采取几种问责措施。请详细而具体地回答。

人生规划目标	需要完成哪些任务	问责措施

第 6 章　学有所成・笔记

第 7 章

公司的组织结构和服务质量

绩效 • 赢利 • 客户

学习目标

- 了解组织结构和职能如何影响质量和客户
- 知道公司战略的关键要素和目的
- 说明和解释组织结构图
- 定义质量及其在业务中的重要性
- 研究提高个人创造力与创新能力的方法
- 解释客户服务是如何影响绩效和利润的
- 知道如何运用有效的手段来应对难缠的客户

个人自测：自我

你是一个以自我为中心的人吗？	是	否
1. 你在提供优质服务吗？	☐	☐
2. 为同事提供优质服务没有为客户提供优质服务重要。	☐	☐
3. 公司的使命陈述和战略安排仅对公司高层重要。	☐	☐
4. 基层员工对公司的产品质量不会产生重大的影响。	☐	☐
5. 开发和创新对提升客户服务没什么意义。	☐	☐
4. 只要涉及客户服务，客户就总是正确的。	☐	☐

▶ 如果上述问题有两个或更多的肯定回答，请认真学习本章，提高对客户服务及其对公司赢利影响的认识。

注重质量的企业生产力如何

在优秀的企业,所有员工都共享着同样的愿景。尽管几乎每名员工都清楚地了解为客户提供优质服务的重要性,但很少有人了解究竟是什么成就了一个高质量的组织以及为什么维持较高的客户满意度对公司的成功至关重要。无论是营利机构还是非营利机构,都必须创造利润,才能维持运营。而企业赢利能力的关键就是生产力。从某种意义上讲,每个雇员的工作都影响着公司的赢利能力。如果员工了解组织机构基础以及运行方式,就能更好地在工作岗位上发挥作用,发现创新方法来进一步地提高生产力,并最终通过提供高质量的产品和无懈可击的客户服务来为整个企业的成功做出巨大的贡献。在工作中获得的成功一部分来源于对商业、公司组织机构及公司总体目标的理解。

衡量一家企业是否成功,标准之一是在完成使命的同时能否赢利。获得一份工作后,就有责任为公司提供生产力。在工作中,**生产力**(productivity)是指履行职能为公司增值的能力。提供个人的生产力,就是在帮助公司实现目标并走向成功。为公司创造价值的途径有几种。首先也是最重要的,行为必须符合道德规范。从实现公司最大利益的角度来进行伦理抉择。照管好公司托管给个人的财产,这意味着必须减少浪费并生产出高质量的产品。如第 1 章所述,由于个人态度会影响周围所有人的态度,所以个人的态度对公司的成功非常重要。要保持积极的态度,在工作中营造积极的人际关系,并积极学习新的技能。

每家公司都需要有战略。公司的**战略**(strategy)勾画出了公司的主要目标及短期目标,是公司获得成功的路线图。一般来说,**战略规划**(strategic plan)是由公司高层制定的正式文件。战略规划中要写明公司如何获取、组织、利用和监控资源。公司的使命、愿景和价值陈述一起构成公司的**指导性陈述**(directional statement)。指导性陈述是公司存在的理由及运营方式的基础。

公司的**使命陈述**(mission statement)阐明公司发展的目的。它阐述了员工到公司工作的原因。例如,大学的使命之一是培养学生获得成功。这意味着学校不仅要让学生打下坚固的专业知识基础,还要让他们了解如何在学业和职业或是进一步的学习深造中获得成功。如果大学里所有员工都清楚自己的最终使命是让学生获得成功，那么他们的日常工作事项都应该以此为中心。在上班之前或者在上班的第一周就复印一份公司的使命陈述，并尽可能将其牢记于心。员工手册或入职培训时通常有公司的使命陈述，公司可能在进行新员工入职培训的时候分发这份材料。如果没有得到这份材料，可以上公司网站查，或者向上级或人力资源管理部门索取。

一旦阐明存在的目的，公司就应该进一步描述未来希望达到的理想状态，这就是**愿景陈述**（vision statement）。一个公司的愿景陈述必须是切实可行的。例如，大学希望能够在未来成为全国一流的大学。达成这个目标需要努力，是可以实现的。除了公司的使命陈述和愿景陈述，公司还应该拥有自己的价值陈述。**价值陈述**（values statement）阐明了公司最看重什么（优先顺序）。通常，对公司重要的事包括各投资者提供丰厚的回报、保护环境、维护员工利益以及让客户满意。价值陈述的一个重要因素是公司的行为准则或道德声明。这些声明讨论了在所有业务领域中遵守道德规范的重要性。公司对**股东**（stakeholders）负责，涉众是对公司有直接利益的群体。主要涉众包括投资人、员工、客户和整个社区。商业环境中的因素会发生变化，因此公司应不断监控变化并积极主动地满足各种涉众的需求。

案例

出场人物：胡安

场景说明：胡安所在的公司正在更新自己的战略规划，并请求员工自愿参加各种规划委员会。胡安想知道新员工是否也有资格参加这些委员会，于是询问了同事。同事鼓励他参加，并告诉他说，这是一个很好的机会，他可以通过这一方式更好地了解公司，结识公司各部门和各级别的同事，还能帮助为公司取得成功做出积极的改进。这位同事让胡安看了看自己胸牌的背面，上面印有公司的使命陈述。"这就是我们每天辛苦工作的原因。"这位同事自豪地说。当天下午，胡安就报名参加了一个委员会。

主题讨论

如果胡安参加了委员会，他还能获得哪些其他的好处？胡安如何为参加委员会做准备？

公司资源包括财务资源（财政）、人力资源（员工）和资本资源（长期投资）。许多公司会为员工提供公司的战略规划的总结与概览，让公司上下团结一心。这些信息通常都公布在公司网站上。就像之前你制定个人目标一样，公司的各个部门也要明确自身的短期目标和长期目标并制定相应的具体计划，阐述他们如何为实现公司的整体战略服务。正如我们在第1章讲到的，**目标**（goal）是努力的方向。在商业环境中，目标指代的是成功实现公司战略（不论设定目标的职位和部门是哪个）所需要完成的事。**短期目标**（objective）是为达成目标（goal）而设置的具体活动。短期目标必须是可以测量的，且要有截止期限。每个部门都应该根据公司的战略和目标有效利用相关资源并对自己的绩效进行监控。

练习 7.1

假如这是你第一天在目标岗位上工作。请为你的新工作设立一个长期目标和两个短期目标。

长期目标：_____

短期目标 1：_____

短期目标 2：_____

职权线

公司会根据自己的使命和战略来设定各部门的职责，分配各种资源。公司各部门的组织方式叫"**组织结构**"（organizational structure）。用图形将各部门的关系表现出来就能得到**组织结构图**（organizational chart）。该图不仅描绘了公司内部的主要部门，而且还向员工展现出了公司正式的权力结构（职权线）。这些正式的职权线又被称为"**命令链**"（chain of command）。正式的职权线规定在公司里谁应该向谁报告。必须尊重并遵循所在公司的正式的职权线。例如，根据图 7.1 描绘的组织结构图，应付账主管在没有得到财务总监同意的情况下就直接向营销副总提出请求是不妥当的。

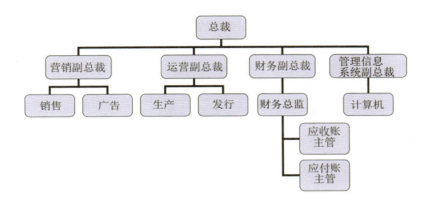

图 7.1
组织结构图

案例

出场人物：露西亚及其公司 CEO

场景说明：露西亚有一天独自在部门留守，其他人都去参加重要会议了。此时，一个高个子男士走了进来，说要见见露西亚的老板。露西亚解释说老板现在不在。随后，这位男士就开始询问露西亚对公司的看法，问她来公司多久了，对公司有什么具体的改进建议。露西亚觉得这些问题有些奇怪，但也很有趣。她礼貌，态度积极，并有建设性地分享了一些关于改进公司的想法。对于露西亚的回答，这位男士表示感谢，随后离开了办公室。两周后，露西亚的上司开会回来告诉她，公司 CEO 在为公司发展征求意见的时候与各领导分享了她提出的建议。直到这个时候，露西亚才意识到，那位高个子男士是公司的总裁。

每家公司都有领导人（图 7.2），我们通常称其为**总裁或首席执行官**（Chief Executive Officer, CEO）。总裁或 CEO 负责公司实施公司战略并向公司**董事会**（board of director）报告。董事会负责制定公司的整体战略和主要政策。董事会成员是由股东或投资人选举决定的。小

主题讨论

为什么需要了解公司的组织结构和高层重要人物？

公司可能没有那么正式的组织结构和头衔，但每个企业都有投资者/所有者和领导人（总经理）。熟悉公司各个领导人的名字和头衔并了解公司的正式职权线，这一点非常重要。假如遇到问题，就知道应该找谁。如果有可能，应该定期查看公司领导的照片，这样一旦有机会，就能将自己介绍给他们。

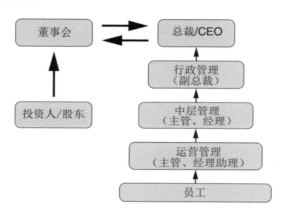

图 7.2
正规的公司组织结构图

一般来说，公司的管理层可以分为 3 层（图 7.3），即高层、中层及运营管理层。**高管或高级执行官**（senior managers or executive）通常都有着副总或执行总管的职称，这些领导与公司的总裁一起制定和实施公司的战略管理。通常情况下，**战略问题**（strategic）的时间跨度是 3～5 年。**中层管理人员**（middle manager）通常有着总监或经理的职称，他们主要负责研究**战术问题**。战术问题是有关如何将公司战略与日常运营联系起来的问题，其时间跨度通常为 1~3 年。**运营管理人员**（operations manager）通常有着监管或经理助理的职称，他们负责处理**运营问题**（operational issue）。运营问题与公司的日常运营有关，时间跨度通常不超过 1 年。当你在职业发展道路上前进的时候，可能有机会担任管理工作。而要步入管理岗位通常是从主管做起。**主管**（supervisor）是基层经理。虽然主要负责处理的是运营问题，工作集中在部门内部，但如果想获得成功，就必须了解公司对整体战略和战术的宏伟蓝图。

正如我们在典型组织结构图中看到的那样，公司通常是根据各种主要职能进行安排的。我们通常将这些主要职能称为**事业部**（division）。

事业部则由各个部门组成，**部门**（department）承担各种具体职能。对企业的正常运营来说，一些主要职能是必备的，如财务和会计、人力资源管理、运营、IT、市场营销以及法律咨询等。

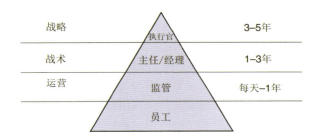

图 7.3 管理层级

财务和会计（finance and accounting）部门确保公司金融资产的安全、分配和增长。公司的每一张发票、支票和每一笔收入都需要在会计部门登记。会计部门还要与公司的人力资源部门一起制定员工的薪酬。如同编制个人预算（参见第 2 章）一样，公司也会制定几种不同类型的预算。**资本预算**（capital budget）针对的是长期投资，如土地或大型设备的投资。**运营预算**（operational budget）针对的是短期项目投资，如员工薪资和公司日常运营费用。由于赢利是所有公司的首要目的，所以作为一名员工，有责任有效利用公司的金融资源。

案例

出场人物：麦克斯

场景说明：麦克斯的一个同事要去度假。在出发之前，这名同事向麦克斯示范了怎样在网上订购办公用品，并告诉他，如果办公室缺货了就订。同事离开后不久，麦克斯就发现部门里的一些办公用品不够用，于是决定上网订一些。在网上浏览产品目录的时候，麦克斯发现有很多不错的产品对办公室很有用，包括一个打孔机、一个贴标器以及一个外接式硬盘，麦克斯还想订一把新剪刀和一个 U 盘。当结账的时候，麦克斯惊讶地发现订单总额竟然超过了 1000 美元。他这才意识到，同事并没有告诉他预算是多少，但他明明知道预算有规定的额度。

主题讨论
你认为麦克斯应该怎么办？为什么？

正如我们在麦克斯的例子中看到的那样，很多员工在花公司钱的时候都不假思索。所以，在花公司的钱之前，请问自己一个简单的问题："如果这家公司是我开的，我还会买这些东西吗？"这样想的话，会让你对自己的行为更加负责，而且让你的思维方式更像企业主。思考过上述问题后，你很可能就不会购买那些奢侈或不必要的物品了。在采购时，你不但会留心是否会超过预算，还会想方设法节约经费。

人力资源（human resource）部门负责员工的招聘、培训、绩效考核、薪酬、晋升和离职。这个部门主要处理与员工有关的事务。递交求职申请和参加招聘面试的时候，通常就是你与该公司人力资源部门第一次打交道的时候。入职后，如果想了解公司的政策、投诉或者了解个人劳务合同信息，那么也要和人力资源部门联系。我们将在第 8 章中更详细地讲解有关人力资源部门的职能。

运营（operation）部门负责公司产品的生产和运送，是企业的核心部门。即使你的工作不会直接与公司产品生产相关，也要为生产和运送产品的人提供支持。

信息系统（information system）（IS）部门主要对公司的信息进行电子化管理。该部门的责任在于保证公司能够有效地使用计算机和信息技术资源。作为员工，应该尽可能只将公司的设备用于工作，这是对信息系统部门最大的支持。对公司负责的员工应当了解一些计算机的基本常识，并将其运用于工作中，比如定期备份文件、清空垃圾邮件以及定期检查病毒等。

市场营销（marketing）部门负责对产品进行营销策划、定价、分销和推广。公司的法律顾问会处理公司所有的法律相关事务。在代表公司签订合同之前，应该咨询公司的法律部门以确保合同无误。大公司会为每个职能设立一个部门，而小公司可能会让某个部门或某个职位处理多项职能。就像前文提到的，并不是每一家公司都有本章组织结构图上描述的部门或职务，大多数小公司并没有那么全面的结构。不过，为了获得成功，他们会安排恰当的人选负责相关的职能。

品质与公司

所有公司都销售或提供**产品**（product）或服务。产品指的是由公司制造的。产品有两种形态：商品和服务。**商品**（good）是有形的，是看得见，摸得着的物品，比如器械、玩具或装备等。**服务**（service）则是无形的，比如理发、银行业务、高尔夫课程以及医疗服务等。客户需要的是高质量的产品。如果消费者不认为他们得到的产品是高质量的，那他们就不会成为回头客了。

> **想一想**
> 为什么有的员工不在乎质量？

优质的服务、高品质的产品和不断地创新是让客户成为回头客的关键。任意一个元素的缺失都会让公司无法持续获得成功。**质量**（quality）定义了产品提供给客户的既定标准。产品质量的评价来自于客户对公司产品与类似产品的比较。此外，他们还会通过总结自己的使用感受来进行评价。成功的企业会在自己的战略中设立绩效监测指标，即规定如何测量质量，评估有哪些地方表现优良，并确定哪些地方需要改进。这些指标或标准包括次品率、成本以及销售配额等。

另一个评估质量的例子就是员工的绩效考评，通过绩效考评，公司可以知道员工是否为客户提供了高质量的产品或服务。绩效检测指标可以反映出公司的哪些产品或服务做得不错，哪些领域需要进一步改进。专注于质量的评估标准则会关注回应时间、服务态度以及资源是否可以正确使用等。我们将在第 8 章展开讨论有关员工绩效考评的问题。

公司总是希望能够在客户中建立品牌忠诚度，这意味着客户不会购买公司的竞争对手的产品或服务。当客户获得了**价值**（value），觉得自己购买的产品物有所值时，就会忠于一个品牌及其产品。以合理的价格提供高质量的产品需要公司上下齐心协力。公司的成功取决于公司能否持续创造利润。利润是收入（销售所得）和支出（生产和运营成本）之差。可以想方设法通过为公司开源节流来增加公司的利润。要对自己工作的各种费用了然于胸，并想尽方法避免浪费。承担起责任，尽力了解公司的客户，了解社会。随着利润的增加，公司会不断壮大。这意味着公司的规模将会逐步扩大，提供的产品和服务将会增多，员工薪资和收益也会得到提高，雇员人数也会增长。对员工而言，这会带来加薪或晋升的机会。公司需要以合理的价格提供优质产品，才能

说一说

办公场所中最常见的资金浪费发生在哪里?

获得长期成功。而员工在帮助公司实现这一目标的道路上发挥着重要作用。这就是为什么每个职能各不相同的员工都必须承担起确保质量和消除浪费的责任。

练习 7.2

作为员工,如何为保证产品质量而做出贡献?列出几种具体方法。

_____
_____
_____

创造力与创新

随着商业竞争加剧,每个人都有必要提升自己的创造力。创造力是指产生新思想,对提供产品、服务或系统有新颖独特的见解。当一个人看待事物或分析形势的角度与其常规意义的用途不同时,就会赋予该事物或该形势新的含义或用途,这时他就拥有了创造力。一个人只有摆脱固有的思维模式才可能产生创造力。一个有创造力的人会不停地问自己:"假如……将会怎样?"

让我们举例说明创造力的重要性。爱迪生是最伟大的发明家之一。他在改进电报机工作效率的时候,不小心发明了留声机。多年以来,在他人的其他创意基础上,留声机进化成了电唱机,电唱机又进化成了随声听,随声听又演变成了许多移动通信工具,包括手机、互联网以及几乎无限的音乐存储器。如果爱迪生没有发明留声机,就不会有移动装置,难以想象我们的生活将会怎样。

在工作中,员工需要提升自己的创造力。为此,可以尝试用不同的眼光看待具体的场景,并坚持思考怎样改进当前的系统或方法,努力提高产品质量和服务态度。这样做，就会为新产品的诞生和效率的提升打开大门。但是，尽管创造力在工作中非常重要，但如果新的想法得不到实施，将毫无用处。创新是指将创新性想法转变为事实的过程。不断地赋予产品或形势新含义或新用途，并落实这些新点子。努力改进自己的创造力和研发能力，为公司的成功做出自己的贡献。

优质客户服务的定义

与工作质量相关的一个重要商业理念就是客户服务质量。客户服务是指公司员工对购买公司产品或服务的客户的态度。任何公司离开客户都无法生存，因此，了解客户以及善待客户，就变得非常重要。

客户有内部客户和外部客户之分。内部客户是指公司里的员工和部门，而外部客户是指公司外部人员，其中包括供应商、投资者、购买公司产品的个人和企业等。你的工作也许不需要你直接为外部客户提供服务，在这种情况下，仍然有义务像对待外部客户一样竭诚为内部客户提供服务。

搜一搜

在网上查找在线测试，测一测你对客户服务的知识和技巧了解多少。

说一说

"服务"和"客户服务"有什么区别？

练习 7.3

作为客户，你希望别人如何对待你？
_____
_____

你希望同事如何对待你？
_____
_____

保持良好的客户满意度是销售产品的最佳手段。如果客户感到满意，他们不仅会重复购买，还会推荐其他人也购买你的产品。同样，感到不满的客户会把对产品或服务的不满情绪传递给他人，而且传播速度更快。现在，在社交媒体上分享客户体验的消费者越来越多，任何好的或坏的购买经历都会在网络上通过聊天室、社交网络及博客等快速传播。必须高度重视客户满意度，因为没有人希望消费者对公司及其产品给出差评。

　　员工需要能干且可靠。一名能干的员工了解公司生产的产品，当客户提出问题的时候，能够做出回答。客户希望员工能为他们提供有关产品的准确信息来帮助自己进行购买决策。可靠的员工有能力协助客户，而且会承担起帮助客户的责任。如果不知道怎么解答客户提出的问题，请不要假装知道。承认自己不知道答案没有什么丢脸的。关键是要坦诚相待，并积极帮助客户找到能够回答其问题的员工，让客户尊重你。需要寻求别人帮助的时候，不要把客户带到后就一走了之，而不解释究竟是怎么回事。如果可以的话，最好听一听同事是如何为客户解答问题的，以便日后自己也知道如何回答此类问题。

　　努力向客户给予关注，并试着去预测客户的需求。一些客户想自己挑选商品，但希望你在附近等着，以便你能及时响应他们的问题。而另一些客户则希望有人为自己详细介绍每一款产品。如果有客户靠近你的工作区域，尽可能地结识他，和他打招呼，并询问他是否需要任何帮助。如果知道客户的姓名，可以称呼其为某某先生或某某女士，这会拉近你与客户的距离，营造亲密友好的气氛。每位客户都是不同的，要根据他们需求提供个性化服务。许多公司都会提供具体的针对其产业的客户服务和销售培训。如果遇到这样的机会，不妨参加一下。

　　客户还希望服务环境令人愉悦、便利和安全。这就要求工作场所要整洁，员工的仪表要端庄。客户一旦步入公司，就会形成对公司的第一印象。第一印象非常重要，请务必给客户留下一个积极的第一印象。何况，工作场所和员工的外表可能正是让客户想要光顾公司的原因。无论你的工作是否是直接和客户打交道，都有责任竭尽全力保证自己的工作场所整洁安全，及时解决任何潜在的安全隐患。如果地面上有垃圾或水渍，请立刻清理掉。要为工作环境的清洁和安全负责。请记住，你的态度、语言和着装都会影响到客户对公司的第一印象。始终如一地支持公司及其使命，对公司要忠诚。做好自己的本职工作。此外，要尊重公司的规章制度，尊重同事和客户。还要努力推广公司的产品，积极塑造公司的形象。为此，必须了解公司及其战略和组织结构。无论职位是什么，都要为生产出高质量、高附加值的产品做出贡献。你就是公司的活字招牌，无论在公司里还是公司外的表现都代表着公司的形象。所以，请不要诋毁公司、同事以及公司的产品。

客户服务的影响力

优质客户服务是公司的门面，同时也是消费者成为回头客最主要的原因。如果能够提供高质量的产品或服务，并且让客户感到物有所值，客户就会再次购买公司的产品或服务，并将产品介绍给他人。优质服务是留住客户的主要原因。随着竞争的加剧，可供选择的产品增多，客户在许多地方都能买到相同的产品。因此，为客户提供个性化服务已经成为吸引客户再次惠顾的唯一法宝。你的目标就是和客户建立长期的良好关系，让他们对你和你的公司保持忠诚。客户忠诚度对公司的成功至关重要。如果客户认为物有所值，就会忠于你的公司，成为回头客。公司想要建立客户的品牌忠诚度，不希望客户转而购买竞争对手的产品。只要公司能够坚持提供高品质的产品，客户就会忠于公司及其产品。

基于此，现在许多公司都会将客户信息保存在电脑里。公司保存的客户个人信息越多，越能为他们提供个性化服务。随着信息技术的广泛使用，越来越多的公司建立了客户信息数据库，里面保存着客户过去的购买记录、喜欢的付款方式、生日、特殊喜好以及退换货次数等。公司利用这些信息来与客户建立更个性化的关系，并据此推测出客户的预期需求。通过电子邮件或是各种社交网站上发帖的方式，公司可以通知客户他们常购商品即将打折促销，告知客户即将举办什么活动或是发放折扣及优惠券。请注意，客户的相关信息和记录必须保密，并且只能用于公司开展的业务。

> **说一说**
>
> 个人仪表会如何影响客户对你的信任程度和看法？

Professionalism：Skills for Workplace Success

案例

出场人物： 安娜

场景说明： 安娜刚刚搬到一个新的地方，她想吃比萨。她发现周围有许多比萨店。究竟去哪一家好呢？是问一下别人的意见，还是随便去一家好呢？安娜有些拿不定主意。因为安娜初来乍到，没有熟悉的人，所以她决定随便找个比萨店。在电话订餐的过程中，服务员非常友善，并且非常乐意协助安娜订餐。这给安娜留下了非常好的第一印象。当安娜来到这家店的时候，发现店内十分整洁，店员的着装也很干净，而且比萨的味道也非常不错。就这样，后来只要安娜想吃比萨，就会直接去那家店。让她印象尤为深刻的是，服务员不仅能记住她的名字，还能记住她以往点过的食物。安娜对这家店的优质服务赞不绝口。

公司是否能够赢利并获得成功取决于你为客户提供怎样的服务。客户满意度越高，成为回头客的可能性就越大。企业希望客户不仅会复购，还会将他们的满意经历分享给其他潜在的客户。

客户服务的重要元素之一是客户所看到的员工内部的互动。如果看到员工之间积极友好的互动，客户就会更加尊重和信任这家公司。员工之间不能当着客户的面发生争执。这类事情和相关的谈话应该私下进行，并对客户完全保密，否则会给整个组织造成不良的影响。

难缠的客户

有些客户有时也会很难缠。以前，很多公司都信奉"客户永远是对的"。但实际上，客户许多时候并不正确。虽然客户可能是错的，但如果客户有不满，也需要尽己所能，协助客户解决问题。为了维持积极的关系，对客户要有耐心和同情心。

很多时候，难缠的客户态度非常不友好，甚至会对你大喊大叫。这时，需要保持冷静，要清楚客户的不当举止并不是针对你个人的。只有保持冷静，你才能看清事实真相，并以对客户和对公司都公平的方式，

主题讨论
为了给安娜带来优质的客户服务，比萨店具体做了哪些事情？

说一说
如果在工作中看见两位同事在客户面前发生了言语冲突，你会如何处理？

想一想
你平时是如何应对争端的？这种应对方式对处理难缠的客户有帮助，还是让情况变得更糟了？

有条理地尽快解决问题。

为了成功应对客户的投诉，应该做到以下几点。

1. **保持冷静，让客户倾诉，从中找出事实**。这意味着可能要让客户发泄几分钟。这不是一件容易的事情，特别是当客户对你吼叫的时候。不过，请不要打断客户，不要对他说"请冷静一下。"这样只会火上浇油。集中注意力，适时点头，并且做些笔录，这可以让你注意力集中。正如之前提到的，即便客户大喊大叫，也不要把这些刺耳的话放在心上。

2. **观察客户的身体语言**。需要观察客户说话的声调、眼神以及手臂的动作。如果客户的眼神总是躲躲闪闪的，说明他可能在撒谎或者没有说出事实的全部真相。不要让对方和你发生身体接触，特别要小心对方的威胁性举动。如果发现对方有实施暴力或人身攻击的倾向，要马上寻求帮助。

3. **让对方知道你了解他的处境**。说一些安抚的话，比如："我知道你为什么不高兴。"可以复述一遍对方的问题，让对方知道你确实是在仔细听他说话，确实了解他所遇到的问题。没有必要重复所有内容，对客户的问题进行总结，确保理解了事实即可。

4. **确保客户的问题得到解决**。只要可能，都要亲自解决客户遇到的问题。将客户推给别的同事很可能会加剧客户的愤怒。尽管交由上司或同事来处理听起来很诱人，但也要尽可能陪同客户，直到确信客户的问题已经得到解决。

5. **熟悉公司的政策**。有些难缠的客户非常不诚实，他们希望通过恐吓或粗鲁的行为来扰乱员工的心神，以牟取个人利益。所以，应当熟悉公司的政策，并坚决贯彻执行。如果客户质疑公司的政策，可以镇定而礼貌地向客户说明制定相关政策的意图。

6. **虽然冲突在所难免，但也不可以纵容客户不文明的行为**。在工作中，总会遇到难缠的客户。虽然客户偶尔会大喊大叫，但这并不意味着一定要对此类行为默默忍受。如果有客户辱骂你，

Professionalism：Skills for Workplace Success

> **说一说**
>
> 如果有愤怒的客户冲着你大吼大叫，你该如何应对？

气势上咄咄逼人，应当礼貌地告诉对方自己不能帮助解决问题，除非他能够对你表现出应有的尊重。如果客户不知悔改，可以立即向上汇报给领导。

职场中的要和不要

√	×
要了解公司的使命陈述，记住公司用人的目的	不要忽略公司的指导性陈述，记得将其运用到工作中
要了解内部客户和外部客户，要知道自己在生产高品质产品中的定位以及自己为公司成功做出过哪些贡献	不要认为客户都在公司外部，不要认为自己对公司的成功与否没有什么影响
要为产品或服务的质量负责	不要浪费原材料，不要忽视质量
要通过避免浪费和关注质量来为其他员工做出表率。	不要让他人不好的态度影响到自己的工作表现
要了解公司的产品和政策，做一名称职的员工	不要欺骗客户，编造子虚乌有的有关公司产品或政策的信息
要冷静对待难缠的客户，如果发现客户有攻击倾向，要马上寻求帮助	不要容忍客户的污言秽语及人身侵犯行为

概念复习与应用

根据本章所学到的知识，完成以下练习。

- 定义并解释质量、生产力和客户服务的概念为什么在今天的经济中至关重要。

- 创建、标记和解释传统公司的组织结构图中的元素。
- 概述哪些具体步骤可以用来提升创造力。

关键概念

- 指导性陈述包括公司的使命、愿景和价值陈述。
- 公司的战略规划会写明公司为了获得成功如何获取、组织、利用和监控资源。
- 公司的组织结构图不仅描绘公司内部的主要部门，还向员工展现了公司正式的权力结构（职权线）。
- 对企业的正常运营来说，一些主要职能（事业部）是必备的，如财务和会计、人力资源管理、运营、信息系统、市场营销以及法务等。
- 优质的服务、高品质的产品以及不断的创新是吸引客户购买公司产品或服务的重要因素。
- 员工应该努力提高自己的创造力和创新能力，为公司的成功做出贡献。
- 客户有内部客户和外部客户之分。内部客户是公司的员工和部门，而外部客户是公司的服务对象。成功的企业对两者都很重视。
- 只有称职、可靠而且能对客户要求做出快速回应的员工才能提供优质的客户服务。
- 客户并不总是正确的，但如果客户有不满，必须尽己所能协助他解决问题，并尽可能使客户满意。

自测题：配对关键术语和定义

在"答案"栏中填写和关键术语配对的定义编号。

关键术语	答案	定义
董事会		1. 用于长期投资的预算。
资本预算		2. 负责确保公司金融资产的安全、分配和增长的部门。
命令链		3. 负责对有关公司的信息进行电子化管理的部门。
创造力		4. 与公司日常运营有关的问题，时间跨度通常不超过一年。
客户服务		5. 负责制定和实施公司战略的管理人员。
部门		6. 处理运营问题的经理。
指导性陈述		7. 写明公司如何获取、组织、利用和监控资源的正式文件。
事业部		8. 有形的产品。
外部客户		9. 阐明对公司而言最重要的是什么的陈述。
财务和会计部门		10. 基层经理。
长期目标		11. 负责执行事业部的各种具体职能。
商品		12. 阐明公司发展目的的陈述。
人力资源部门		13. 公司正式的职权线。
信息系统部门		14. 进一步陈述公司希望未来达到的理想状态。
创新		15. 定义产品该如何提供给客户的既定标准。
内部客户		16. 以图形的方式将各部门的关系表现出来。
法律顾问		17. 阐明公司发展的目的，阐述了大家到公司工作的原因的陈述。
市场营销		18. 帮助实现长期目标的活动。
中层管理人员		19. 与公司有直接利益关系的实体。
使命陈述		20. 客户觉得自己购买的产品物有所值时的看法。
短期目标		21. 由公司制造的东西。
运营预算		22. 对提供产品、服务或系统有新的独特见解。
运营问题		23. 负责处理公司所有的法律相关事务。
公司运营		24. 负责员工的招聘、培训、绩效考核、薪酬、晋升和离职的部门。

续表

关键术语	答案	定义
运营主管		25. 公司的主要职能。
组织结构图		26. 有关如何将公司战略与日常运营联系起来的问题。
组织结构		27. 制定和实施公司战略构想的人。
总裁或首席执行官（CEO）		28. 公司外部人员。
产品		29. 员工为客户提供的待遇。
生产力		30. 指代成功实现公司战略所需要完成的事的一个努力的方向。
质量		31. 公司共事的员工。
高级主管或执行主管		32. 公司各部门的组织方式。
服务		33. 针对短期项目投资的预算。
利益相关方		34. 负责对产品和服务进行营销策划、定价、分销和推广的部门。
战略问题		35. 无形的产品。
战略规划		36. 勾画出了公司的远景目标及短期目标，是其获得成功的路线图。
战略		37. 制定和实施公司的战略管理的问题。
主管		38. 将创新性想法转变为事实的过程。
战术问题		39. 负责公司产品或服务的生产和运送的部门。
价值		40. 负责制定公司的整体战略和主要政策的人。
价值陈述		41. 负责研究战术问题的人。
愿景陈述		42. 履行为公司创造价值的职能。

换位思考：如果你是老板……

1. 你现在是一个部门的监管，该部门员工生产的产品次品率非常高，原材料浪费也很多。你意识到这些生产出的次品以及浪费影响到了部门预算，于是要求员工不要浪费资源，但是他们毫不在意。你将采取什么行动来减少部门浪费和提高产品质量？

2. 你有一个经常光顾的大客户，她每次来到店里，总是对两名员工出言不逊。员工因为此事向你反映了好几次。你该怎么办？

活动

活动 7.1

请观察下面的组织结构图,然后回答下列问题。

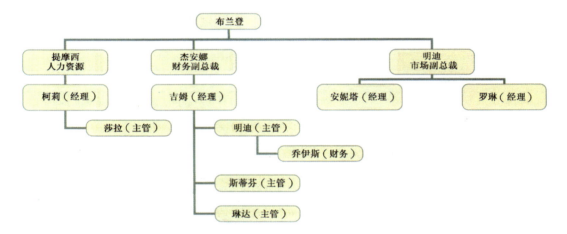

1. 琳达应该找谁咨询有关员工福利的问题?

2. 乔伊斯的顶头上司是谁?

3. 如果乔伊斯的顶头上司不在,她应该向谁寻求帮助?

4. 谁对公司产品的开发、定价、分销和推广负有主要的责任?

5. 布兰登的职务是什么？

_____

活动 7.2

你如何对从事下列工作的员工进行绩效考核？

工作	绩效考核指标
办公应用专家	
律师助理	
医疗报销人员	
厨师	
修车技师	

活动 7.3

客户服务对工作绩效及利润有着哪些影响？

_____

_____

活动 7.4

为了帮助自己实现职业目标，你做过哪些最有创意的事情？

_____

_____

为了提高质量、效率和客户满意度，你认为应该怎样将创造力融入个人的理解和承诺中？

_____

_____

活动 7.5

说说你经历过的最难忘、最好的两次客户服务。请具体说明员工为你做了哪些事情。

第 7 章　学有所成·笔记

第 8 章

人力资源和政策

福利 ● 决策 ● 考核

学习目标

- 明确人力资源部门的职能及其为员工提供的关键服务
- 了解入职培训的主要内容
- 了解员工手册的作用
- 了解员工的各种就业状态以及试用期的作用
- 定义绩效考核及其作用，并解释员工在此期间的各种角色
- 了解员工福利
- 了解工会的作用和好处

个人自测

你了解员工权利（适合美国）吗？	是	否
1. 所有全职员工都有权享受为期两周的带薪年假。	☐	☐
2. 所有全职员工都享有眼科和牙科的保健福利。	☐	☐
3. 员工无权改变印在员工手册上或公布在公司网站上的规定。	☐	☐
4. 公司要解雇一名员工，必须提前两周通知。	☐	☐
5. 员工想要离职，必须提前两周告知雇主。	☐	☐

▶ 如果上述问题有两个或更多的肯定回答，请通过本章认真学习员工和用人单位的权利，这有助于你成为一名更优秀的员工。将来自己当老板，这些知识也非常有用。

人力资源部门

开始一份新工作时，要打交道的第一个部门就是**人力资源部门**（Human Resource，HR）。其职能包括招聘、培训、薪酬、福利、绩效考核、投诉、晋升以及就业状态的更改等。除了上司，你和雇主之间最主要的联系纽带就是人力资源部。本章旨在分享可通过人力资源部来获取的政策和资源。充分了解并利用这些资源，有助于你成为更高效和更有价值的员工。

入职培训

新入职的员工通常要接受**入职培训**（employee orientation）。在此期间，将熟悉公司使命、组织结构、规章制度、办事程序、员工福利以及其他重要事项。往往也在这个时候，与工作有关的公司财产将交给你，包括个人的 ID 卡和钥匙等。

可能会学习公司对客户服务的质量要求，了解公司的主要产品，熟悉公司的主管人员。这些在公司的使命陈述和组织结构图里都有说明。培训过程中，要注意公司重要领导的名字及职务，包括董事长、CEO 和副总等。如有可能，还可利用公司提供的印刷材料、公司网站或者在网上搜索，看看这些人的近期照片。这样，如果有机会见到他们，也能认出来。

还应多和同事交流，从中发现自己潜在的导师。所谓**导师**（mentor），是指帮你提高才能、提供支持、帮你拓展专业网络并帮助你取得进步的人。导师还能为你提升工作技能提供机会，提高你的职业发展潜力。此外，导师还能帮你了解公司文化。**公司文化**（corporate culture）涉及公司的价值、预期以及员工的行为规范。了解公司文化有助于你了解公司的远景规划、规章制度以及上级对你的期望。

找导师的过程可以正式，也可以非正式。一些公司有正式的师徒带教计划。在这种情况下，公司会安排一名导师指导你的工作，帮助你在工作上取得成功。导师主要由公司指派，让他有更多的时间和你一起工作。

> **说一说**
>
> 员工头几天上班一般会遇到哪些问题？

如果公司没有正式的师徒带教计划，你就要在工作中试着寻找能帮助自己熟悉新工作并且能为自己的职业发展出谋划策的导师。真正的教导关系不能是被迫的，必须基于相互信任。要严于律己，展现出自己想要学习和成长的意愿，这样才会有人愿意花时间带你。其实，并非一定要在入职之后才找导师。如果还没有入职，可以选一个了解自己职业规划、在目标行业工作且有领导力的人当自己的导师。

> **练习 8.1**
>
> 列举一个你觉得适合自己的好导师。怎样才能获得对方的关注并证明自己值得对方投入呢？
>
> _____
>
> _____
>
> _____

员工手册

了解公司概况以后，新入职的员工会收到一份文字或电子版的员工手册。**员工手册**（employee handbook）概括了员工与雇主之间关于工作条件、规章制度及员工福利等方面的协议。其中有些规定是法律规定必须写明的，另一些则是公司自己关于员工行为和福利的规定。妥善保存这份文件，以备将来遇到和工作有关的问题时查询。公司的一名代表会和你一起逐条审阅员工手册的重要部分，不清楚的一定要问明白。完全了解员工手册后，公司通常会要求签署一份声明，说明你已经拿到并阅读了员工手册，并同意上面的条款。该声明具有法律效力。所以，除非全部阅读并完全了解员工手册的内容，否则不要签署。大多数公司会给员工一两天的时间考虑并交回签署的文件。

案例

出场人物：王尔德

场景说明：王尔德参加入职培训时从公司网站下载了员工手册。HR部门有位同事当着所有新员工的面详细解释了员工手册的内容。但是，王尔德看到这么多条款、规定和签名表，感觉有些吃力，他不确定自己是否真的全都明白了。培训结束后，王尔德将从网上打印下来的培训资料放在家中的抽屉里。三星期后，王尔德的朋友邀请他共度假期，但王尔德不确定公司那天是否放假。

主题讨论
王尔德这时应该怎么做？

自由就业和修改权

在美国许多州，法律明确规定，要求在员工手册的开始部分写明有关自由就业的政策。**自由就业**（Employment-at-will）政策不以合同来约束员工必须为公司服务指定期限。该政策适用于任何没有规定具体服务期限的员工。相反，合同制员工要和公司签订合同，规定服务的期限、起始日期和结束日期。如果是自由就业的员工，理论上随时都能辞职。当然，公司也能随时辞退这类员工。

雇主还要在员工手册中写入**修改权**（right to revise），即雇主变更或修订当前政策的权利。公司可能会要求你单独签署一份声明，确认自己已经了解了关于自由就业和雇主修改权的条款。

员工手册里还应写入关于平等就业和反对歧视的声明。这些规定会说明公司不容忍任何歧视行为或不合法的骚扰行为，包括性骚扰、敌意工作环境和仇恨犯罪等。第12章和第15章将分别介绍骚扰和歧视。

搜一搜
访问美国劳工部网站的FAQ页面，了解关于各种劳工主题。

就业状态

大多数员工手册还会重点介绍就业状态，包括全职、兼职和临时聘用的区别。这些状态主要根据员工每周工作时长以及/或者劳动合同的有效期来区分。

全职员工（full-time employee）每周工作预定的时数（取决于行业，

通常 30 或 40 小时）并有资格获得雇主提供的福利。除非被归为**责任制**（exempt）岗位，否则每周工作超过 40 小时，全职员工有权获得加班费。**兼职员工**（part-time employees）的工作时长不定，一般也不享有福利。

临时员工（temporary employee）被聘用指定的时间，通常是为了弥补旺季人手的不足或临时顶替。越来越多的雇主都是先将新员工作为临时员工来聘用，以确定他们是否称职。只有员工表现不错，雇主才会为其提供正式的全职职位。如临时员工和公司文化不匹配，雇主会直接叫其走人。在大多数公司，所有新员工入职都有一个试用期。

试用期（probation period）也称为见习期（introductory period），一般是新入职的前一个月到三个月，目的是让公司有时间了解你的表现，判断是否值得正式聘用。新员工也可以利用这段时间决定自己是否真的想为这家公司工作。试用期结束时，公司可能向新员工发放绩效考核报告。如果对表现很满意，新员工就会转为正式的全职员工，并享有全职员工所有的福利和其他权益。如果对表现不满意，公司可以无条件地拒绝聘用。如果新员工的表现乏善可陈，试用期可能会被延长。

虽然一般会在录用信中说明，但作为新员工，了解以下信息是你自己的责任：

- 被录用为临时、兼职还是全职员工？
- 公司是否有试用期要求？
- 试用期有多长？
- 什么时候能拿到员工福利（如果有的话）？
- 绩效考核有哪些方面？

确定试用期有多长后，请妥善保存工作说明和绩效考核的一份拷贝。**岗位说明**（job description）描述要向谁汇报工作、是责任制还是非责任制（以确定是否能拿加班费）、担负的职责（这是公司雇你的原因）以及岗位所要求的资格与技能。**绩效考核**（performance evaluation）描述的是如何评价工作表现。绩效考核的标准非常广泛，包括日产量、工作效率以及行为。具体要进行哪些绩效考核，是由岗位说明中对工作职责的描述来决定的。此外，是否积极参与工作相关的活动和培训、是否能与公司内外的客户通力合作以及是否勇于承担新的责任等，都属于考核范畴。岗位说明和绩效考核都能帮助你成为一名更好的员工并帮助你获得晋升。

绩效考核

大多数公司会在试用期结束时给新员工发一份绩效考核。转正后，公司一般每年进行一次绩效考核。虽然绩效考核看起来有些吓人，但你可以趁此机会了解如何才能成为一名更好的员工。绩效考核不仅仅是上司对个人工作表现的反馈，还可以利用这个机会让上司知道自己希望接受更多的培训和承担更多的职责。绩效考核前，公司要提前通知员工并告知其评估标准。参考这些标准，持续保留和绩效相关的记录，其中包括来自客户、同事或供应商的信件或便条。还可以保留一些个人文档，记录详细的工作成就以及能体现个人判断力强和/或良好行为的事情。公司有时会发一张空白绩效考核表，让你做自我评价。好好利用这个机会，如实填写自己的表现。不夸大，也不贬低。如实填写即可。可利用自己收集的信件、便条或记录的事情为自己的评价提供佐证。填好考核表后，自己留一个备份，然后交回原件。

带着积极的态度参加绩效考核会，将这个过程视为提供建设性反馈并帮助自己取得事业进步的一个机会。带好收集的各种绩效文档。正式考核时，安静地坐着，聆听上司对自己工作表现的评价。如果收到喜欢的评价，向上司表示感谢，并表达自己的意愿，希望负担更多职责和/或争取更多机会。如果对其中的一些评价不认同，可以记录下来，但千万不要打断上司的讲话。等上司讲完以后或者当他/她询问反馈意见时，才发表个人意见。发表意见时，用事实和带来的文档说话。即使提供证据后上司仍然坚持己见，也不要在会上和上司当面发生争执。

每份考核表的末尾都有员工签字的地方，在这下方应该有一段话，说明员工的签字并不代表其认同考核表中的所有内容，只是说明公司已经对员工的绩效进行了考核。如果不认同考核结果，表上又没有写上述说明，请不要签字。如果不认同某些考核结果，但表上有上述声明，则可以签字，但要书面说明对表中哪一部分不认同，解释理由，将相关证

> **想一想**
>
> 为什么每天工作时都要有良好的表现？

据附在这份说明后。不要情绪化，也不要攻击上司或任何人，实事求是地陈述即可。公司通常会给一天时间在绩效考核表上签字。考核表原件以及说明材料会一并送往 HR 部门，成为个人档案的一部分。请保管好绩效考核表的复印件。这些考核表是证明个人工作表现的法律文件。如果绩效考核优异，对未来找工作会很有用。

福利

大多数员工觉得员工福利就是指医保。但幸运的是，员工福利远远不止医保和带薪假期。对新员工进行入职培训时，HR 部门的同事要详细说明正式员工享有哪些福利。福利可能包含医保和带薪假期。就美国的情况来说，取决于公司规模、员工数量及其工作时长，根据《患者保护与平价医疗法》（PPACA，也称为"奥巴马医改"），公司可能需要（也可能不需要）为员工提供医保。通常，只有全职正式员工才有享受重大福利的权利。一些大企业主允许员工选择最能满足其生活方式的福利。让员工自己挑选福利，这称为"自助式福利计划"（cafeteria plan）。大多数福利立即生效，其他福利则在员工通过试用期后生效。如果不确定自己的福利何时生效，请向 HR 部门咨询。

  如果有权享受福利，公司会要求填写各种表格。一定要准确填写，并将复印件存放到安全的地方供日后参考。个人医疗信息是保密的，他人无权查阅，上司也不例外。公司里唯一知道个人医疗信息的是负责管理员工医疗福利的人。

  即使公司基于 PPACA 法案不需要为员工提供健康福利，小企业主仍有可能为了吸引和留住优秀人才而提供这方面的福利。常见的健康福利包括医疗福利、眼科保健和牙科保健。医疗福利的保障范围包括医生和医院就诊服务。医生就诊的保险范围有时会包括脊椎神经医学（推拿/按摩）以及理疗（复健）。如果你或你的家人需要用到这些服务，一定要弄清楚保险范围和具体条款。需要确认哪些是保险范围内的急诊服务，还需要确认保险覆盖哪些药物（处方药）。眼科福利是指保障范围覆盖眼部保健。有的方案只支付配眼镜的钱，有的则覆盖了隐形眼镜和眼睛矫正手术的费用。同样，需要弄清楚具体的保险条款及其覆盖范围。牙科福利是指保障范围覆盖牙齿保健。请确认可以多长时间看一次牙医以进行例行检查。通常是一年两次。请确认自己的保险是否覆盖了牙齿美容，例如美白和正畸。

练习 8.2

如果只能从以下列表中选择四项福利，你会选择哪四项？为什么？

脊椎神经医学	医疗	牙科
眼科	急诊	公车
健康儿童保健	日托	处方药
带薪假期（随时都能休假）	人寿保险	折扣券
带薪法定节假日	免费停车	事假
带薪培训	学费报销	移动通信设备
家庭医疗	奖金	弹性工作时间

大多数人只有在出现严重健康问题时才想起使用健康福利。虽然人们总是不太在意例行体检，但其实这是最好的预防保健护理。一旦有资格享受这些福利，就立即和医生预约一次例行体检。检查一下视力，再看看牙医。这不仅是一种预防，还有利于你和专业医疗人员建立良好的关系。要充分利用享有的福利，减少自己的开销，因为你和公司都已经为此付费了。例行体检还有一个好处，就是可以用来评估自己的个人健康习惯。如果医生说需要减肥或者改掉一些坏习惯（如抽烟和喝酒），体检后就可以采取行动了。

公司可能提供好几种健康福利选项。这些福利几乎没有公司全额报销的，即使有，也是极少数。员工通常要承担一个共付额，或者承担总额的一个很小的百分比。许多健保计划都会指定医疗人员和医疗机构。不在指定地点就医，就不能报销，或者只能报销其中很小的一部分，余下的费用由自己承担。选择健康保险计划的时候，请仔细检查条款中指定的医疗机构和医护人员，最好选择自己熟悉和方便就医的。同时，还要搞清楚急诊、健康儿保、预防保健以及现在和将来可能需要的其他任何医疗保健。

> **练习 8.3**
>
> 为自己和家人选择医师、医院、牙医、眼科专家和药房的时候，需要考虑哪些重要因素？
>
> _____
> _____
> _____

　　在了解个人健康福利的同时，弄清楚家里还有哪些人也能享受这些福利。通常，员工的配偶和/或子女也能享受。如果还想添加更多人，可能需要自己支付一部分费用，但这是非常划算的。随着医疗费用的不断攀升，个人和家庭需要更大的保障和更高品质的医疗服务。

　　可以问下公司是否提供养老金计划。这是一个为员工提供退休后保障的储蓄计划。如果公司有养老金计划，应立即加入并开始储蓄。每次发薪水的时候，一部分钱会自动从中扣除，这些钱都还在。许多公司出资的养老金储蓄计划都是推迟纳税的。在退休前，这部分收入可以不用纳税。这可以促使你从年轻时就开始规划未来。

　　讨论薪资福利的时候，一般会提到工资单、发薪日、累计假期和病假等事项。员工手册会写明什么时候发工资。很多公司一般在月中或月末发工资。员工可选择现金，也可选择直接将工资打入银行账户。传统的薪资包括两部分。一部分是应当领取的现金，还有一部分是工资单。如果工资直接打入银行账户，就只有一份工资单。工资单上的信息非常重要，其中包括工作时长、工资总额、代缴税金和其他各种自动扣除项目的金额。任何从原始收入中扣除的款项都会显示在工资单上。请妥善保存工资单，以便核对税收或将来查阅。根据美国国内收入署（IRS）建议，工资记录最好保存三年。

还要了解公司为新员工提供了哪些假期及什么时候可以享受。虽然没有硬性规定，但如果在节假日加班，有些公司还会支付加班费。要搞清楚有多少天假期以及何时能够休假。

公司可能会（也可能不）提供事假，这种假允许你在不提供具体理由的前提下离开。也可利用这种假来处理一些私人急事。休事假前提前告知上司，以便上司做出相应的安排。可在员工手册或公司网站上找到关于假期的详细信息。如果没有，一定要向上司或 HR 部门问清楚。

案例

出版人物：哈利及其朋友

场景说明：哈利的好友有个湖边小屋，他邀请哈利一起去度个长假。遗憾的是，哈利刚参加工作两个月，还没有累积任何假期。但他真的很想去那个小屋看看。哈利想起公司规定有病假和一年一天的事假。才工作这么短时间，哈利犹豫现在是否适合请病假或事假。

主题讨论

哈利应该怎么做？

如果有家庭或者准备结婚，或者有年老和临终的家庭成员需要照顾，一定要弄清楚公司关于员工怀孕以及私事请假的相关规定。法律明确规定，不能因怀孕而歧视员工，还规定了一段时间的产假。有些公司甚至为员工提供了这方面的额外福利。

开放政策

开放政策（open-door policy）是许多公司管理层的一种常见做法，表明他们愿意倾听员工的意见或投诉。通常，大家更愿意称为"开放日"，表明他们在倾听并提供帮助。开放政策的目的是让员工知道，任何工作上需要讨论的问题，管理层和人力资源部门随时乐意倾听。第 12 章会讲到，最好及时解决冲突，为此要做到开诚布公，使大事化小、小事化了。所以，如果在工作中遇到问题，而且发现自己解决不了，就要及时与上司或 HR 部门沟通。

工会

在美国，根据所在公司的规模和性质，你也许有机会加入工会。**工会**（union）是指为保护员工利益而组织的社会团体。该团体是代表员工利益的第三方。雇主和工会之间签订的合同概述了这种代表关系，该合同称为"**劳资协定**"（bargaining agreement）。工会从员工的利益出发和雇主谈判，为员工争取更公正的工资待遇、更好的福利措施以及更好的工作条件。当然，这需要一定的资金。因此，加入工会的员工需缴纳会费。作为会员，应相信工会一定能维护员工的最大权益。每个员工都有加入工会的权利，也有不加入工会的权利。尽管如此，假如选择不加入工会，根据工会章程，仍有可能在工会协商到更好的工资待遇的时候缴纳一定费用。需要注意的是，只有非管理人员才有资格加入工会。

如果公司有工会组织，在参加工作后，工会一般就会通知并邀请新员工加入。加入工会后，必须遵守工会章程。工会章程是一份陈述员工权利的文件。工会章程和员工手册都是非常重要的文件。工会章程会列明公司和工会达成的一系列与工作相关的问题的协议，包括工作时间、福利措施、工资待遇、工作指标和申诉程序等。申诉是指当公司违反工会章程时，由工会提出的正式投诉。仔细阅读工会章程，并妥善保存，以便日后查阅。需要知道能够帮助处理工作相关问题的工会人员的名字及其联系方式，这样，一旦工作中出现问题，就能及时获得他们的帮助。

员工和工会之间主要通过工会代表联系。工会代表也是公司员工，比较特殊的是他们同时也是员工和工会的联络人。工会代表能详细解释工会章程，并会尽最大努力帮助员工处理与工作相关的问题。因此，作为员工，要和工会代表保持联系。

如果有人提议在工会章程里添加新的内容，工会成员会通过投票表决是否通过该决议。这个时候，作为员工，也应该参加投票，表决是否同意该条款。这是员工的权利，也是员工的义务。工会章程会明确规定工作规则、福利待遇以及其他与工作环境相关的重要问题。记住，要积极主动地了解工会提供的服务，并记住可以帮助解决问题的工会代表是谁。

职场中的要和不要

✓	✗
要仔细阅读并保管好员工手册,以备不时之需	不要将员工手册束之高阁。有问题先看手册,再问老板
要好好学习员工手册,确定发薪日和公司规定的休假日	不要表现得毫无计划,对工作中的重要日期浑然不觉
要妥善保管自己的绩效考核资料	不要在绩效考核期间打断上司讲话
要在工作中遇到冲突时立即告知上司	不要等到工作中的问题失控时才向上司汇报

概念复习与运用

根据本章所学到的知识,完成以下练习。

- 清楚常见的 HR 规章制度,包括自由就业和修改权。
- 选择和健康相关的福利时有自己的特殊考虑。
- 理解加入了工会的员工有什么责任。

关键概念

- 人力资源(HR)部门的职责包括招聘、培训、薪酬、福利、绩效考核、投诉、晋升以及就业状态的更改等。
- 新员工在入职培训期间了解关于公司的一切、主要规章制度和员工能享受的服务。
- 员工手册是一份重要文件,它是员工与雇主之间签订的关于工作环境、公司规定以及员工福利等方面的协议纲要。
- 员工福利可以分为直接福利(金钱)和间接福利(非金钱),如医保和带薪假期。
- 应了解并充分利用自己享有的福利。
- 了解有关发薪日、带薪假和病假的规定。
- 工会旨在保护员工权益。

第 8 章 人力资源和政策

自测题：配对关键术语和定义

在"答案"栏中填写和关键术语配对的定义编号。

关键术语	答案	定义
劳资协定		1. 概括员工与雇主之间关于工作条件、规章制度及员工福利等方面协议的一种正式文档。
公司文化		2. 工作时长不定且一般也不享有福利的一种员工。
牙科福利		3. 代表员工利益的第三方组织，负责和雇主谈判。
员工手册		4. 对员工工作绩效的一份正式评价。
入职培训		5. 公司的价值、预期以及员工的行为规范，是通过员工的行为反映出来的企业特点。
自由就业		6. 每周工作预定时数并有资格享受雇主提供的福利的一种员工。
全职员工		7. 被聘用指定时间的一种员工，通常是为了弥补旺季人手的不足，或临时顶替。
人力资源部门		8. 保障范围覆盖牙齿保健。
试用期		9. 雇主变更或修订现有政策的权利，一般会写入员工手册。
工作说明		10. 保障范围覆盖眼部保健。
医疗福利		11. 该政策声明公司管理层在员工有任何工作上的问题需要讨论时，管理层和人力资源部门随时乐意倾听。
导师		12. 保障范围包括医生和医院就诊服务。
开放政策		13. 新入职的前一个月到三个月，目的是让公司有时间了解你的表现，判断是否值得正式聘用也称为"预备期"。
兼职员工		14. 不以合同来约束员工必须为公司服务一个指定期限的政策。
绩效考核		15. 帮员工了解当前职位、提供支持并帮助员工职业进步的一个人。
养老金计划		16. 描述某个职位的具体职责的一份文档。
修改权		17. 为员工提供退休后保障的储蓄计划。
临时员工		18. 负责员工招聘、培训、薪酬、福利、绩效考核、投诉、晋升以及就业状态更改等职能的一个部门。
工会		19. 让新员工熟悉公司使命、组织结构、规章制度、办事程序、员工福利以及其他重要事项的一个时期。
眼科福利		20. 雇主和工会之间签订的一种合同，注明了工资待遇、福利措施和工作条件等常见员工事宜。

换位思考：如果你是老板……

1. 如果一个员工总是向你询问关于公司主要规章制度、放假安排和福利待遇的问题，你会怎么办？
2. 一个老板怎样坚持实行开放政策来保持与员工的沟通？

活动

活动 8.1
列出雇主对员工进行绩效考核的三个主要方面。

1. _____
2. _____
3. _____

活动 8.2
在网上调查和自己目标职位匹配的岗位描述。说明该岗位有哪些常见的绩效考核标准。

_____

_____

_____

活动 8.3
如何判断自己是否和某家公司是"匹配的"？

_____

_____

_____

活动 8.4

假定你有权享受健康福利,现在需要选择定点医院/医师。请列出自己觉得好的本地医师、眼科专家、牙医和医院。为什么选它?是用什么方式选的?

	名字	选择原因	用什么方式选
医师			
眼科专家			
牙医			
医院			

第 8 章　学有所成・笔记

第 9 章

沟通

信任 • 诚实 • 信息

学习目标

- 明确有效沟通对职场和事业成功的重要性
- 了解主要沟通渠道及其合理运用
- 沟通过程中的几个关键要素
- 理解语言沟通时字斟句酌和有效倾听的重要性
- 了解主要的非语言沟通方式
- 了解适合各种工作情景的书面沟通方式
- 学习制作有效文档的目的与过程
- 掌握简报的几大要素

个人自测：职场沟通技巧

你掌握职场沟通技巧了吗？	是	否
1. 我从不讲脏话。	☐	☐
2. 我尊重他人的私人空间。	☐	☐
3. 我不会让情绪影响我和他人的交流。	☐	☐
4. 我认为我是一个很好的倾听者。	☐	☐
5. 合适的时候，我会给同事送上亲笔的感谢信（感谢便条）。	☐	☐

▶ 如果上述问题有四个或更多的肯定回答，说明你很好地掌握了职场沟通技巧。要成为职场沟通高手，首先在交流信息的时候保持专业的态度，专注于对方的需求。

工作沟通

会议、电子邮件、打电话、短信、简报以及正式或非正式的讨论在工作中均扮演着重要角色，需予以重视，并需遵守正确的礼仪。那些知道在工作中如何有效并恰当地与他人沟通的员工占有非常明显的优势。知道何时沟通、如何沟通并会选择合适的沟通题材，很容易给人留下积极的印象，也非常有利于实现沟通的目的。有效进行专业沟通和电子沟通，对职场上的成功非常重要。本章将讲解专业沟通的基础知识，第 10 章将重点讲解电子沟通方式的合理运用，包括工具、实践与礼仪。

工作中的沟通及其渠道

想象一下这样的场景：上班的时候，坐在办公桌旁，一整天都没有和任何人交流，没有和他人面对面的接触，没有电话，没有电子邮件，没有短信，不开会，也不收发文件，那么你会发现工作简直无法开展。即便你才华横溢，如果无法和别人有效沟通，也很难获得成功，甚至工作都很难保得住。本章将讨论在工作中进行有效沟通的过程和重要性，并解释如何提高沟通技巧。**沟通**（communication）是发送方向接收者发送一条消息并力求双方取得共识的一种过程。

沟通技巧的提高是一个持续进行的过程。如第 5 章所述，信息就是权力。所以，你的目标是与自己的上司、同事和客户分享合适、及时以及准确的信息。

主题讨论
员工需要知道什么类型的信息？

案例

出场人物：莎拉及其同事
场景说明：莎拉在与其他部门的同事共进午餐的时候，听到对方抱怨自己的上司非常不善于沟通，使得该部门的同事永远都不知道公司里发生的事情。莎拉没什么可以抱怨的，因为她有一个善于沟通的好上司，他总是将有关部门的信息及时与下属分享。每次高层开完会，上司就会发邮件，让莎拉她们知道会上都讨论了哪些主要议题。召开部门会议的时候，上司会再检查一遍下发的信息是否正确，并询问下属是否有不明白的地方。莎拉对上司非常看重信息的及时沟通这一点很欣赏。

你有义务与合适的工作人员及时分享相关的信息。工作中主要有两种沟通渠道：正式和非正式。**正式沟通**（formal communication）通过正式的**职权线**（lines of authority）进行，包括部门内的沟通，也包括部门间或全公司范围内的沟通。正式沟通在整个公司的范围内既可以是横向的，也可以是纵向的。纵向沟通可以是自上而下的（通过管理层发布的文件、规章制度、指令以及公告），也可以是自下而上的（主要是由下级提出报告、预算和申请）。横向沟通发生在相同或相近级别的个人或部门之间。

第二种沟通渠道是**非正式沟通**（informal communication），发生在与正式职权线无关的个人之间。比如，和朋友吃饭的时候，你可能听说公司要颁布新的政策。非正式沟通的一个主要形式就是流言或者说小道消息。员工往往通过这种非正式的流言传播来讨论工作中一些重要的事情。但是，流言很少有百分之百准确的。尽管了解公司的最新动向对员工来说很重要，但不要散布负面或不准确的消息。如果消息不完整，千万不要妄加揣测。如果有人告诉你一些小道消息，而你知道事实真相，那么应及时澄清。如果有人散布消息抹黑公司，或者对你的工作造成了影响，你有责任向上司汇报，并请求他/她澄清事实。

如果流言涉及个人及其私生活，此类流言就被称为**闲话**（gossip）。闲话会给他人造成伤害，非常不妥。请不要参与对他人的攻击。这么做会影响到你的声誉。说别人闲话的行为会让人觉得你很不成熟，也很不专业。如果有人想要和你说闲话，可以礼貌地打断，必要时可以澄清错误的消息。告诉对方你不想听这些闲言碎语，并努力将谈话内容引向更为积极的话题。你有义务捍卫同事免遭诬蔑，就像你也希望同事能捍卫你一样。过不了多久，喜欢说闲话的人就知道你对这些小道消息不感兴趣，以后就再也不会来打扰你了。

同样，也不应该说同事和上司的坏话。由于人的天性使然，不可能和所有同事及上司都相处融洽。即使不需要喜欢和你一起工作的每个人，但也必须尊重每个人。即便有人在背后说你坏话，你也不能用同样的方式对待他。这样只会让人觉得你不成熟，同事也不会信任你。

沟通过程

沟通的目的是取得共识。沟通对于维持良好的人际关系非常重要。没有基本的沟通技巧，工作的各个方面将无法开展，组织也会面临危机。

沟通过程（图9.1）涉及一个发送方和一个接收者。沟通始于发送方，即想要传达消息的人。发送方必须明确自己想要发送什么消息以及最佳发送方式。发送方可选择几种消息发送方式：语言、书面或者非语言。确定消息内容及其发送方式的过程称为"编码"（coding）。

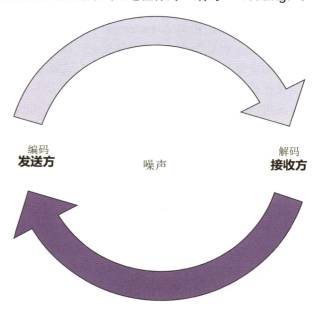

图 9.1

沟通过程

消息经过编码被发送给接收方。接收方是负责接收和解码消息的人。"解码"（decoding）是指接收方具体如何解读消息。随后，接收方向发送方发出反馈。反馈是接收方基于对原始消息的理解而对发送方的一个回复。

许多障碍会妨碍建立互信和进行成功的沟通，从而造成沟通过程的中断。第一个要克服的障碍是明确具体要发送的信息。确定内容后，发送方还需确定消息的最佳发送方式，以接收方最容易理解（解码）的方式发送（编码）消息。如发送方不善于沟通，其语言、书面或者非语言沟通很容易被接收方误解，因为消息甚至在没有发出之前就已经存在被误解的风险。当然，如果接受方解码错误的话，沟通同样会失败。

影响有效沟通的另一大障碍是噪声。噪声（noise）是指任何中断或干扰沟通过程的任何东西。既可能是字面意义上的噪音（耳朵听到），也可能是看到、想到、碰到或者感觉到的。噪声还包括伤害、愤怒、喜欢、悲伤或者惊讶等情感。

说一说
在课堂上你听到过哪些不和谐的声音（噪声）？

案例

出场人物：凯拉

场景说明：凯拉很讨厌某个部门的主管，但她从来没有和别人提起过。一天，凯拉参加一个会议，刚好就是由这名主管主持的。开会时，凯拉的注意力一直无法集中，脑子里充满了各种噪声。到会议结束，凯拉什么都没有记下来，她为此感到不安。显然，她对一个人的厌恶影响了她与人沟通并接收信息的能力。这次会议给凯拉好好上了一课，她决定以后无论自己是否喜欢，都要对任何沟通持包容态度。

主题讨论
凯拉如何才能做到更包容自己不喜欢的人？

只有沟通过程的所有环节都不出问题，发送方想要传达的消息被接收方准确无误地解读，沟通才算成功。为了达成这一目标，发送方必须选择恰当的媒介，并努力克服噪声。而接收方要有接收消息的意愿，而且要提供反馈，证明自己正确接收到了消息。

如前所述，有效沟通的一个关键元素就是沟通手段（信息的发送方式）。沟通手段包括语言、非语言和书面沟通。下面将详细解释这三种沟通媒介。

搜一搜
你是一个良好的沟通者吗？在网上搜索并参加一个和有效沟通有关的测试。

语言沟通与倾听

语言沟通（verbal communication）是指用话语传达消息的过程。措辞很重要。如果沟通时只会说一些大白话，会让人觉得你教育水平不高或者缺少经验。但是，如果满口高大上的词语，又会让人觉得你在显摆或自大。如果别人听不懂你的话，他们为了防止你觉得他/她无知，所以一般不会请你解释清楚。这时的沟通就会出问题。因此，传达消息时，一定要选择合适的用语，确保不会产生歧义。沟通时应使用正式的语言和语法，尽可能清楚地表明自己的意图，通过语言来清晰地传达消息。需要注意的是，在紧张或兴奋的时候，说话往往比平时快。语速越快，传达的消息被误解的可能性也越大。说话时的语调同样会影响你所传达的消息。它会影响别人对你的观感，要么强化你的意图，要么削弱。

为了成功进行语言沟通，**倾听**（listening）是不可忽视的一个方面。真正的倾听不仅要通过自己的耳朵，还要通过非语言上的回应。主要有三种级别的倾听：主动倾听、被动倾听和完全听不进去。**主动倾听**（active listening）是指接收方将注意力完全集中在发送方身上，全神贯注地聆听，毫不分神。当倾听者全神贯注聆听时，会通过一些身体姿势表现出来，如点头、眼神接触或其他赞许的肢体语言等。主动倾听者还会通过语言反馈信息，比如重述自己理解到的东西以确保理解无误。当接收方只是选择性地听取部分内容，而且注意力主要集中在如何回应，而不是真心理解发送方的意思时，就属于**被动倾听**（passive listening）。被动倾听有时也被称为"对话型倾听"。在现代社会，我们常常冒出各种各样的想法。结果，在沟通的时候，只想听自己想听的话，经常急于和别人分享自己的观点而打断别人。这种打断别人的行为非常粗鲁，也显得很不尊重别人。所以，为了尊重别人，请不要随便打断。如果确实是因为不小心而打断了别人，应当立即道歉，并请对方把未说完的话讲完。如果一方对另一方要表达的意思完全没有去理解的意愿，就会处于一种**完全听不进去**（non-listening mode）的模式。在这个时候，他/她对任何事情都置若罔闻，任何情绪、噪声以及偏见都会妨碍沟通。有的时候，你会发现对方明显没有在听你讲话，因为对方的回答跟你所讲的内容完全不搭边或者根本就是答非所问。

虽然最理想的情况是坚持做主动的倾听者，但有些情况下并不容易。只是凡是总要尽力而为。说话时，注意经常停下来听取反馈。一个人有太多的话要说，以至于停不下来，会造成对方没时间做出回应，而对方

> **说一说**
>
> 找一些很容易听不进去别人讲话的情况。在这些情况下，如何才能使自己听得进去？

的反馈才是说话的人确定对方已经理解自己的唯一途径。

非语言沟通

非语言沟通（non-verbal communication）是指通过身体语言来进行沟通的过程。即便不说一句话，通过身体语言也能传递出强烈的信号。身体语言包括眼神交流、面部表情、语调和身体姿势。此外，还包括对沉默和空间的运用。

最明显的身体语言就是眼神。直视对方双眼，别人会觉得你诚实与真诚。但有的时候，如果怒目而视，而且语气强硬，表情严厉，那么表达的就是一种威胁。如果沟通时不敢与人对视，对方很可能会觉得你缺少自信，甚至会觉得你不诚实。一定要和听众（无论个人还是群体）保持眼神交流。不过，进行眼神交流的时候，不要直愣愣地盯着对方，这是一种无礼的、具有威胁性的举动。应该让眼神交流变得自然。如果对方因为你的直视感到不适，会将视线挪开。要根据对方的反应，适时调整自己的言行举止。

眼神是面部表情的一部分。如果眼神显示你很真诚友好，脸上却皱着眉头，对方就会猜不透你到底想要表达什么。微笑的力量很强大。但如果对方正在生气或者不高兴，这时就要谨慎了，因为对方可能将你的微笑理解为嘲笑或者幸灾乐祸。前面说过，主动倾听的时候，点头意味着你在仔细听对方的话或者同意对方的意见。即使头部动作也能传达出不同意、困惑或专注等情绪。

非语言沟通的另一个元素是身体姿势。双臂交叉抱于胸前这个动作可能被解读为你觉得冷、生气或者不感兴趣。不是觉得冷而双臂抱在胸前，这一动作会对你和他人的沟通造成障碍。为了不让人误会，双手最好自然位于身体两侧，但不要插在衣服口袋里。和别人说话时，注意自己双手和对方双手的位置。此外，还要注意整个身体的姿势。身体朝向和你说话的人。别人和你说话的时候，背对或者忽视对方都是不礼貌的，这时你的整个身体都会成为和他人沟通的障碍。所以，请避免做出这种粗鲁的举动。这种行为只会让人觉得你不成熟。

练习 9.1

和一个朋友搭档，轮流判断并记录通过身体语言所表达出来的以下情绪：关切、厌恶、盼望、无聊和自大。

_____

_____

_____

译注：人类学的一个分支，这个领域的先驱人物是爱德华·荷尔和欧文·哥夫曼。荷尔 1966 年提出并分出四种人际距离：公众区域、社交区域、私人区域和亲密区域。

双手的运用对有效沟通非常重要。可通过各种手势在不说话的前提下传达不同的意思，比如让对方停止行动、保持安静或者谴责对方。一定要注意双手和手指的姿势。用一根手指指着别人是不礼貌的行为，而另一些我们常用的手势在其他国家的人看来可能是一种冒犯。如果在紧张的时候习惯做出一些手势，比如把指关节压出声音、咬指甲、不停用手指敲击桌面等，应该努力改掉这些不好的习惯。

除非需要握手，在工作中碰触他人的身体是不当行为。将手搭在别人肩上，这在社交中通常表示你支持对方，但有的人也会将其解读为威胁或骚扰。所以，请看住你的手。

空间关系学（proxemics）是研究人际空间距离的一门学科，是身体语言的另一个要素。一个人的私密个人空间约为身体周遭 1.5 英尺（半米）的范围。沟通时的社交距离约为 4 英尺（1.2 米）。站得太近可能会被解释为威胁或过于亲密。这些在工作中都是不允许的。不过，距离太远又会让人觉得你不愿意沟通。所以，一定要掌握好度。影响非语言沟通的因素有很多。在解释对方的身体语言时，需要结合背景来考虑。例如，你正在和一个关系很好的同事聊天，这时他将双臂抱于胸前，那么很可能是他真的觉得有点冷。总之，需要综合考虑环境、彼此的关系以及具体情况。

沉默也是一种有效和强大的沟通工具。突然不说话了，表明你现在想听一下对方的意见，并为他们留出思考的时间。另一方面，不立即回话，可以为对方留出时间来澄清或重新组织语言，也给你留下了深思自己该如何回复的时间。

沉默有时会让人不适应，因为我们的人际交往习惯了用噪声来填补沉默。主动的倾听者需要时间来消化自己接收到的信息，还要花时间考虑如何回答。所以，主动倾听者在回答之前，一般会有三到五秒的沉默。刚开始尝试利用沉默时，你可能会觉得有些尴尬。不过由于有了这段思考时间，你的回答会更得体，很快你就会发现，自己变得越来越善于沟通了。记住，有的时候，沉默是金。在压力较大的情况下，沉默或许是你能利用的最强大的沟通工具。处理冲突和进行协商时，沉默也能发挥很好的作用。如第 5 章所述，进行语言沟通时，由于不同文化对某些词语的解读不同，所以要予以尊重。

影响非语言沟通的另一个元素是情绪。虽然现实可能使人情绪失控，但在公共场合，要尽量控制自己的情绪。如果忍不住想哭或者想要发脾气，可以找个借口找个没人的地方调整一下情绪。哭泣或感到心烦意乱的时候，往脸上泼点冷水让自己冷静一下。如果很愤怒，就好好想想到底是什么事情让自己那么生气，然后压下怒火，冷静地想一想怎么解决问题。在工作中大发雷霆是不合适的，它会摧毁你在工作中建立起来的关系，甚至让你丢掉工作。带着情绪工作，可能会失去冷静处理局势的能力，而且可能失去声望和别人对你的信任。所以，请多多练习压力管理技巧，凡事三思而后行。

书面沟通

在工作中，书面沟通是有效沟通的一个重要组成部分。**书面沟通**（written communication）是一种以打印、手写或电子等方式传递消息的商业沟通形式。由于接收方在解读书面消息时没有语言或非语言辅助，所以要仔细确认传递的消息是正确的。由于接收方在收到消息时一般看不到你本人，所以会根据你对语法、词汇和格式的运用来对你做出一些评判。

随着在公司承担的职责越来越重要，需要进行的书面沟通也会随之增加，其中涉及撰写商务信函、备忘录和电子邮件。还可能需要通过即时通信、短信、博客或 wiki 等方式（将在第 10 章介绍）进行沟通。书面商务信函不仅体现专业能力和才智，还可以体现组织能力。所以，撰写商务信函时一定要专业。在发出信函前，一定要仔细校对以确保无误。遣词措辞要简练，清晰地表达自己的意思。工作中有三种常见的书面沟通形式，分别是信函、备忘录和电子邮件。工作中的书面沟通要用电脑录入，而不能手写。只有用来传递个人消息的便条可以手写。

成功的书面沟通需要先规划好信息。确定想沟通的内容、要发给谁以及希望对方在收到消息后采取什么行动。确定好这些后，可以先打一个草稿，不要在其中掺杂任何情绪化和消极的内容。书面沟通以专业的问候开始，以敬语结束。如果沟通的目的是解决一种消极情况（比如投诉），注意不要一上来就骂人，描述客观事实即可，对事不对人。不要发送或撰写任何表达愤怒的消息。书面沟通的一个基本原则是尽量传递正能量，除非万不得已，否则不要加入消极内容。

打好草稿，并确定里面不含情绪化和消极的内容后，再检查一遍，删除那些不必要的文字。保持行文简洁，不要唠唠叨叨，而且要尽量减少个人化的用词（比如我、我的）。良好的书面沟通不仅要传达核心消息，还要明确说明希望接收方如何回复。如果有必要，在书面沟通中添加联系方式和截止日期。

保持行文简洁。措辞要符合自己的专业形象。要知道自己所用词汇的含义，并准确地使用。词库是扩展词汇量的好工具，但切勿过度，确保将词汇用于正确的上下文。

写好信后，请确定收信人。只发给需要知道信息的人以及牵涉到的其他人。

本章接下来的部分将着重介绍几种常见的书面商务通信，包括商务信函、备忘录以及手写便条。第 10 章将介绍一些通过电子技术进行的书面沟通，包括电子邮件、短信、即时通信、博客和 wiki。

商务信函

商务信函（business letter）是需要将消息发送给单位外部的个人时所采用的书面沟通形式。收件人可能是客户、制造商、供货商或者社区成员。尽管还是有人在以传统邮寄方式发送正式商务信函，但许多公司都开始将其作为电子邮件的附件发送。要使用的正确的商务信函格式写信，并使用有公司抬头的信笺。专业且简洁地将消息以及预期的后续行动清楚传达给对方。发出的信函不要包含任何错误。寄出前请校对、签名并标明日期。

有公司抬头的信笺（company letterhead）是印有公司 logo 和联系方式的一种优质纸张。如作为电子邮件的附件发送，则应使用这种信笺的电子版。图 9.2 是英文商务信函的标准模板，图 9.3 是一封实际的商务信函。注意，商务信函有多种格式，以公司规定的为准。

（不要在此处敲入字母QS，这里的意思是留出空行）	
大多数商务信函上都印有单位地址，因而这里先留出 2 英寸的边距，然后再输入日期。	August 1, 2018 　　　　*QS（按 4 次 enter 键或回车键）* Ms. Suzie Student Word Processing Fun 42 Learn Avenue Fresno, CA 93225
地址中要包含收件人的尊称和姓名。	*DS（按 2 次 enter 键或回车键）* Dear Ms. Student: 　　　　DS
称呼中只包含称谓和姓氏。	第一段陈述写信的缘由。如果之前和收件人有过联系，可以在这一段中提及。 　　　　DS
信件正文，所有的行都顶格，左对齐。收件人称呼后带冒号，信件内容结束时要用句点。	第二段（可能还有第三段）阐述细节，在这里包含所有需要沟通和交流的信息。 　　　　DS 最后一段用于结束邮件。可以添加任何信息来进一步澄清前述内容。而且，还可以添加任何后续跟进或者联系信息。 　　　　DS
结语要简洁。	Sincerely, 　　　　QS *Sarah S. Quirrel*
结语后按 4 次 enter 键或回车键，再加上发件人的姓名或手写签名。	Sarah S. Quirrel Instructor 　　　　DS
录入者的姓名缩写。	bt
必要时添加附件进行说明。	附件

图 9.2
信函格式

```
August 1, 2018


Ms. Suzie Student
Word Processing Fun
42 Learn Avenue
Fresno, CA 93225

Dear Ms. Student:

It was a pleasure speaking with you over the telephone earlier today. I am delighted that you have agreed to serve
as a guest speaker in my Communications class. The purpose of this letter is to confirm the details of the upcoming
speaking engagement.

As I mentioned in our conversation, the date for your scheduled lecture is Wednesday, October 14, 2018. The class
meets from 6:00 p.m.–8:30 p.m. You may take as much time as you need, but if possible please allow a student
question and answer period. There are approximately 60 students, and the classroom contains state-of-the-art
technology. If you have specific technology requests, do not hesitate to contact me. Enclosed is a parking
permit and map of the campus directing you to the appropriate classroom.

Once again, thank you for continued support of our students. I and my students are looking forward to you sharing
your communications insight and expertise with us on October 14. If you have any additional questions, please do not
hesitate to contact me via e-mail at S.Quirrel@teaching.com or call me at 123-456-7890.

Sincerely,

*Sarah S. Quirrel*

Sarah S. Quirrel
Instructor

bt
Enclosure
```

图 9.3　商务信函

以传统方式邮寄的商务信函一般使用配套的 10 号信封（图 9.4）。注意，信封上的地址和信件里的地址要一致。信纸也要规范折叠。一般来讲，信纸应该折两折，从底部开始往上折，第一折距离底端的三分之一处，再从信纸顶部往下折到底端。将折好的信放入信封，开口朝上。

```
S&L Professionalism Corp.
222 Student Success Lane
Kahului, HI 93732

                    Ms. Suzie Student
                    Word Processing Fun
                    42 Learn Avenue
                    Fresno, CA 93225
```

图 9.4 信封

练习 9.2

练习折叠一封信以便放到 10 号信封中。

_____

_____

_____

商务备忘录

商务备忘录（memo）通常在公司内部使用，是在单位内部进行的一种书面沟通。尽管现在电子邮件已成内部沟通的主要方式，但在内部正式的文件和通知中，传统的商务备忘仍在使用。备忘录通常会写明发送方和接受方的姓名、日期和主题。和商业信函一样，备忘录要写明想要传达的消息和所有相关内容，但要简短并抓住重点。备忘录最好不要超过一页。大多数字处理软件都提供了备忘录模板。

图 9.5 和图 9.6 展示了常见的商务备忘录格式。和商务信函一样，大多数公司都规定了自己的格式。和上司核实一下，确保用的是正确的备忘录格式。第 10 章将详细介绍商务电子邮件。

| （不要在此处敲入字母QS，这里的意思是留出空行） 页面上方留出2英寸的边距。 每个标题后空两行，只有标题用粗体、大写，具体信息除外。 备忘的正文：留空，不要用制表位，左对齐，段与段之间留出两倍行距。 录入者的姓名缩写。如有必要，可以加附件进行说明。 | **MEMO TO:** Loretta Howerton, Office Manager
DS
FROM: Lawrence Schmidt, OA/CIS Trainer
DS
DATE: January 6, 2018
DS
SUBJECT: Memo Format for Internal Correspondence
DS
备忘用于组织内部进行沟通和交流的一种方式，通常用于管理者与员工之间。通过备忘，可以查看公告、行动申请、公司政策和流程等。要包含自己的姓名和职位。
DS
通常用模板或者格式化表单来建立备忘。模板既可以提供统一的公司形象，也可以为员工节省设计备忘的时间。字处理软件都有可以定制的备忘模板。在模板顶部加上公司名称和部门名称。确定要更改日期格式（年月日）。日期应该出现在备忘录的开始处。
DS
bt
附件 |

图 9.5
备忘录格式

MEMO TO: Loretta Howerton, Office Manager

FROM: Lawrence Schmidt, OA/CIS Trainer

DATE: January 6, 2018

SUBJECT: Accounting Department Computer Training

This memo is to confirm that the computer training for the accounting department will occur on February 1, 2018, in the large conference room. Although the training is scheduled from 9:00 a.m.–11:30 a.m., I have reserved the room for the entire morning, beginning at 7:00 a.m.

As we discussed last week, this may be a good opportunity to offer breakfast to the department prior to the training. If this is something you would like to pursue, please let me know by next Tuesday, and I will make the proper arrangements. Thank you again for the opportunity to provide computer training to your team.

bt

图 9.6
备忘录

手写便条

手写便条是一种个人沟通方式。如果有同事在工作或生活中发生特殊事件（例如升职、生日或小孩出生），可适时给同事写一张手写便条以示祝贺。还可通过手写便条向同事表达鼓励，在同事遇到亲人逝世等事情时表达慰问，或者在自己获得了帮助后向同事表达感谢。手写便条一般用笔在便条卡上写。但是，特殊情况时也可选用一张合适的贺卡。在某些场合，可以发送电子版的感谢信或个人消息来代替。手写便条不用写得太长，几句话足矣。可在合适的时候向同事、上司或其他人送上一张手写便条，以示认可或鼓励。

如第4章所述，感谢信对于建立良好的人际关系大有裨益。经常表达感谢，人们将更乐于为你提供帮助和支持。要养成习惯，如果有人花了五分钟以上的时间帮你或者送你礼物，就要及时发送一封感谢信或手写一张感谢便条以示谢意。第15章会讲到，面试结束后，经常需要向面试官写一封感谢信。图9.7展示了手写便条的正确格式和关键要素。

包含日期 首先打个招呼，问候对方。 简明扼要阐明为什么要向对方表示感谢，要说明自己如何受益于对方的好意。不要每句话一开头就提到"我"。 结尾用敬语，别忘了签上自己的名字。	June 3, 2018 Dear Ms. McCombs, Thank you for loaning me your book on business etiquette. I especially liked the chapter on social events and dining. Your constant encouragement and mentoring mean so much to me. Sincerely, Mason Yang

图 9.7

感谢信（感谢便条）

> **说一说**
> 描述自己最近适合送出手写便条的一种情况。

文档

文档（documentation）是事件或活动的正式记录。有的公司要求员工建立文档跟踪项目进展情况，或者记录客户账单。文档对员工的绩效考核非常重要。如果你发现有不符合公司规章制度的情况发生，或者发生了一些可能会演化为冲突的异常事件，可以用文档将具体情况记录下来。需记录的事件往往与工作绩效、业务关系或公司运营有关。但是，没必要记录工作中的所有事情。每个员工都应建立自己的文档，记录与工作相关的事情，如工作中受到的伤害、容易生气的客户、员工之间的冲突等，这样可在将来必要的时候保护自己和公司的利益。虽然具体的存档方法有很多种，但需记录的基本内容是一样的。

根据所记录文档的目的，一个有效的文档应记录下谁在何时何地因为什么做了什么事情。其中，时间发生的日期、时间和地点是文档的基本要素。同时，事件本身也很重要（比如，谁说了什么或者谁做了什么）。此外，还要记录事发时有谁在场，对事件做出了怎样的反应。如果文档仅供自己参考，可采用自己认为方便的方式记录，如电子文档、日记或日历注释等。如果是用来记账或者记录客户信息的，那么公司一般会提供固定的文档格式。无论如何，都要把文档存放在安全保密的地方。同时存放的还有相关的备忘录、信函或其他沟通资料。有朝一日需要维护个人的利益时，就可以迅速找出相关的文档和证据。

简报

正式或非正式的简报在工作中很常见。有时也会要求你做简报。要做好准备，以专业的方式吸引听众的兴趣，获得他们的承认。简报的媒介多种多样，包括书面、语言、视觉和/或非语言沟通。成功的简报必须目的明确。确定好简报的目标，并保证自己用的每个字、每种视觉辅助、每个活动以及/或者散发的每份讲义都能支持简报的总体目标。明确简报目标后，就可以开始罗列大纲，强化那些你希望观众记住或做出回应的信息。

正式简报包括三个要素：文字内容、视觉内容和辅助内容。文字内容提供主要消息，视觉内容归纳消息，支持内容则强化消息。文字内容包含你想和听众分享的详细信息。做简报时切忌照本宣科。要使用专业和恰当的语言，使用正常语速，声音大一点。要面对听众。如果使用的是大屏幕，请背对屏幕，但不要挡住听众的视线。注意使用的语言和非语言姿势。尽量少说"嗯""就像""你懂的"这样的话，他们很容易使听众走神。手插到口袋里、交叉双臂或者不停地用脚点地等动作也很容易让听众分心。穿职业装，不要有任何容易使人分心的饰物。

视觉内容是指听众看到的内容或者根据你的简报进行的活动。这通常需要用到某些类型的技术，比如简报软件、视频或音乐。简报中不要使用太多图表、颜色或动画。简报前要测试好所有设备和软件，保证设备正常工作，软件也正常兼容。提前练习一下，确保自己的视觉内容和活动长度适中。如需听众参与某个活动（比如做游戏），请给他们简单的指示，而且活动要简短。要让听众集中注意力，不要让活动喧宾夺主。

辅助内容通常以讲义的形式分发，它是对你的文字和视觉内容的一种很好的补充。最好在讲义上留空，这样当你做简报的时候，听众可以相应地做记录。另外，在不让听众分心的前提下，可以在讲义中添加一些专业的视觉内容来提供补充。制作讲义时，要遵循和简报大纲一样的顺序。制作完成后，要检查视觉内容和辅助材料是否有拼写或语法上的错误。确保辅助内容没有错误，而且制作专业的情况下，请制作足够多的复印件，尽量人手一册。

正式简报对提升工作信誉和增强自信心极好。成功的简报在于规划和熟能生巧。

粗话和脏话

粗话俚语或脏话（dirty word）是在特定人群中使用的非正式语言。虽然人们由于不同的年代、文化和技术会使用某些形式的俚语，但工作中要尽量避免，确保自己的消息不会被他人误读，从而更有效地和他人沟通。

言为心声。工作的任何时候都不能说脏话，即便是在备受压力或者在出席社交活动的时候也不行，因为你的言行代表你的公司，所以必须时刻保持专业。需要练习一下自制力，努力将污言秽语从个人工作和生活中去掉。这样可以净化心灵。如果工作中不小心讲了脏话，应该立刻

想一想

你在发短信的时候说过哪些可能会冒犯人的粗话?

道歉,并从中汲取教训,想想是什么样的情况让你说了脏话,以后发生类似情况时应该如何更好地应对。还可以想象一下如果遇到更严重的情况,怎样的应对方法才更合适,更容易让人接受。

可能冒犯别人的称呼

那些带性别歧视或可能会冒犯别人的称呼不应该在工作中出现。如果对同事使用这样的称呼,可能会让你自己或你的公司面对性骚扰的指控。这些称呼包括"亲爱的""甜心""小姐"等。即便对方没有表现出被冒犯的样子,也可能仅仅是因为迫于你的职权而不敢明说,他/她其实已经感觉被冒犯了。所以,请将这些可能冒犯别人的称呼从自己的工作词汇表中删除。另外,当你指某项工作的时候,不要使用针对特定性别的称呼。例如:

不要使用	要用
小姐	服务员
空中小姐	乘务员
女佣	管家

少一些自我

在本章即将结束的时候,我们要谈一谈在书面和口头沟通中占有统治地位的一个字。这个字一出口,往往就会关上沟通的大门,而你可能浑然不觉。这个字就是"我"。要慎用这个字。以自我为中心的人经常用这个字眼儿吸引别人的注意力,而不自信的人则在潜意识里用它来保护自己。他们不知道如何将对话切换到别人身上,所以选择留在安全区。和别人进行口头沟通的时候,说话前一定要三思。如果打算说"我",可以考虑其他表达方式。如果是书面沟通,在做出书面答复前,请仔细检查,减少以"我"字开头的句子的数量。

第 9 章　沟通　　171

练习 9.3

花五分钟时间采访一位同学 / 朋友，了解他 / 她的大学和职业选择。记录对方在此期间说了多少次"我"。

_____

_____

_____

职场中的要和不要

✓	✗
要注意措辞，并选择适当的沟通渠道	不要急着发出错误消息
要在书面沟通时，以格式、措辞和语法来显示自己的专业素养	不要在生气的情况下发出任何消息
要用语言和肢体语言向对方表达善意	不要在工作和生活中说粗话 / 脏话

概念复习与运用

根据本章所学到的知识，完成以下练习。
- 会为商务信函和备忘录使用正确的格式。
- 会手写感谢信（便条）。
- 会创建文档记录。
- 理解闲话和小道消息（流言）的区别。

关键概念
- 有效沟通是职场取得成功的关键。
- 沟通的目的是让消息的发送方和接收方达成共识。

- 正式沟通渠道和非正式沟通渠道各有特点，都有其作用。
- 沟通过程涉及消息发送方和接受方、噪声和反馈。
- 倾听和沉默是进行有效沟通的重要工具。
- 书面和口头沟通要想成功，措辞很关键。
- 进行书面沟通时，由于接收方看不到你，没有语言和非语言的辅助，所以一定要注意措辞。

自测题：配对关键术语和定义

在"答案"栏中填写和关键术语配对的定义编号。

关键术语	答案	定义
主动倾听		1. 通过正式职权线进行的沟通。
商务信函		2. 用话语传达消息的过程。
商务备忘录		3. 只想听自己想听的话，经常急于和别人分享自己的观点而打断别人。
沟通		4. 事件或活动的正式记录。
解码		5. 发送方向接收者发送一条消息，旨在双方取得共识的一种过程。
文档		6. 员工私下交流，非正式地讨论工作中的一些重要事情。
编码		7. 印有公司 logo 和联系方式的一种优质纸张。
反馈		8. 通过身体语言进行沟通。
正式沟通		9. 接收方具体如何对消息进行解读。
闲话		10. 涉及个人及其私生活的流言。
流言（小道消息）		11. 研究人际空间距离的一门学科。
非正式沟通		12. 单位内部进行的一种书面沟通。
有公司抬头的信笺		13. 在与正式职权线无关的个人之间进行的沟通。
倾听		14. 打印、手写或以电子方式发送的一种商务沟通。
噪声		15. 在特定人群中使用的非正式语言，可能引起不适。
完全听不进去		16. 全神贯注地聆听。
非语言沟通		17. 对发送方的消息的一种回应。
被动倾听		18. 想要传达消息的人。

续表

关键术语	答案	定义
空间关系学		19. 将消息发送给单位外部的个人时所采用的书面沟通形式。
接收方		20. 置若罔闻，完全听不进去对方说的话。
发送方		21. 中断或干扰沟通过程的任何东西。
粗话（俚语）或脏话		22. 接收并解码消息的人。
语言沟通		23. 消息的接收方将注意力完全集中在发送方身上。
书面沟通		24. 确定消息内容及其发送方式的过程。

换位思考：如果你是老板……

1. 你的一名员工沟通时经常使用错误的语法，拖累了部门的绩效。你怎么解决这个问题？
2. 员工经常说他们不了解工作中发生的情况。你应采取哪些措施来加强工作中的沟通？

活动

活动 9.1

在不侵犯对方隐私的情况下，用五分钟时间仔细观察一个陌生人的肢体语言。离远一点，确保听不到对方说什么。根据姿势、动作和表情推断对方在表达什么。至少列出两点。

姿势、动作或表情	你认为在表达什么

活动 9-2

看半小时电视新闻，观察被采访人员的两种表情。面部表情和他/她说的话是否一致？

面部表情	实际说的话

活动 9.3

仔细阅读下面的信件，找出 5 个格式上的错误，并给出修改建议。

April

Sandra Wong, Vice President
Human Resource Department
Robinson Enterprises
55123 W. Robinson Lane
Prosperity, CA 99923

Dear Sandra Wong

It was a pleasure speaking with you this afternoon regarding the average salary you pay your receptionists. This data will be useful as our company begins creating a new receptionist position for our California site.

I am most appreciative of your offer to mail me a copy of your most recent salary guide for all production positions. I look forward to receiving that guide in the mail. As a thank you for your kindness, I am enclosing coupons for our company product.

If there is any information I can provide to assist you, please let me know. Thank you again for your cooperation.

Sincerely,
Cory Kringle

错误	修改建议
1.	
2.	
3.	
4.	
5.	

活动 9.4

仔细阅读以下备忘录,找出其中的 5 个错误(空白间距不算),并给出修改建议。

```
MEMORANDUM


Re:     Budget Meeting

To:     Mason Jared

From:   Cory Kringle

Date:   May 1


Hey Mason. I wanted to remind you that we have a meeting next week to talk about next
year's budget. Bring some numbers and we'll work through them. Bye.



-Cory
```

错误	修改建议
1.	
2.	
3.	
4.	
5.	

活动 9.5

你收到老师给自己写的一封推荐信。请写一封感谢信予以回复。

第 9 章 学有所成·笔记

第 10 章

电子沟通

简要 • 得体 • 高效

学习目标

- 了解电子沟通工具的专业应用
- 组织及利用电子邮件
- 掌握电话礼仪
- 了解移动设备和短信的正确使用
- 专业地使用社交媒体工具
- 在电话会议和视频会议时举止得体

个人自测：手机依赖

你是一个手机控吗？	是	否
1. 是否会在醒来的五分钟内检查手机是否收到消息？	☐	☐
2. 是否至少每隔一个小时就看看你的手机？	☐	☐
3. 是否在明知不恰当的地方或情况下悄悄使用手机？	☐	☐
4. 是否总是把手机放在你能看到或容易拿到的地方？	☐	☐
5. 是否觉得一天不用手机都不行？	☐	☐

▶ 如果上述问题有两个或更多的肯定回答，说明你可能沉迷了。

工作中的电子沟通

我们生活在一个忙碌且快节奏的世界,这导致我们沉迷于各种科技。以前的传统工作场所已变成了虚拟之地,大多数人都通过网络联系。当今的工作通过电话、电子邮件、移动设备、短信、即时消息、博客、维基(百科)、音频和视频会议等虚拟空间进行沟通。但是,沟通时采用的技术手段越多,信息前后衔接越有可能出现问题。作为第9章的补充,本章详细讲解工作场所中的电子沟通方式。由于电子信息传递的频率和速度非常快,所以通过虚拟工作场所和他人沟通时须谨慎,确保所有电子通信都以清晰、简明和专业的方式发送。

> **说一说**
>
> 说说未来五年内科技会对工作场所带来哪些影响。

电子沟通基础

随着工作场所中要用到的技术越来越多,如何正确使用电子通信工具、器材和设备也变得越来越重要。常见通信工具包括各种形式的计算机、软件、电子邮件、互联网以及移动(智能)设备等。公司很可能免费为员工提供这些工具。如果用的是公司提供的工具(包括计算机、公司的服务器或电邮地址),请记住这些工具、设备以及工作邮件都属于公司资产,只能用于工作目的。许多公司都制定了技术使用的相关规章制度,规定了隐私、责任以及对潜在不当行为的处理方法。

虽然电子设备的使用越来越广泛,但仍要注意在合适的时间和地点使用。某些时候,使用便携电脑或移动设备非常合适。但另一些时候,使用它们却极不恰当。仅在讨论或处理的问题需用到通信工具时才能使用。平常不要拿在手上,这样容易分散别人的注意力。如有疑问,请先征求对方同意,并解释你需要用它来协助讨论的原因。

邮件检查得过于频繁并不会提升效率,但忽略它们也不行。工作性质不同,主要通信方式也不同。通常,一天至少检查两次工作场所的通信设备。如果工作需要,就检查得更频繁一些。看到消息应及时回复。

养成良好的电脑使用习惯。就像生病时不会露面一样,你也不想在以电子方式共享信息时承担污染他人通讯工具的责任。虽然公司一般都安装了计算机安全系统,但还是应该定期在自己的设备上扫描病毒、

cookie 和其他恶意软件。打开来自未知收件人的邮件之前，请核实电子邮件地址。如地址或主题行可疑，请联系计算机管理员以确保该邮件不是病毒。另外，定期备份文档以防存储设备出现故障。

案例

出场人物：柯莉

场景说明：柯莉正在开会。会议期间，大家对公司竞争对手是否在其网站公布了某些具体信息产生了分歧。于是，柯莉拿出手机，输入竞争对手的网址。公司的一名高管看到了这个情况，认为柯莉是在发短信或者在做其他私事，因此觉得柯莉十分无礼。柯莉察觉到了高管的注视，于是立刻拿起手机，解释道："我并不想失礼，但是我想尽快找到竞争对手的网站确认是否有相关信息。"柯莉迅速检索了对方网站上的相关报告，并因此为这次讨论提供了非常有价值的信息。

主题讨论

柯莉在会议期间如何更好地用她的手机处理突发情况？

商务电子邮件

电子邮件是工作中最常见的内外电子沟通方式。使用电子邮件，直接输入邮件内容或者添加业务文档附件。电子邮件让组织内外的沟通都更加高效。

　　发送电子邮件时，要在主题行写明邮件主题。主题行最好包含一句简要的说明，让收件人认为有阅读该邮件的必要。不要将主题行留空，或者只是写个"你好"或者"嗨"，避免收件人把它当作垃圾邮件。同样，使用"紧急""重要"或"测试"等词语也是非常不妥的。大多数电子邮件软件都会有一个命令，让你标记出该消息是否重要或紧急，常见的标记是一个惊叹号（！）。

　　将所有邮件标记为紧急会使个人信誉受损，因为人们很难识别哪封邮件才是真正紧急的。人们可能立即停止阅读你的邮件，或者干脆就不看完。正确的商务电子邮件主题行与硬拷贝备忘录主题行的格式一致，即单词首字母大写且不使用缩写。

和工作中的其他办公设备一样，商务电子邮件也只能用于工作。表情符号和装饰背景不适合商务邮件。不要转发与工作无关的邮件。这些非商务邮件会加重公司服务器的负担，而且可能包含病毒和 cookie。电子通讯录要有条理并及时更新，尽一切努力保护通讯录的机密性。

收到需回复的邮件时，请及时回复。如果视而不见，不仅会让人觉得你十分无礼，还会认为你根本就不在乎他/她，以后可能就不给你发邮件了。

如何写电子邮件

几乎所有工作都要用到电子邮件，但在使用的过程中又很容易犯错。和用公司信笺书写的正式书信一样，电子邮件也应采用正确的布局、拼写和语法。为了写好电子邮件，你需要像写商务信函一样，首先规划你想传递的信息，明确该邮件的目的。应用专业和简洁的方式清楚地将信息及预期的后续行动传递给对方，确保双方沟通流畅。

确定收件人，然后只添加需要知道这些信息的个人作为收件人。不必在每封电子邮件中都添加自己的老板。希望直接收到邮件的个人应在"收件人："行中列出，还可以在"抄送："行中列出需获取邮件拷贝的其他人。抄送人一般是在邮件正文中提及或受影响的个人。

电邮软件允许在"密件抄送："行中包含对方的地址，从而将邮件密件抄送（Bcc：）给其他人。这些人能看到"收件人"和"抄送："目标，反之则不然。所以，并非所有收件人都知道其他收件人，这可能会造成不信任感。平时不建议使用密件抄送功能。但有一个例外，也就是要将邮件发送到一个邮件列表时。由于隐私问题，你此时不希望收件人看到其他人的姓名和地址。

练习 10.1　填写电子邮件

老板（Penny@workspace.star）要求你向同事发送会议备忘录的一个拷贝，邮件地址分别是 Jennifer@workspace.star，Julie@workspace.star 和 Gene@workspace.star。请填写以下表格。

收件人（To:）：	
抄送（Cc）：	
密件抄送（Bcc）：	
邮件正文：	

　　计划好邮件后，先打好一个草稿。在草稿中，注意重要的事先说，这样才能引起收件人的注意。需列出要沟通的要点以及你希望收件人采取的后续行动。要多从收件人的角度考虑，并以积极的态度进行沟通。多个要点可用要点符号或编号来格式化，或者每个要点都用一个小标题标出来，使收件人更容易理解你的意图并做出妥善回应。打好草稿后，对邮件进行全文校对。删除不必要的文字，保持行文简洁明了。对方通常会根据你的写作技巧来判断你的专业素养。所以，即便自己觉得满意，也还是需要全部检查一遍。大多数电子邮件软件都提供了自动检查拼写和语法的功能，请充分利用。一封含有拼写或语法错误的邮件会拉低你的印象分。如果邮件中提到了某个附件，请不要忘了添加。发送邮件之前，最后检查一遍，确保已添加了合适的附件，并核实是否将邮件发送给了相应的各方。最后，还要检查主题行是否简明扼要地概括了邮件内容。完成所有步骤后，就可以将邮件发送出去了。

　　使用电子邮件作为沟通工具时，应养成以下良好习惯。

- 不要用全部大写或彩色字写电子邮件。这样做就像大喊大叫，是非常无礼的行为。
- 如果电子邮件软件有插入固定签名的功能，请使用该功能。在邮件中写上你的姓名、职位、公司名称、公司地址、联系电话以及电子邮箱地址。

说一说

何时适合在电子邮件中使用回执功能?

- 软件大多提供了要求对方发送"回执"的功能,表示该邮件已经收到或者已经被阅读了。但是对有的人来讲,这侵犯了他们的隐私。所以,仅在必要时才使用该功能。
- 如果要离开办公室一段时间,不能在合理的时间内阅读或回复邮件,请使用邮箱的自动回复功能,告知邮件发送方你现在不在。不过,在回到办公状态后,要记住及时撤回该自动回复功能。

转发电子邮件在工作中很常见。转发可以节约时间,还能将最初没有参与讨论的相关人士聚集起来。但如果使用不当,转发邮件很可能引发冲突或者让参与者难堪。因此,应当只将邮件转发给相关人士。转发前,要确认邮件中含有的早期信息不会让任何人感到难堪,而且不包含机密信息。如果不确定邮件是否会让某人感到难堪,请不要转发该邮件。应当重新书写邮件,简要概括情况,再发送给新的收件人,如有必要,可以抄送给最初的各方。

案例

出场人物:袁野

场景说明:袁野在工作中常常使用商务电子邮件。他每次都要仔细检查邮件,确保主题行概括恰当,信件内容专业且行文简洁,写明了需要对方要采取的后续行动,再三核实后才会将邮件发送给合适的人。有一天,袁野的同事给他发送了一封邮件,责备袁野将某封邮件发送给了不相关的人,袁野感到很吃惊。更让他感到难堪的是,这位同事将责备袁野的这封邮件同时抄送给了部门里的每一个人。袁野将这位同事所提到的有问题的邮件又重新检查了一遍,没发现任何错误的内容,收件人列表也没有不妥之处。袁野考虑该怎么回复才好。他觉得这位同事做事情有些情绪化,他将这封邮件发送给全部同事的目的是让袁野难堪,但实际上这只会让他自己难堪。最后,袁野认为最好的做法就是不做任何回应。

主题讨论

对于同事发送的负面邮件,袁野的处理方式是否恰当?请说明原因。

移动设备和短信

现代工作环境依赖最新科技来改善通信。这主要得益于移动通信设备的普及。常见设备包括智能手机、便携式音乐/娱乐设备、平板电脑、笔记本以及上网本等。工作中，大多数时候都能使用这些工具，但必须清楚关于使用这些设备时的礼仪。我们都知道打断别人说话是不礼貌的。同样，在谈话或开会的时候，频繁用电子设备收发信息也不礼貌。

使用个人电子通信设备时，应遵守两项基本原则。首先，如果独自在自己的私人空间，那么可以使用。其次，参加会议或商务活动时，仅在必要时才使用。如果活动中不需要用到这些设备，请关机或静音并放到一边。如果忘了静音，手机又开始响铃，请不要接听。此时应道歉并立即静音或关机。如果正在等一个必须接听的重要电话，请事先告诉会议主持人，简单解释一下情况，提前为可能出现的中断道歉。在活动中，刚好这个电话打来了，应当礼貌地说一声"对不起"，然后走到一边再接电话。尽管上述原则主要针对商务领域，但这些原则也同样适用于私人领域。关于通信设备礼仪的细节内容，请参考第4章。

某些情况下，短信是非常有用的一种沟通工具。但在工作场所，短信仅适合简短的、非正式的通信。在别人面前，只有手上的工作确实需要使用短信沟通时，才可以发送短信。例如，你正在和别人商谈一个合同，就可能要用短信通知上司，确定合同上的条款。不过在发短信之前，请告知其他参与商谈的人。和其他书面沟通一样，在工作中使用短信时，正确的拼写和语法很重要。许多人喜欢在私人邮件或短信中使用俚语、速记、缩写和代码。但这种方式在商务沟通中是不妥当的。

现在，非必要和频繁地发短信对许多人来说已经成为一种习惯。但是，和其他移动通信设备一样，不适合当着别人的面（包括在会议中）查看和发送短信，这种行为会被认为是无礼的。所以，除非明确要求，否则开会时请关掉或静音你的设备并放到一边。如果不这样做，很可能受到设备诱惑，不能将注意力集中在手头的工作上。在聚餐、参加公共会议或者观看表演时使用通信设备也是无礼的。另外，当着别人的面打电话也不礼貌，这会让对方觉得你不重视他/她。如果需要接电话，请先说声"对不起"，走到无人的地方再接。

在工作场所使用便携音乐/娱乐设备非常不妥当，除非设备播放的是非常适合专业工作环境的、安静的背景音乐，而且不会打扰别人。如果独自工作并想使用耳机，请先与老板确认是否允许，而且不会造成安全隐患。

电话礼仪

电话是工作中最常用的沟通工具。为了给自己的公司创造并维持一个专业形象，每个员工都有责任在工作中遵守使用电话（无论是有线还是无线）的礼仪。由于电话另一头的人看不见你，因此在沟通过程中，用词、语气、音调以及说话的节奏都非常重要。

接听来电时，请在第一声或第二声电话铃响起后接听。可以先打个招呼，说声"你好"，然后说出自己的名字和所在公司。打电话时，请保持积极、专业的态度。讲话的时候要面带微笑，使自己的语气变得友好。说话要清楚缓慢，不要太小声也不要太大声。如果在和别人通话的同时，需要接听另外一个电话，那么请暂停第一个接通的电话，并请求对方等待一会儿。如果让对方等待了一分钟以上，应当重新回到第一个接通的电话，问对方是否可以过会儿把电话回过去。

如果当着别人的面接听电话而且没有任何解释，对方会认为你不重视他/她。所以，和别人一起时，请将电话转入语音信箱。如果正在等待一个重要电话，而正好又有别人在场，那么需要向对方解释清楚，说明你正在等待一个重要来电，如果一会儿电话打来了，需要接听。接到电话时，礼貌地说声抱歉。如果是在自己的办公室，就请你的客人等一会儿，然后走到一边迅速接听电话。

给别人打电话时，首先向对方讲明自己的身份，并给对方留下说话的时间。如果预计电话会打较长时间，而且没有事先安排，请询问对方是否有时间交谈或是否有更方便的时间。打电话时不要吃东西，也不要谈论任何私人话题。某些特殊情况下，免提是非常有用的沟通工具，但在使用免提功能时，也要遵守适当的礼仪。只有处于私人空间且电话不会干扰到其他人时，才可以使用免提。使用免提之前，请先征求对方的同意。要告知对方，还有别人在房间里，并做一下介绍。这样可以确保机密性，并能让各方公开沟通。使用免提时，你发出的任何一点声音都可能会被对方听到并给对方造成干扰。

　　商务沟通中还会用到语音信箱。使用语音信箱沟通与和别人当面沟通一样重要。给别人留言时，要言简意赅，并保证专业。一开始留言，就说出自己的名字、通话目的以及回复号码。语速稍慢，吐字清晰，信息简短明了。留言结束前请重复自己的名字和回复号码。如收到语音留言，一定要迅速做出妥善的回复，这一点非常重要。应当定期检查并清空自己的语音信箱。

　　无论移动电话还是有线电话，录制的语音信箱问候语都必须专业。应当在信息里留下名字及所在公司名称。可爱型的问候语非常不专业，彩铃或恶俗笑话会给上司和客户留下不好的印象。

练习 10.2

你是简娅会计师事务所的会计文员，现在请你给自己的办公电话录制专业的语音信箱问候语。

_____

_____

_____

社交媒体工具

公司出于营销目的而经常使用一些社交媒体，包括领英、脸书、Instagram、博客和微博等。有的公司甚至雇用专业人士来维护和管理其在社交媒体上的形象。尽管将生气的客户、同事或管理人员的视频公布到网上是一种很有诱惑力的发泄渠道，但这样的行为不仅不专业，还可能违反公司的技术使用政策。这种做法还可能给你和你的公司带来潜在的法律问题。越来越多的公司制定了有关技术使用的规定，禁止任何员工通过社交媒体给公司造成负面影响。如果因为个人原因需要使用社交媒体，请将个人分享与职业分享区分开。如果员工将和公司有关的信息公布到网上，很可能被公司认定为泄密或透露竞争信息。所以，无论公司做出什么样的规定，最好不要在任何社交媒体上发表关于公司、同事、供应商以及客户的负面评论。

除了电子邮件，越来越多的公司还使用 wiki、博客和即时通信等工具进行内外通信。wiki 是一种多人协作网站，用户可编辑或贡献内容。博客是一种通常允许访问者发表评论的网上日记。网聊是一种在线沟通方式，允许两人或多人同一时间在网上传递信息。使用这些通信方式时，需遵守的商务礼仪和使用电子邮件时是一样的。工作时，只能用这些工具进行商务沟通。应确保拼写和语法正确，语言简单明了。和其他书面沟通方式一样，必须保持专业，并注意语气。对 wiki 网站的编辑是一种团队合作方式。编辑其中的文章或条目时，要注意别人如何看待你的评论。反过来，也要虚心接受别人的意见。记住，你的目标是准确表达想要分享的信息。商务博客既是营销工具，也服务于教育目的。创建博客的目的是为了和其他人建立与加强联系，所以博客文章和评论应当积极且有意义。网聊和电子邮件的区别在于，前者能识别对方是否同时在线。仅在简短的商务沟通中才需要用到网聊。使用网聊工具时，虽然很想和某些在线的人交流一下，但要记住，工作中的网聊并不是职场社交工具。使用网聊时，不要让自己成为一个令人讨厌的人。无论选择何种电子沟通渠道，都要牢记你代表的是公司。

如今，因个人原因而使用社会媒体工具是一件很常见的事，并被大家所广泛接受。但要记住，你应当保持积极专业的网上形象。所谓**网上形象**（online identity），是其他人通过电子渠道和你沟通后留下的印象。应定期在网上查询自己的信息，确保自己的网上形象积极健康。如果有任何负面的照片、视频、博客或者其他信息会对你造成不良影响，请及时将它们删除。为了让自己保持专业的网上形象，应当以专业的方式使用电子沟通渠道。

案例

出场人物：芙兰和艾琳

场景说明：芙兰的朋友艾琳最近找到一份销售的工作，刚开始几周先要培训，并由一名经理带着她一起上班。芙兰知道艾琳喜欢发短信并沉迷于社交媒体，所以当知道艾琳终于找到一件可以让她集中精神的工作的时候，芙兰感到非常开心。在一次会议，艾琳的注意力并不集中。当时，她正在用公司的便携式电脑逛社交网站而不是核实销售数据。艾琳和她的客户离开了会议桌一分钟，艾琳的老板试图从电脑上快速检索一个数据。不幸的是，老板只看到了艾琳的社交媒体网站。更糟的是，上面还贴了艾琳在新公司总部外摆着夸张姿势的照片，上面清楚显示了公司的名字。

> **主题讨论**
>
> 如果你是艾琳，并且知道自己的新老板看见自己的电脑屏幕上装了社交媒体，你会怎么说？

视频会议和电话会议

如今有的会议是远程召开的。其中一种形式是**电话会议**（teleconference），和面对面的预先安排的会议没有太大区别。电话会议通过电话线来连接各方，与会者互相看不到对方。除此之外，还一种能够面对面的**视频会议**（video conference），通过 Zoom、Skype、WebEx、Google Talk 和 Microsoft Teams 这样的服务来进行。视频会议采用了双向影音科技，一个地方的人能看到和听到其他所有与会者。要参加视频会议，只需准备好计算机、摄像头以及可靠的互联网连接即可。当然，无论什么会议，一个安静的场所也是必要的。召开视频或电话会议之前，要先和与会者确定会议时间，并详细说明参与方式。除了遵循第 15 章要讨论的电话交谈准则，与会者需将这些远程会议视为真正的面对面会议来准备和参与。参与远程会议请遵循以下几个要点。

> **搜一搜**
>
> 你沉迷于社交媒体吗？在网上搜索一个在线测试来判断自己是否社交媒体成瘾。

- 未雨绸缪。提前研究远程会议的举办方式，以应付任何不可预见的问题。如有可能，可以安排一次预备会议，确保所有设备运转正常（包括调整好网络连接、麦克风和音量）。
- 穿职业装（针对视频会议）。和现场举行的面对面会议一样，视觉印象非常重要。

- 选择专业的会议环境。应当在一个安静的和适当的地点举办远程会议。在视频会议中，将会议地点放在卧室、公共场所或者外面的地方都是不妥当的。
- 讲话时对准摄像机（针对视频会议）。把注意力集中在摄像头上，就像你在直接和其他与会者说话一样。在不打断别人说话或干扰别人的情况下，可以随意提问、做笔记和使用手势。
- 避免发出任何可能干扰他人的噪声。关掉音乐或其他容易让人分心的声音。
- 不要在开会时吃东西或喝饮料。
- 如果参加的是电话会议，应当在每次发言前先说出你的名字。例如，发言前说"大家好，我是泰德。我要提供一份关于凤凰项目的进展报告。"由于虚拟会议对听力有特殊要求，所以当别人发言时，一定要保持安静，不要做任何可能干扰他人的事情。请按顺序发言，不要打断他人讲话。和面对面会议（将在第11章讨论）一样，要做好准备并积极主动。

和技术相关的职场工具一直在蓬勃发展，它们的应用也在与日俱增。但无论工作中的沟通方式如何变化，都应当始终保持专业的沟通技能。沟通时一定要尊重他人，保证言简意赅。时刻铭记你代表的是你的公司，要用专业的态度对待每一个人。

职场中的要和不要

✓	✗
要将公司的技术工具限于工作	不要违反公司的技术使用政策
要养成良好的电脑使用习惯	不要忘记定期扫描病毒以及其他可能危害设备的恶意软件
要在合适的时间和地点使用技术设备。	不要让技术干扰正常工作
要在使用商务电子邮件和短信时体现出专业精神	不要随意和他人分享含有不当内容的信息，不要沉迷于职场交际
要养成良好的视频/电话会议习惯	不要因为视频/电话会议的与会者不在现场就表现得不专业

概念复习与运用

根据本章所学到的知识，完成以下练习。

- 会写专业的电子邮件。
- 总结关于电子通信的专业知识。
- 会写专业的短信。

关键概念

- 在使用电子科技进行沟通时，要表达清楚，态度专业。
- 许多公司都制定了有关技术使用的规章制度，里面规定了隐私、责任以及对潜在不当行为的处理方法。
- 工作中，不要转发和工作无关的邮件。
- 和其他书面沟通一样，在工作中使用短信时，正确的拼写和语法非常重要。
- 因个人原因使用社交媒体时，不要发表任何关于你的公司、同事、供应商以及客户的负面评论。
- 维护自己积极健康的网上形象。
- 参加视频/电话会议时，养成良好的会议习惯。

自测题：配对关键术语和定义

在"答案"栏中填写和关键术语配对的定义编号。

关键术语	答案	定义
电话会议		1. 使用双向影音科技来进行的交互式通信。
网上形象		2. 通过电话线来连接与会各方，与会者互相看不到对方。
技术使用政策		3. 利用各种科技来远程进行的会议。
远程会议		4. 技术使用的相关规章制度，规定了隐私、责任以及对潜在不当行为的处理方法。
视频会议		5. 其他人通过电子渠道和你沟通后留下的印象。

换位思考：如果你是老板……

1. 如果员工在开会时发送私人短信，你应当怎么处理？
2. 许多员工在部门开会时或公司发生重大事件时都会拍照或录像。对此，你是否担心？为什么？作为老板，应当怎么做？

活动

活动 10.1

研究目标行业采用的两种最新技术。它们会被如何滥用？

新技术	可能被滥用的方式

活动 10.2

检查自己的网上形象。在网上搜一下自己的个人相关信息，看看有没有需要修改的地方。

_____

_____

活动 10.3

研究当前最新的移动设备，看看它们的哪些功能有助于自己的职业生涯。

_____

_____

_____

_____

活动 10.4

研究技术使用政策，报告你发现的技术使用问题、隐私问题和所有权问题。

活动 10.5

你目前不在办公室，正在外面陪同一名不高兴的客户。给你的老板发一条短信。

第 10 章　学有所成·笔记

第 11 章

动机、领导力与团队协作

团结 • 活力 • 成就

学习目标

- 定义动机并解释常见动机
- 解释主要领导风格以及成功的领导者具备的品质
- 解释领导和管理的区别
- 定义团队,解释高效团队的要素及其对绩效的影响
- 了解优秀团队成员具备的品质
- 了解如何处理麻烦的团队成员
- 掌握成功举办会议所应具备的要素

个人自测:团队协作

你是哪种团队成员?	是	否
1. 同事们认为我在工作中始终态度专业、举止得体。	☐	☐
2. 我一般在会议开始前五分钟到达。	☐	☐
3. 参加团队项目时,我总是能按时完成分配给我的那部分任务。	☐	☐
4. 如果团队内部发生冲突,我会努力解决冲突。	☐	☐
5. 遇到和工作有关的事情时,我一贯表现得像领导,知道什么时候该带头,什么时候该服从。	☐	☐

▶ 如果对上述问题有两个或更多的肯定答复,那么恭喜你。你既是一名优秀的团队成员,也是一名合格的领导者。

绩效基础

动机、领导力和团队协作，这三个要素为生产力和有组织的成功奠定了基础。本章将着眼于这些重要的职场概念。首先解释的是动机。了解基本的动机理论，有助于你成为一名更有生产力的员工和领导者。展现领导行为不需要领导头衔。不想当领导的员工，不是一名好员工。动机和领导力是团队协作的要素。理解这三个互相交织的主题，将有助于你在职场上取得成功。

动机

动机（motivation）是驱使人们采取行动来满足特定需求的一种内部驱动力。行为需要一直改变，直至满足需求。例如，你学这门课，大概率是因为你觉得从中学到的知识有助于帮自己达成职业目标。达成职业目标这一需求，是你在这门课中取得成功的动机。员工要高质量、高效率地完成工作，动机很关键。员工的动机由几个要素组成，其中最明显的就是钱。但是，金钱刺激往往并不是最主要的激励因素。你在第 1 章制定了一个人生规划，设定了个人生活和职业目标。可通过为每个目标设定的时间线监测自己的成功。每次达成目标，都获得了达成更多目标的动机。

由于动机是内部驱动力，所以每个人都因为不同的需求而产生了不同的动机。如图 11.1 所示，**马斯洛需求层次**（Maslow's Hierarchy of Needs）将人一生的需求划分为五个层次，从低到高形成一个金字塔，包括生理、安全、社会（友爱和归属）、自尊和自我实现。组织行为学家对马斯洛的理论进行了适当修改以适应职场。马斯洛最低层次的需求（生理需求）被解释为基本薪酬。人们首先为了金钱而工作，以支付吃饭、穿衣和居住费用。在生理需求之上是安全需求。工作中，员工不仅需要安全的工作环境，还需要一份稳定的职业，并希望未来有保障。只有当生理需求和安全需求得到满足之后，才会开始经营人际关系以满足社会需求。被别人所接受后，个体开始向自尊这一更高级别发展。员工的自尊需求主要通过公众认可来得到满足，比如工作中职位晋升、获得某个学位或奖项等。在需求层次的顶端就是自我实现。在工作中，当员工所有的需求都得到了满足，进而帮助别人满足需求的时候，他就实现了自我。他们会承担起教练或导师的职责，或者用其他方式帮助别人实现目标。在这一层次，他们充分挖掘了自己的所有潜力。

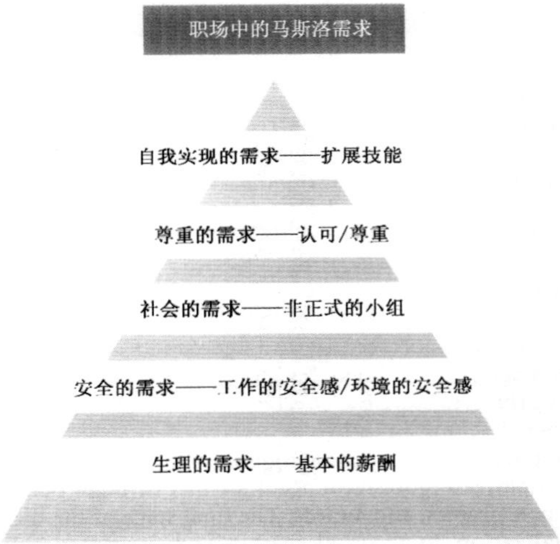

职场中的马斯洛需求

- 自我实现的需求——扩展技能
- 尊重的需求——认可/尊重
- 社会的需求——非正式的小组
- 安全的需求——工作的安全感/环境的安全感
- 生理的需求——基本的薪酬

图 11.1
马斯洛需求层次理论

直至今天，管理者还经常运用马斯洛的理论来理解员工的动机。不同层次的需求应该用不同的方式满足。要意识到，并不是每一个人都能被同一种因素所激励，也不是每一个人的需求都和你一样。可以细心观察其他员工的言行，判断他们的需求。然后，努力创造有利于满足其需求的环境。

其他流行的动机理论还有麦克利兰的需求理论和维克托·弗鲁姆的期望理论。**麦克利兰需求理论**（McClelland's Theory of Needs）认为，人的动机主要来源于三要素：成就、权力与亲和。成就需求是指希望做得更好，权力需求是指对其他人产生影响，亲和需求是指建立亲密友好的人际关系。虽然有些人同时受到三种需求的激励，但大多数人更侧重于其中一种需求。**弗鲁姆期望理论**（Victor Vroom's Expectancy Theory）认为人们会根据自己预期的结果以特定方式从事某种活动。例如，你有学习的动机，是想在考试中表现出色。预期结果是取得好成绩，

说一说

在工作中或在学校，哪些动机可以激励你？

David McClelland（1917—1998），美国著名心理学家，成就激励理论创始人，胜任力素质之父，美国科学院院士，代表作有《知识的根源》《成就动机是可以培养的》。

采取的行动就是努力学习。

虽然还有许多动机理论，但上述三种理论可以让你对动机有一个基本的了解。无论在正式还是非正式的领导岗位上，对动机的理解都能帮助你和他人达到事业的巅峰。

动机是一种内部驱动力，这意味着只有你才能激励自己，别人只能为你提供有利的激励环境。你有时会觉得干什么都没劲儿。如果某一天你发现自己不想做事，工作毫无效率，可以出去走走，问问自己，是什么原因让自己处于这种状态。请用积极的自我对话以及回顾自己的目标等方式让自己恢复良好的工作状态。记住，自己的态度只能自己控制。只有自己才能找到提高绩效的动机。

练习 11.1

根据以下陈述判断对应的是马斯洛需求层次中的哪一种需求。请参考图 11.1。

陈述	对应的需求
我做过类似的工作。有什么我可以帮忙的？	
我今年一定要加薪。	
有没有人愿意和我共进午餐？	
我获得了销售大奖，你想看一看吗？	

领导力

提到领导者时，许多人容易想到管理者。但实际上，领导者和管理者是有区别的。管理者的职责是计划、组织和控制；领导者的职责是激励和引导。虽然肯定有人是官方任命的管理者，但每个人都有成为领导的潜力，而且平时应注意展现自己的领导力。**领导力**（leadership）是指引导其他人达成特定目标的过程。领导者无需正式的职权即可领导。领导者通过建立和维持良好的人际关系来激励其他人。在工作中，此类人际关系建立在视野、信任和相互尊重的基础上。领导者总是愿意引导和激励其他人。换言之，领导者可以帮助其他人取得事业上的成功。有三种主要的领导风格：专制、民主和放任。专制型领导是独裁的，几乎所有决定都自己做，然后只需告诉别人要做什么。民主型领导则会听取别人的意见再做决定。这种领导会鼓励员工表达他们的意见，然后参考这些意见做出更为切实可行的决定。

放任型领导则几乎将所有决定权都下放，由员工自己做决定，领导不干预。员工有完全的自主来做出工作决策。乍一看，大多数人会觉得放任是最好的领导风格，但这并非绝对。合适的领导风格要取决于具体情况、员工技能水平以及其他一些变量。某些时候，需要有人准确告诉别人怎么做；另一些时候，个体在没有具体指示的前提下反而能做得最好。历史上的领导者采用的是一种"命令和控制"领导风格，即在不引导和激励的前提下告诉其他人要做什么。今天的领导者会尽可能地增强合作，以提升员工的参与度、责任心和创造力。

要领导别人，别人得跟随你才行。对于不信任或不尊重的人，谁都不想受其领导。高效的领导者身上总是会展示出一些特殊的品质令其脱颖而出。他们往往具有优秀的视野，能用别人想不到的办法解决问题，而且坚持一贯的道德标准。领导者还擅长沟通和倾听。虽然这些品质不能一蹴而就，但不仅在工作中，而且在生活的其他方面，都值得培养这些品质。在任何时候，都要注意代入领导者的角色。了解自己的工作及其目的，并通过表现出彼此的尊重来成为别人可以信任的人。要知道如何解决问题，如何制定工作计划，如何落实和跟进项目。记住，尽自己的最大努力来完成工作。此外，领导者总是鼓励他人获得成功，如果你是领导者，要注意培养他人的领导能力，并为其提供领导机会。

领导者知道责任以及维持良好的人际关系的重要性。优秀的领导者不会一个人把所有的担子都扛在肩上，他们会委派给别人去做。委派是指管理者或领导者将工作的一部分或全部分配给他人完成。领导者要学会授权，要传授他人技巧，指导他人开展工作。记住，领导对工作负有最终责任。因此，请认真对待自己的工作，保持良好的工作态度，争取起到模范带头作用。

搜一搜

在网上查找一个能评判自己领导风格的测试。

成为领导者

在工作中，上司或团队可能会让你担任领导者，或者仅仅因为别人不想承担领导责任而推给你。无论是怎么当上领导的，都要乐于担当并为此做好准备。从现在起，就应当着手准备了，比如学习新技能，加入各种事务组，参加培训和研讨会等。要乐于为团队服务，了解如何成功地领导团队。可以仔细观察其他成功的领导，或者找一个导师指导你培养优秀的领导技能。学习新技能（包括提高沟通技能）可帮助你养成领导者的思维方式和行为方式。

衡量职业成功的一个重要指标是你是否融入社区。如果想在工作之外提升个人领导力，一个非常有效的方法就是成为本地非营利组织的志愿者，和其他成员分享个人的专业知识。可选择一种有效的方式，花时间将自己掌握的技能传授给想要学习的人。许多非营利组织都需要人来服务于他们的董事会、担任项目领导或者进行某项特定的活动。志愿者经历为你提高领导技能和团队建设技能提供了很好的机会。此外，还可帮助他人激发创造力、减轻压力并利用这个机会建立自己的专业网络。成为志愿者的其他好处还有扩充自己的职业网络，并发现潜在的工作机会，详情将在第 13 章讨论。

练习 11.2

列出可以从你的技术、时间或才能受益的三家非营利组织。

_____

_____

_____

影响当今领导人的最后一个问题是如何处理性别、代沟和文化差异。当代的领导代表着当代的工作场所，其特点就是存在巨大的差异化，包括年龄、宗教信仰、性别和第 5 章讨论的其他因素。好的领导者知道并

非每个人都认同自己的信仰与价值观。领导的职责是尽可能团结其他人,并将多元化作为资产来成功实现企业的目标。作为领导,要意识到个体差异,并确保自己的个人行为绝不会冒犯或贬低他人(无论有意还是无意)。此外,对偏见零容忍,并平等对待每个人。

团队和绩效

大多数人都曾经是成功团队的一员。这个团队或许是运动队,或许是学校里的某个项目小组。无论任务是什么,团队成员的目标是一致的,并彼此尊重。这些是取得成功的关键。学会与人相处对工作非常重要。你很可能要作为团队的一员与人合作。**团队**(team)是为共同目标而效力的一组人。每个团队都应当致力于创造**合力**(synergy)。当团队成员通力合作,使得团队产出大于个人产出之和的时候,团队就产生了合力。当大家齐心协力时,其绩效就会得到很大的提高,最后使得公司的整体效益大于个人效益之和。本节将讨论团队协作、团队取得成功的关键因素以及团队对于企业整体绩效的影响。

现在,越来越多的企业依靠团队来达成其目标。为团队分配任务来达成一个目标,其成员就要相互负责,并作为一个整体对企业负责。团队为成员提供了担任领导的机会,以协助团队成功完成目标。设置团队时,要让成员觉得自己对团队的绩效负有责任。只有在团队成员积极参与,并且很有责任心的时候,他们才会这样想。

工作中有几种不同类型的团队。组织结构内的团队是正式团队。**正式团队**(formal team)是从正式的组织结构中孕育的团队,可以分为职能团队(成员来自同一部门)和跨职能团队(成员来自不同部门)。**非正式团队**(informal team)则是在正式的组织结构之外,为了实现共同的目标而组建的团队。比如公司的垒球队或者为本地慈善活动准备食物的一组同事。现在又出现了一种新的团队类型,称为**虚拟团队**(virtual team),即处于不同地理位置的个体因为共同目标通过电子沟通手段而结合在一起的组织。虚拟团队的成员跨时区、跨国境是很常见的。在虚拟团队工作,要善于沟通,并且需要具备很强的筹备会议的能力。关于有效沟通以及如何正确使用沟通工具,请参考第 9 章和第 10 章。

无论哪种团队，和其他团队成员相处融洽与行事专业都是非常重要的。只有依赖团队协作，才能完成工作。团队成员行事专业，团队的绩效往往更高。

团队的发展有 5 个阶段：形成、震荡、规范、执行和解散。在**形成阶段**（forming stage），团队成员相互认识，并彼此形成初步观感。你会根据初次印象来对其他成员做出判断。但是，初次印象有时候是正确的，有时候却是错误的。在第二阶段，也就是**震荡阶段**（storming stage），一些团队成员之间会发生冲突。当冲突消除，团队成员彼此接受的时候，团队就进入了规范阶段。只有在进入这一阶段之后，团队才能进入下一阶段，也就是**执行阶段**（performing stage）。团队成员将在这一阶段完成任务。一旦任务完成，团队就会进入**解散阶段**（adjourning stage），在这一阶段工作宣告结束。请注意，这只是团队发展要经历的一般阶段。无论团队发展到哪个阶段，你作为团队成员都要有所准备并努力适应。一些团队很快就能成功渡过形成、震荡和规范阶段，迅速开展工作（执行阶段），而有的团队连最初的形成阶段和震荡阶段都过不了。团队成员应尽力让团队过渡到执行阶段，并意识到一些小冲突是团队发展过程中不可避免的。成功的团队会克服冲突，团队成员会接受彼此的不同，从而有效发挥每个人的才华和技能。

你可能会和熟识的同事一起工作，也可能要和素未谋面的团队成员合作。一些成员可能来自你所在的部门（职能团队），另一些则可能来自其他部门（跨职能团队），还有一些甚至可能来自公司外部。人缘好且有领导潜质的团队成员是团队宝贵的财富。

优秀团队成员应具备的品质

团队肩负的使命一般包括提高产品质量、为客户提供良好的服务、创造或保持公司记录。优秀的团队成员总是从如何更好地实现团队目标这个角度来决定自己如何开展工作，这意味着他总是值得信任、行事高效而且善于沟通。

作为团队成员，要了解团队的目标，并确保自己所做的任何事情都有助于团队目标的实现。你在第 1 章学习了如何建立个人目标，并在第

7章学习了企业也会建立和利用目标，将其作为自己的战略计划的一部分。为某项工作建立团队时，团队也需设立目标。所以，高效率团队的第一步是确定目标。不要没有目标地埋头苦干，也不要浪费时间和资源进行重复劳动。为了避免此类错误，最好先征求所有团队成员的意见和建议。

一旦设立目标，团队就要为了实现目标而寻找各种可行方案。其中一个方法很受欢迎，那就是头脑风暴。头脑风暴（gamestorming）是一种解决问题的方法，当参与者有了新观点和新想法时可以自由表达出来，其他人则保留意见。这一方法之所以成功是因为它非常高效，成员可以贡献不同的想法和创意。头脑风暴开始时，要先拿出问题，比如怎样加强办公室的沟通。然后，成员可以在规定的时间里提出各种建议。建议既可以是平淡无奇的（如创建内部期刊），也可以是有趣和富于创新的（如每天离开办公室搞个聚会）。但无论提出的建议是什么，参加讨论的人都暂时保留意见，直至头脑风暴结束。如果团队能有效利用这一方法，即便是一些看似离谱的主意（如每天在办公室外面的聚会）也可能逐渐具有可操作性并最终解决问题（如召开全公司聚会，或者每天开两分钟的会以便沟通和寻找灵感）。

高效率团队成员能与团队中的每个人一起工作。有时可能需要与不喜欢的人一起工作。虽然冲突在团队建设过程中不可避免，但偶尔会有一些团队充满难以解决的冲突。第12章将学习应对冲突的多种方法。记住，不要让一个团队成员破坏整个团队的合力。如有可能，可以私下问问那个成员对团队或工作有哪些不满意的地方，觉得应当如何解决这些问题。要冷静而理性地帮助这个成员解决问题。他/她的情况不外乎以下几种：第一，他/她不觉得有什么问题；第二，他/她不想告诉你问题的症结；第三，他/她根本不想解决问题。如果大家都在努力解决问题，而此人依然我行我素，其他团队成员就要果断放下包袱，继续前进。不要因为一个人而毁掉了整个团队的前程。虽然冲突在所难免，但不要让其成为团队前进的绊脚石。如果问题成员不在场，你和团队的其他成员都不应当讲他的坏话。记住，要做一个高效率而积极的团队成员，要协助团队成功完成任务。

练习 11.3

和同学组成一个小组，展开头脑风暴，尽可能多搜集一些上大学期间可以省钱的方法。

_____

_____

_____

除了知道团队的目标和自己的职责，还需要了解其他团队成员的职责。如有可能，应当想方设法协助他们完成工作。有责任准时出席各项团队会议。要积极参与团队的各项活动，主动和他人分享信息，协助他人完成工作，并学会理解和关心他人，这些对团队合作非常重要。开会时要积极参与讨论，想一想自己能为团队目标的实现做出哪些贡献。此外，不要害怕发言，你的建议也许不会被采纳，但这并不意味着不重要。要准时完成工作，要有责任心。作为团队，所有成员在任务完成前要一起审视工作的各个方面，确保所有目标都已达成。

案例

出场人物： 梅森

场景说明： 梅森所在的部门最近在产能上遇到一些困难，可能无法完成预期目标。部门经理要求从部门成员里挑些人出来组成一个团队，制定提高产能的计划。梅森志愿加入该团队。这是梅森的第一个团队项目，所以不知道该怎么做。幸好，梅森遇到了一个优秀的团队领导。他和团队成员一起坐下来商讨团队所要达成的目标，这样大家就有了方向，知道具体应该做些什么，谁应当为哪些工作负责。第二次开会时，团队进行了一次头脑风暴，大家提出了一些不错的建议。梅森也有一些想法，但不敢说出来，他害怕自己的想法没有别人的好。

主题讨论

梅森应该分享他的方案吗？他应该如何处理自己的方案被否的情况？

高效率团队离不开良好的沟通。不要对其他成员或工作做出任何武断的假设。如果觉得某个方面有问题，应该礼貌地提出来。即便他人不同意自己的观点，也要保持积极的态度。如果团队犯了错误，也不要满腹牢骚，改正错误并吸取经验就是了。每个团队成员都要表明自己的立场，说出自己的看法，然后，大家共同决定采用什么方案。不要觉得其他队员的想法不值得听。发挥团队效力的关键是集思广益，群策群力，这样才能找到实现目标的最佳方案。如果不同意团队选择的方案，但只要团队已经充分听取了你的反对意见和理由，最后还是决定采用已选方案，那么你应该保留意见，继续全力支持团队实施既定方案。在团队合作中出现冲突很正常，必须学会如何应对冲突。请记住，坦率、真诚、与队友及时沟通，这几点对团队合作非常重要。

作为团队成员，一般都需要完成自己的工作，但同时还要对同伴的工作负责。他人的成功取决于你的工作方式。虽然你可能独立于团队成员而工作，但按时正确地完成工作仍然很重要。成为积极的参与者，不要因为知道队友会帮助你而让他们完成本应该由你完成的工作。很多时候，个别团队成员游手好闲，因为他们清楚总会有人去完成工作。如果有一个懒惰的团队成员，请继续尽力而为，与周围的人一起工作。尝试与表现不佳的团队成员交谈，了解他／她为什么完不成自己的工作。如果有正当理由，那么可以建议他／她退出团队。如果纯粹是偷懒，那么可以和其他团队成员一定商讨决定开除或替换他／她。

练习 11.4

描述你所认为的优秀团队成员所应具备的最重要的两种品质，并具体说明这两种品质为什么是团队取得成功的关键。

_____

_____

_____

会议

会议是团队成员交流和沟通的一种常见形式。人们通过会议分享信息、讨论问题、做出决定或者同时达到上述三种目的。会议分为两种,正式和非正式。工作中最常见的会议形式是部门会议,部门会议是部门主管与部门成员间的正式会见。

会议开始前,通常所有与会者都会收到一份会议议程。**会议议程**(meeting agenda)概括了会议期间的主题和活动。有的会议议程对每个主题设有时间限制。如果在会议前收到了会议议程,那么请仔细阅读,了解需要讨论的主题。如果希望在议程中安插某一主题,可以告诉会议负责人,由他/她来安排。如果你是会议中某一主题的负责人,应当在会议开始前就考虑好希望和与会者分享些什么,对与会者又有哪些请求。如有必要,可向每个与会者散发会议材料。

最常见的会议类型是现场会议,要求所有与会者在某个地方亲自出席。参加现场会议时,请在会议正式开始前到达。取决于会议规模,会议室里摆放的桌子可能只有一张,也可能有好几张。如果设有贵宾桌,那么除非受到邀请,否则不要随意入座。如果会议桌上没有指定座位,而你要在会上发言,那么请坐在会议室靠前的地方。**会议主席**(meeting chair)是会议负责人,他/她会安排整个会议议程。会议主席一般会坐在会议桌的主位上。如果会议主席有行政助理,通常会把这位助理安排坐在主席右边。其他领导则紧挨主席依次入座或者坐在会议桌的另一端,与主席相向而坐。如果不确定自己应当坐在哪个座位上,可以等其他人坐下后再入座。

按时参加会议并有所准备,对你来讲不仅非常重要,还体现了你对他人的尊重。大多数正式的商务会议都根据罗伯特议事规则来指导会议的。**罗伯特议事**(Robert's Rules of Order)规则通常也称为"议会程序"。按照该规则,在会议开始时,会议主席维持会场秩序,宣告会议开始。然后,如果合适,会议主席会带着大家一起回顾上次的会议记录,看看大家是否有不同意见。一旦大家通过了会议记录,会议议程里的议题就会按照议程顺序逐一提出。在会议结束时,会议主席会宣告休会。

作为参会者,当轮到你发言时,要选择在合适的时机贡献出经过自

罗伯特(1837—1923)于1876年出版,1915年最终定稿,一共有12条:动议中心原则;主持人中立原则;机会均等原则;立场明确原则;发言完整原则;面对主持人原则;限时限次原则;一时一件事原则;遵守裁判原则;文明表达原则;充分辩论原则;多数裁决原则。

己深思熟虑的、与会议主题相关的想法。要围绕着手头的主题展开讨论，确保自己提出的建议专业性强，态度谦逊，有利于实现公司目标，以此帮助会议主席推进讨论正常开展。

如果与会者身处不同地方，就需要召开虚拟会议。这些会议通过技术手段来实现，比如视频会议、电话会议或者互联网会议。有关电子沟通渠道的更多详细信息，请参见第 10 章。

团队演示文稿

某些时候，上司会要求你创建或提供一个团队演示文稿。我们在第 9 章讲到有关演示文稿的内容同样适用于团队演示文稿。和其他人合作创建团队演示文稿时，所有团队成员要做的第一件事就是明确演示文稿的目标。再根据目标确定演示文稿的专题目录。在专题目录的基础上，大家一起讨论并决定需要使用的文字内容、视觉内容和辅助内容。就像其他团队工作一样，每个团队成员都有责任做好演示文稿，并且成员之间彼此负责。不要等到最后才把演示文稿中分开的章节连接在一起演示。团队演示文稿必须在正式演示前完成，并且要经过所有团队成员检查。团队成功的关键在于团队成员间良好的人际关系。每个团队成员都要学会与人沟通，责任共担，礼貌待人，行事专业。

> **说一说**
>
> 学生最不喜欢团队演示文稿的哪些地方？

职场中的要和不要

✓	✗
要对团队成员负责，做一个积极的团队参与者	不要忽视其他同事的需求
要让自己成为一名值得他人信赖、办事高效、善于沟通的优秀团队成员	不要总认为领导是别人的事情
要积极发言（在参加团队会议时）	不要觉得自己的想法没有价值
要认识到每个人受不同因素的激励	不要忽视团队会议和工作的截止日期。
要努力提高自己的领导技能	不要让个别不负责任的团队成员影响团队绩效

概念复习与运用

根据本章所学到的知识，完成以下练习。

- 总结影响到自己、同事和企业取得成功的各种动机。
- 拟定并实现一个计划来提升自己的领导技能。
- 解释如何建立一个高效率团队。

关键概念

- 动机是一种内驱力，它驱使人们采取某种行动来满足自己的需求。
- 每个人都能成为一名成功的领导者。
- 大多数公司依靠团队来达成目标。
- 高效的团队是由目标一致、互相尊重的成员组成的。
- 优秀的团队成员会全力完成工作。
- 虽然团队发展过程中冲突在所难免，但不能让冲突毁掉整个团队。
- 沟通是团队高效合作的关键因素之一。

自测题：配对关键术语和定义

在"答案"栏中填写和关键术语配对的定义编号。

关键术语	答案	定义
解散阶段		1. 独裁的领导者，自己做决定，告诉别人做什么。
专制型领导		2. 人们根据预期结果以特定方式从事某种活动的理论。
头脑风暴		3. 团队着眼于完成任务的阶段。
委派		4. 让成员自己做决定，不需要领导的指示。
民主型领导		5. 处于不同地理位置的个体因为共同目标通过电子沟通手段而结合在一起的团队。

续表

关键术语	答案	定义
正式团队		6. 会议的主持人。
形成阶段		7. 驱使人们采取行动来满足特定需求的一种内部驱动力。
非正式团队		8. 为共同目标而效力的一组人。
放任型领导		9. 自由表述备选方案的一种解决问题的方法。
领导力		10. 团队完成任务，宣告项目结束的阶段。
马斯洛需求层次		11. 团队成员相互认识，并彼此形成初步观感的阶段。
麦克利兰需求理论		12. 一个人引导一人或多人达成特定目标的过程。
会议议程		13. 管理者或领导者将工作的一部分或全部分配给他人。
会议主席		14. 根据其他人的意见做出决定的领导。
动机		15. 在正式组织结构之外，为实现共同的目标而组建的团队。
规范阶段		16. 关于会议如何进行的一套规则。
执行阶段		17. 将人一生的需求划分为五个层次，从低到高形成一个金字塔。
罗伯特议事规则		18. 概括会议期间要讨论的主题。
震荡阶段		19. 团队成员通力合作，使得团队产出大于个人产出之和。
合力		20. 从正式的组织结构中孕育的团队。
团队		21. 团队成员发生冲突的阶段。
虚拟团队		22. 团队成员消除了冲突，彼此接受了对方的阶段。
弗鲁姆期望理论		23. 认为人的动机主要来源于三要素（成就、权力与亲和）的一处理论。

换位思考：如果你是老板……

1. 你从员工中选出一些人组成团队，希望他们可以提高部门的客户服务质量，但每次团队成员聚在一起，总是争执不休。应当怎么解决这个问题？
2. 你手下的员工成功达到了这个星期的生产目标，根据马斯洛需求层次理论，应当采取哪些措施激励他们继续完成下星期的生产任务？

活动

活动 11.1

如果让你来教这门课,你会在课程中讲解哪些特殊主题或举办哪些特殊活动以帮助学生更好地理解马斯洛需求层次理论重点的各个需求层次?

层次	激励因素
自我实现	
自尊	
社会	
安全	
生理	

活动 11.2

研究美国前总统林肯的生平,回答下列问题(列出信息来源/引用)。

1. 他身上有哪些重要的领导品质使其脱颖而出?

_____
_____
_____

2. 他都面临了哪些挑战?

_____
_____
_____

3. 如何运用从林肯总统身上学到的经验来提升自己的领导力?

_____
_____
_____

活动 11.3

列出和以下组别对应的偏见/成见。领导者应如何应对这些情况？

	偏见/成见	领导者如何应对？
年龄		
性别		
文化		
残疾		

活动 11.4

作为团队成员，可以采取哪些行动将团队带入下一阶段？

形成	
震荡	
规范	
执行	
解散	

活动 11.5

要做团队演示文稿时，你属于哪种类型的成员？

___

为了成为有价值的团队成员，你还有哪些可以改进的地方？

___

活动 11.6

在网上调研罗伯特议事规则中的两个规则，分享你的研究。

规则	你学到了什么？
1.	
2.	

第 11 章　学有所成·笔记

第 12 章

冲突与协商

视角 • 共识 • 权益

学习目标

- 理解冲突以及如何最好地应对工作中的冲突
- 理解各种冲突管理风格及其使用时机
- 定义协商并运用协商技巧
- 了解骚扰和霸凌及其应对策略
- 了解员工在职场中的权益
- 了解在有工会和没有工会的前提下如何解决冲突
- 警惕职场暴力的前兆及其预防措施

个人自测：应对冲突

在工作中，你如何应对冲突？	是	否
1. 如果我和上司发生了冲突，最好的处理方式就是到 HR 部门投诉。	☐	☐
2. 结果如我所愿，就是一次成功的协商。	☐	☐
3. 反击职场霸凌的最好方式就是公开霸凌回去。	☐	☐
4. 反正同事知道我是在开玩笑，所以称呼他们"甜心""宝贝"或者"亲"都行。	☐	☐
5. 如果我和他人意见不一，我应当保留意见以免冲突。	☐	☐

▶ 如果对上述问题有两个或更多的肯定答复，说明你应当好好学习一下冲突管理。每个员工在不侵犯他人权益的情况下，都有捍卫自己利益的权利。如本章所讲到的那样，冲突应及时解决，避免最终发展到不可收拾的地步。

冲突

工作中的冲突不可避免。有效应对冲突的关键在于知道如何用一种可以维护个人及公司良好形象的方式妥善处理冲突。虽然大多数人都认为冲突不好，但事实并非如此。如果处理得当，冲突也可以产生好的结果。本章将探讨冲突及其对绩效的影响，并介绍处理冲突的方法以及如何应对各种难缠人士。最后，还要谈到职场骚扰和暴力问题，介绍如何进行协商。

当多方（个人或群体）之间意见不一或关系紧张的时候，就会发生冲突。认为他人对自己的需求、利益或其他关切有潜在的威胁，是人和人之间意见不一或关系紧张的主要缘由。而所谓"潜在的威胁"，往往是基于个人所下的结论或所做出的假设（脑补）而得出的。我们通常不会和那些与自己关系好的人发生冲突，因为我们知道这些朋友不会产生威胁。但在和不认识或者关系不好的人一起工作时，如果他们的观点和我们不一样，我们就会感受到潜在的威胁或者觉得被冒犯。虽然工作中的冲突在所难免，但至少可以控制自己应对冲突的方式和态度。

解决冲突

冲突是不同的人从不同角度看问题的结果，这其实正是思维方式多元化的体现。所以，不必觉得谁在专门针对你。如果觉得冲突破坏了和谐与沟通，就积极解决问题，而非怨天尤人。要就事论事。一个人处理冲突的方式，反映了他/她的认知水平、是否成熟以及是否自信。

和别人发生冲突时，请花点时间想想自己是否对人和/或情况进行了不合理的假设。搞清楚事实，不要脑补。不要骗自己，一切都要以事实为基础。如果觉得对方对自己造成了威胁，就主动搞清楚原因。你可能发现冲突只是由于自己缺乏安全感或者只是脑补了一个场景。要解决冲突，先从自己做起，调整好自己对别人的态度，搞清楚冲突是自己还是别人的原因。

某人和你意见不一或者伤害了你，你自然会生气，随之而来的反应可能是报复或者开始算旧账。遗憾的是，这些都不是一个理智的人正常的反应。应对冲突，要遵守以下基本原则：

- 尽可能双方亲自解决冲突（而非假借第三方）

- 冷静，不要情绪化
- 不要口不择言，先认真倾听
- 试着换位思考
- 表明自己的立场，提出解决方案
- 协商得出切实可行的解决办法

案例

出场人物：路易斯 & 安东尼

场景说明：路易斯的上司要他领导一个团队。这是路易斯第一次带团队，所以他感到很兴奋。确定团队人选时，路易斯不确定是否应该把他的同事安东尼加进来。他需要安东尼的专业知识，但安东尼过去曾经对路易斯很不礼貌。最后，路易斯还是决定做正确的事，将安东尼加了进来，并给计划好的所有成员群发了邮件。邮件发出去的几分钟后，安东尼就提了几个问题，所有成员都能看到这些问题。路易斯立即非常专业地进行了回复。但是，路易斯对安东尼的邮件有些生气。过了几分钟，路易斯重新看了一遍安东尼的邮件，发现这些其实都是好问题，自己应该包含在原始邮件中。

主题讨论

路易斯处理问题的方式有什么不对？路易斯对安东尼脑补了什么？路易斯应该如何纠正？

重度依赖于科技的工作场所导致人们越来越依赖于简短的数字化交流。这种数字化的沟通方式很容易让人产生误解，进而导致冲突。因此，一旦发现电子沟通方式有可能让对方产生了误解，就要努力通过面对面的方式解决冲突。这样做，能够让你用口头和非口头的方式及时澄清并取得共识。正如第 10 章讲到的，不要发送或转发那些含有负面信息的邮件，这种邮件会永久记录下所有参与方的不当行为。

怒气冲冲地面对冲突，很少有人真的能赢。情绪激动的人很难理性地解决问题。发生冲突时，应该尽量保持冷静，不要情绪化。要承认自己受到了伤害，而且感到很生气，但不要让这些情绪主导你的反应。保持冷静，有利于你认清自己和他人的分歧。要努力寻找对方的动机。做出回应前，要从沟通的信息中找出事实真相，分清楚哪些是事实，哪些是情绪。这样，就能搞清楚是不是因为自己的情绪或者沟通方式而误会了对方的意思。

先换位思考，再冷静、理性地表明自己的立场并提出合理的解决方案。如果在解释的时候带有情绪，很容易引发争执。进行解释时，对方可能会打断你，阐述他/她的立场。这时，不要动怒，让对方先说清楚。安静而仔细地聆听就可以了。当然，要做到这一点很难，因为我们都喜欢为自己的观点辩护。但是，请务必以成熟而理性的方式处理冲突。先让对方讲完，然后再阐述自己的理由。如果对方再次打断，可以请他/她让自己先说完。对话时，要寻找双方的共同点，并确定双方出现分歧的根源。讲清楚问题后，可以试着提出几个可行的解决方案，然后尽量与对方达成共识。在工作中如果出现冲突，常常需要双方都做出妥协，接受不同的意见。

以下建议能帮助解决在工作中发生的冲突。

- 除了你自己，没人能控制你对冲突的反应。
- 发生冲突时，保持冷静，不要情绪化，不要让情绪主导自己的行为。
- 与对方共同努力，及时解决冲突。
- 对自己的行为负责，必要时向对方道歉。
- 报复或者算旧账并不能解决问题。
- 尽量不要让全世界都知道你和别人发生了冲突，尽量私下解决。

如果冲突影响到了工作表现，可以采取以下做法。

- 如果对方做出了冒犯或不当的行为，把详细情况记录下来。
- 在公司内部寻求帮助解决冲突。尽量先找部门主管。
- 如果冲突无法内部解决，就向外寻求援助。

练习 12.1

和同学讨论做课堂笔记的最佳方法。每个同学都尝试不停地打断对方。练习如何以成熟的方式处理这种情况。被打断的时候，你应该说什么或做什么？

_____

_____

_____

冲突管理与协商

取决于不同的情况,可以采用多种风格的冲突管理方法,包括强力型、回避型、包容型、妥协型和合作型。

如果对方的行为让人无法接受或带有攻击性,应该采用**强力型冲突管理风格**(forcing conflict management style)加以应对。这种风格是试图让对方按你的方式行事,让对方无话可说。这种风格是直接处理问题。需要保持冷静,不带任何情绪,不要把讨论变成争吵。记住,你的目标是明确告诉对方他的行为不可接受,并提出自己的解决方案。如果不想解决冲突,选择忽视对方的冒犯性行为,可以采用**回避型冲突管理风格**(avoiding conflict management style)。有的时候,一些小冲突没什么大不了的,过于较真反而会伤感情。但另一些时候,我们之所以不想解决冲突,是因为我们不够自信或者认为自己还不够强大,没有胆量站出来维护自己的权益。

如果认为维护人际关系是首要考虑的因素,可以采用**包容型冲突管理风格**(accommodating conflict management style)。在这种情况下,总是让对方按其方式行事,甚至对方都不知道你们已有发生了冲突。如果采用**妥协型冲突管理风格**(compromising conflict management style),那么双方为了达成和解并解决冲突,就需要各自放弃一部分重要利益。这有别于**合作型冲突管理风格**(collaborating conflict management style),通过后者解决冲突时,双方需要坐下来协商以寻求双赢,不必放弃任何一方的重要利益。

发生冲突时,记住,大家的目标是为涉事各方提供公平的解决方案。这需要通过协商来实现。

协商不仅是冲突管理的关键要素,还是正常职场活动(包括薪酬和工作分配)的一个健康组成部分。进行协商时,先要确定自己和另一方都能满意的结果。另外,想好在协商过程中可能发生的最好和最坏情况,包括无法接受的结果是什么。准备好协商后,与另一方见面,分享基本事实(即各方期望的结果),并定下目标。在此之后,双方开始寻求共识,并致力于取得共识。

双方能做到以下几点，最终就能达成共识：
- 希望解决问题
- 目标一致
- 开诚布公
- 能听取对方的意见
- 都有动力寻求双方都能满意的一个方案

成功的协商需要诚心，不能投机取巧。目标是双赢，而不是东风一定要压倒西风。

另外，要具备良好的沟通技能。要多听，不要随便打断对方或者轻易下定论。注意自己说的话。多说积极正面的东西，确保不会往已经有点紧张的局面火上浇油。如第 9 章所述，要注意对方的肢体语言，如手势、动作或身体姿势等。揣测对方是否真的有解决问题的意愿。还要通过眼神交流评估对方的能力。把个人情绪放一边，努力商定双方都能接受的解决方案。

一味忍让，属于**消极行为**（passive behavior）。虽然有时消极一点也能接受，但必要时还是应当采取自信行为。在不侵害他人正当权益的前提下为自己发声，这就是**自信行为**（assertive behavior）。这要求你在不冒犯他人的情况下表明自己的立场，不要因为是维护自己的权益就感到羞愧，一定要自信。有专业素养的人会自信但非攻击性地行为处事。如果表现出**攻击性行为**（aggressive behavior），对他人来说是一种冒犯，会损害他人的权益。让别人倾听自己的诉求或者按你的方式行事，未必就需要伤害他/她。一旦开始表现出攻击性，其实就已经输了。一定要彼此尊重，一定要有专业素养。如果被冒犯或者看到别人的权益受到侵犯，请勇敢站出来。要在不伤害别人的前提下为自己（或别人）的权益发声。当某人对你表现出攻击性行为时，不要报复性地诋毁对方。

骚扰

冒犯、羞辱或胁迫行为称为**骚扰**（harassment）。如第 8 章所述，在工

> **说一说**
> 是什么使人产生了不自信？

作中受到骚扰，可以向 HR 部门寻求帮助。另外，还可利用各种反歧视法规保护自己免受骚扰。工作中最常见的骚扰形式是性骚扰。美国公平就业机会委员会（Equal Employment Opportunity Commission，EEOC）将性骚扰定义为违反他人意愿的、和性相关的令人厌恶的举动。**性骚扰**（sexual harassment）分为两种类型，分别是利益交换和敌意性骚扰。利益交换性骚扰是指用性来换取利益的行为（例如上司要求下属与之发生性关系以获得晋升或加薪）。EEOC 规定**利益交换性骚扰**（quid pro qao harassment）包括"和性相关的语言、视觉以及身体接触"。**敌意性骚扰**（hostile behavior harassment）是指其他员工做出的、让人感到厌恶的有关性的行为。EEOC 将这类行为定义为"和性相关的口头侮辱、身体接触、张贴淫秽图片、讲俚俗笑话或者其他冒犯行为"。骚扰既可以发生在异性之间，也可以发生在同性之间，而且并不局限于上下级。

除了有关性骚扰的规章制度，公司往往还会制定有关职业行为的政策。同事之间应彼此尊重，行为要符合职业规范。公司政策还会明确说明在工作中哪些行为是不文明的，并且明确告知所有员工，任何不符合职业规范的行为，绝对的零容忍。在工作中一定会碰到自己不喜欢的人，但必须尊重同事，并以符合职业规范的方式对待他们。工作中应彬彬有礼，不要举止粗鲁。虽然没必要喜欢每一位同事，但也没必要让对方知道你讨厌他。成熟的人会尊重同事，礼貌待人。

练习 12.2

1. 哪些行为可能被视为骚扰？如何改变个人行为或态度以保证不冒犯他人或被他人误解？
_____
_____
_____

每个公司都应该有一个反骚扰制度。还应该为员工提供相关的培训，并说明如何对骚扰事件进行投诉和调查。如果受到骚扰，应当采取以下措施。

1. 如果对方的行为具有冒犯性，但不太严重，可以直接告诉对方其行为不妥，要求对方立即停止。将你们之间的对话记录在私人笔记中，包括谈话的日期、时间以及与该事件相关的其他证据。
2. 如果骚扰持续发生或性质非常恶劣，立刻向部门主管或 HR 部门报告。要讲清楚发生了什么事情，声明自己受到了骚扰，并想要投诉。报告时尽量提供各种证据，并列出证人名单。

一旦发起投诉，公司就有义务展开秘密调查。注意，在被证明有罪之前，任何人都是无罪的。所以，在调查结束之前，请不要随便与人讨论相关事宜。你有保密的义务。应当遵守职业规范，把相关情况告诉调查人员。要将自己递交的投诉、调查面谈的时间、日期、具体内容以及调查者的姓名详细记录下来。调查结束后，部门主管或人力资源部门会做出裁决。如果对结果不满意，可以向相关法律部门上诉。如果因为性骚扰向有关部门上诉，导致公司的报复，公司的这种做法是违法的。即便投诉缺乏充分的证据，公司也不能因为投诉而惩罚你。但是，员工提交的投诉必须是合法的。

许多公司都制定了"零容忍政策"，这意味着公司将非常严格地执行保护员工免受骚扰的规章制度。有关骚扰的规章制度非常重要。你应该行事妥当，不要做出可能被视为骚扰的行为，比如讲一些荤段子，进行不恰当的身体触碰或谈话，穿诱惑性的服装。很多时候，人们觉得自己只是在开玩笑，但实际上其行为已经构成了对他人的骚扰。

搜一搜

在网上搜索一个性骚扰在线测试，评估自己对得体的职场行为的理解。

主题讨论

凯蒂和拉吉谁对谁错？谁的权益受到了侵犯？如果你是凯蒂，是否会以不同的方式应对这种情形？为什么？如果你是拉吉，你的做法是否会有所不同？请详细说明。

案例

出场人物：凯蒂、洛根 & 拉吉

场景说明：凯蒂是洛根办公室的收发员，刚从海边度假回来。洛根问她假期过得怎么样，她告诉洛根和其他同事自己纹身了。一个叫拉吉的同事问凯蒂纹在哪里，凯蒂对拉吉笑了笑，拍了拍自己的胸部。第二天，当凯蒂投递邮件时，拉吉问她什么时候能看她的纹身。凯蒂笑了笑走开了。随后几天，拉吉一直纠缠不休，凯蒂总是一笑了之。一周后，拉吉被叫到老总的办公室。洛根后来才知道，原来凯蒂对拉吉的骚扰行为进行了投诉。

职场霸凌

另一种骚扰形式是职场霸凌。虽然你以礼待人，但别人并非总是以礼待你。对同事进行冒犯、羞辱或胁迫，这称为**职场霸凌**（workplace bully）。故意对同事举止粗鲁，而且不遵守职业规范，这就是霸凌。这种人喜欢威胁或贬损其他同事。职场霸凌通常发生在同一级员工之间。有时，他们会公然骚扰同事，有时则比较隐蔽。举止粗鲁、说别人坏话或威胁他人都是不文明的表现。霸凌和不文明的行为会导致充满敌意的工作环境，进而增加员工的压力，使绩效下降，更糟糕的是还可能引发职场暴力。这些行为不仅是不成熟的，也是不能接受的。如果遇到此类情况，应该做到以下几点。

- 不要以牙还牙，以暴制暴。保持冷静，不要情绪化。记住，霸凌者最希望看到你气急败坏的样子。此外，虽然你希望获得同事的同情，但不要随便将矛盾搞得人尽皆知。
- 留存发生时间、具体内容以及相关证据。
- 将相关材料递交给上司或 HR 部门，进行正式的投诉。
- 如果认为公司没有及时妥善地解决问题，可以寻求外援。可以向工会、法律顾问、心理健康专家、政府机构或私人律师求助。

了解自己的合法权利

每个员工都有权利在没有骚扰、歧视和敌意的环境中工作。如果不向上级或 HR 部门反映情况，他们就没办法帮你。所以请将你了解到的有关骚扰、歧视以及工作中的不文明行为及时告知上级。只有用尽所有内部渠道（公司为解决此类问题而设置的资源）仍然无济于事的时候，才能寻求外援。可以向一些政府机构进行**投诉**，如劳动仲裁委员会。这些机构能帮你维护权益，确保自己被公平对待，并免受歧视，

解决工作中的冲突

要解决工作中的冲突，可采取图 12.1 所列出的步骤。无论什么时候遇到**冲突**（conflict），都应当设法尽快将其解决。人们常常忽视问题的存

在，希望冲突能自行了结。但不幸的是，这往往会让事态继续恶化，直至难以解决。如决定采用包容风格或回避风格来处理冲突，就要理解这样做会让冒犯你的人意识不到发生了冲突，而且你还不能怀恨在心。

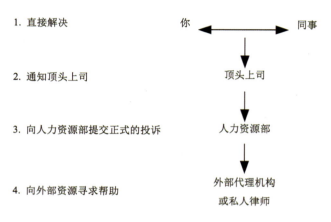

图 12.1
解决冲突

如果冲突对你或他人的绩效产生了消极影响，应当向自己的顶头上司报告。在这一步，你要和上司进行换位思考，想想问题是否真的已经严重到需要引起上司注意的程度。不要让自己像一个怨妇。应当将相关信息和谈话内容记录下来。如果问题迟迟得不到解决，而且你对顶头上司的处理感到不满，那么可以和 HR 部门联系。他们会根据公司政策，对情况做出判断，决定是否需要展开调查。如果对 HR 的决定或处理结果还是感到不满意，也有权向私人律师或政府机构寻求帮助。但在寻求外援之前，一定要将所有内部投诉渠道都尝试一遍。如果公司有工会，请尽早让工会介入。

通过工会组织解决冲突

如果加入了工会，当你与上司或其他管理人员发生冲突时，应当查询一下工会协议，看看作为工会成员，有哪些权益，可采取哪些措施。每个工会都设有**工会代表**（shop steward），他们熟悉工会协议和办事程序，能帮助解决工作中遇到的冲突。通过工会来处理问题、不公平待遇或者冲突称为**申诉**（grievance）。你应当将遇到的情况告知工会代表，并递交相关文件及证据。如果你的工会协议对冲突有明确规定，那么工会代表会和你的上司交涉，共同解决这一问题。如果在这一层级问题得不到解决，那么工会代表会与 HR 部门交涉。交涉的层次会按照组织结构图所示逐级提高，直至问题得以解决。这种由工会出面与公司交涉解决冲突的过程称为**申诉程序**（grievance procedure）。如果是工会成员，而且遇到的冲突属于工会协议规定的范围，那么工会代表就会通过申诉程序帮你维护自己的合法权益。尽管如此，也不能将工会作为掩饰自己过错的挡箭牌。工会的目的就是执行工会协议。

职场暴力

如果冲突没有得到及时解决，就有可能升级为暴力事件。根据美国劳工部统计，暴力事件已成为工作中致人死亡的第三大原因。工作场所发生的任何骚扰或伤人行为（语言或身体攻击）都属于暴力行为。同事、上司、客户或家庭成员都有可能成为施暴者。因此，认清暴力行为的征兆并及时采取妥善的预防措施，减少自己成为受害者的可能性对你来说非常重要。

如果受到骚扰，一定要在此类行为进一步升级为严重暴力行为之前向自己的上司或 HR 部门报告。个人生活也会影响工作绩效。所以，如果在个人生活中遇到了类似的问题，也应及时向你信任的同事、上司或人力资源部门求助。有的公司设立了**员工援助计划**（Employee Assistance Programs，EAP），为员工提供心理、经济和法律咨询服务，并为员工保密。通常情况下，员工家属也能享受这一福利待遇。如果在工作中或家里备受压力，可以充分利用这种咨询服务。即便公司没有这项服务，公司的 HR 部门也会帮你寻找相关的社会资源。

案例

出场人物：赫敏及其新婚同事

场景说明：赫敏和一个刚结婚的女人共用一个隔间。她看起来非常幸福，总是跟赫敏说她的浪漫晚餐，还有老公送给她的各种礼物。但有一天，这位同事来上班的时候一声不吭，整整一上午都在遮掩自己的脸部，这让赫敏感到很奇怪。于是，在午休的时候，赫敏问她是否一切都好。当她抬起头时，赫敏发现她眼圈发黑，面部有不少淤青。她告诉赫敏自己要离婚，因为丈夫看到她和其他异性来往就会心生嫉妒，而且情况越来越严重，昨天晚上还打了她。赫敏问她是否有安全感，她坚定地说："没有。"于是赫敏建议她接受公司免费提供的员工援助计划。之后，赫敏一直在照看她，确保她的人身安全，并能及时获得帮助。

主题讨论
赫敏处理这种情况的方式是否恰当？为什么？

正如从赫敏的例子中看到的，来自家庭的压力也会影响工作绩效。很多时候，暴力受害者因为觉得尴尬或害怕而不敢求助，公司会为碰到类似问题的员工提供帮助。如果觉得自己遇到的冲突（无论在工作中还是在家中）还没有严重到需要接受专业咨询的地步，那么找一个值得信赖的朋友倾诉。你有责任为自己营造一个安全的工作环境。如果加班到深夜或者车子停在很偏远的地方，可以请同事护送你到停车场。请将紧急联系电话号码贴在显眼的地方，并搞清楚所有紧急出口的位置。应该及时将各种可能升级为暴力事件的行为或情况向上司或相关部门报告，防患于未然。

学会宽恕

正如我们在本章学到的，有时冲突的发生在所难免。虽然努力与同事和谐相处，但还是可能有人会伤害你。就像犯了错要道歉一样，在受到伤害的时候学会宽恕也很重要。许多人在同事道歉后也不能释怀。宽恕并不意味着遗忘，而是意味着给别人改过自新的机会，让他们通过行为的改变来证明自己的道歉是真心实意的。

成熟的人总是倾向于原谅他人而不是心怀怨恨。心胸狭隘的人则不会原谅别人的任何过错，而且会寻找一切机会进行报复。这是一种不成熟的表现。请记住，虽然不需要喜欢每个同事，但也必须尊重每个人，体现出自己的专业素养。虽然冲突不可避免，但可以选择解决冲突的方式。

> **想一想**
>
> 想想自己是否心怀怨恨，然后选一个自己觉得应该宽恕的人。在下一周采取行动，力求解决问题。

职场中的要和不要

✓	✗
要尽快在组织结构的最低层解决冲突	不要让冲突升级
要选择合适的冲突管理风格	不要在维护自己的合法权益时展现出攻击性
要了解自己在有关性骚扰和歧视方面的正当权益	不要恶语伤人或做出敌对行为
要将可能升级为严重问题的各种情况都记录下来	不要在遇到霸凌时以牙还牙，以暴制暴
要在冲突解决不了尽量取得共识	不要心怀怨恨或表现得很不成熟

概念复习与运用

根据本章所学到的知识，完成以下练习。

- 记住各种冲突管理风格及其使用时机。
- 写一份计划来详细说明如何提高自己的协商水平。
- 调查并记录公司用于防范职场霸凌的规章制度。

关键概念

- 在工作中，冲突不可避免。
- 处理冲突的方式体现出个人的成熟度和专业素养。

- 在不同工作场景下，根据攻击程度的不同，可采用多种风格的冲突管理方法来应对冲突。
- 员工有权在安全的工作环境中工作，有权免受各种骚扰。
- 如发现任何骚扰行为，请立即向上司或有关部门报告。
- 尽快在最低层级解决冲突。
- 认清暴力行为的征兆并及时采取妥善的预防措施，降低自己成为受害者的可能性。
- 心怀怨恨是不成熟的表现。如果解决不了冲突，有时候学会宽恕是最好的选择。

自测题：配对关键术语和定义

在"答案"栏中填写和关键术语配对的定义编号。

关键术语	答案	定义
包容型冲突管理风格		1. 试图让别人按你的方式行事。
攻击行为		2. 故意对同事举止粗鲁，而且不遵守职业规范。
自信行为		3. 在不侵害他人正当权益的前提下为自己发声。
回避型冲突管理风格		4. 违反他人意愿的、和性相关的令人厌恶的举动。
合作型冲突管理风格		5. 总是容忍别人按他/她的方式行事。
妥协型冲突管理风格		6. 熟悉工会协议和办事程序，能帮你解决工作中遇到的冲突的人
冲突		7. 为员工提供保密的心理、经济和法律咨询服务的一项公司福利。
员工援助计划（EAP）		8. 忽视别人的冒犯以避免冲突。
强力型冲突管理风格		9. 工会出面与公司交涉解决冲突的过程。
申诉		10. 为涉事各方提供公平解决方案一个沟通过程。
申诉程序		11. 用性来换取利益。
骚扰		12. 双方坐下来协商，寻找无需放弃各自重要权益的方案。
敌意性骚扰		13. 一味忍让。
协商		14. 通过工会处理问题、不公平待遇或者冲突。
消极行为		15. 其他员工做出的、让人感到厌恶的有关性的行为。

第 12 章 冲突与协商 225

续表

关键术语	答案	定义
利益交换性骚扰		16. 冒犯别人，以侵害他人权益的方式来维护自己的权益。
性骚扰		17. 双方或多方之间意见不一或关系紧张。
工会代表		18. 冒犯、羞辱或胁迫行为。
职场霸凌		19. 双方为了达成和解、解决冲突，各自放弃一部分重要利益。

换位思考：如果你是老板……

1. 公司有一位主管，每次在得出结论前总是就一个问题争执不休。你知道这是他的行为模式。如果下次还是遇到这种情况，你将怎么办？
2. 员工向你投诉有其他员工骚扰他。你会怎么做？

活动

活动 12.1

根据你在本章学到的知识，说明如何妥善应对以下不当行为。

不当行为	应对方法
1. 说脏话	
2. 偷窃公司财物	
3. 要你说谎	
4. 对其他员工进行语言暴力	
5. 掠人之美	

活动 12.2

你有位同事总认为自己最正确，从来不肯接受别人的意见。请试着用各种冲突管理风格予以应对。

冲突管理风格	应对方法
强力型	
回避型	
包容型	
妥协性	
合作型	

活动 12.3

你觉得去年自己很辛苦。运用本章学到的知识和老板协商加薪或升迁事宜。

_____

_____

_____

活动 12.4

举一个自己受到骚扰或权益受到侵害的例子。根据本章学到的知识，如果再让你处理这样的事情，会有哪些不同的做法？

_____

_____

可以寻求哪些外援？

_____

_____

活动 12.5

你是工会成员,老板指责你犯错了并且要约你面谈。你应该如何应对?

> **第 12 章　学有所成・笔记**

第 13 章

求职技巧

目标 • 研究 • 网络

学习目标

- 在目标职业、行业和城市中寻找工作机会
- 确保自己有专业的网上形象，并有效地保护自己的隐私
- 确定要包含在求职文件夹中的项目
- 确定求职时要用到的推荐信
- 发现就业机会
- 理解为什么网络是强大的求职工具
- 确保求职过程中举止得体
- 理解在求职时保持正确态度的重要性

个人自测：求职达人

你是求职达人吗？	是	否
1. 把所有招聘会都看成是一场面试。	☐	☐
2. 可以在一些社交场合散发自己的名片。	☐	☐
3. 求职时没必要告诉别人自己的私人信息，如生日和身份证号等等。	☐	☐
4. 求职文件夹是面试时的基础。	☐	☐
5. 现实生活中，许多工作都是通过网络找到的。	☐	☐

▶ 如果对上述问题有四个或更多的肯定答复，那么恭喜你，你已经是一名求职达人了。了解求职流程、制定求职计划、妥善使用求职工具将为你成功找到新的工作铺平道路。

求职

高效率求职是找到一份好工作的关键。要想求职成功,需制定计划、搜索招聘信息并采取行动。在这一过程中,需投入时间和精力来组织整理相关文件,与人沟通,并展现自己的专业素养(你在这一章节里将学到所有重要技能)。本章旨在帮助你制定求职策略,包括帮你确定自己希望找到哪种类型的工作,需要哪些工具和资源以及如何充分利用这些工具和资源。记住,求职的目的在于获得面试机会并最终找到自己理想的工作。

选择合适的职业

制定求职计划前,先选好适合自己的职业。这涉及到**自我发现**(self-discovery),即根据第 1 章制定的职业目标,认识和发现自己的主要兴趣及能力。了解自身优势并将其与职业目标联系起来,有助于找到一份自己热爱的工作。这要求你从自己的工作、教育及个人履历中归纳出自己的兴趣以及所取得的成就。为了确定自己真正的兴趣,可以列出一个成就表(参考活动 13.1),详细列举你在工作或生活中学到的技能。请利用着重词来制作成就表。**着重词**(power word)是表示动作的动词,以生动和具体的方式描述你取得的成就。创建个人广告和简历时,这些着重词能帮你打下良好的基础。表 13.1 列出了有助于确定个人成就的着重词。

表 13.1 着重词			
适应	沟通	指示	立项
解决	协调	安装	推荐
分析	创建	引进	风险
安排	决定	调查	节约
辅助	开发	学习	任职
建立	挣得	定位	教授
测算	创办	管理	录入

续表

主持	筹资	激励	更新
清理	实现	组织	赢得
训练	提升	计划	写作

填好成就表后，请重新读一遍自己的回答，因为很可能从中找到自己感兴趣的职业目标。

另一种确定自己的核心技能和职业方向的方法是参加一次正式的职业评估，了解什么职业最符合自己的兴趣爱好和能力。常见的职业评估工具包括 Golden Personality Type Indicator、Myers-Briggs Type Indicator（MBTI）和 Strong Interest Inventory。许多大学就业中心都提供这些评估，网上也有大量资源供你选择。美国劳工部赞助的 ONET Interest Profiler 是一个很不错的网上资源。

确定自己最感兴趣的职业和具体职位之后，开展一次实际工作调研，看看一个具体的职位有哪些日常活动，有哪些常规任务需要完成，期间还能了解该职位的优势和劣势。注意该职位的附加条件，包括要求什么资格，以及要求什么教育程度。另外，有的职位要求良好的驾驶记录或信用报告。提早认真研究并理解目标职位的各种要求，有助于节省时间和金钱。

确定目标职业后，可以写一份求职意向书对自己的求职进行个性化。意向书总结个人职业目标、知识、技能、能力和成就，为后续的求职提供重点。意向书在网上使用，是个人广告的一个重要元素。完成活动 13.3，创建自己的职业意向书。

> **搜一搜**
>
> 在网上搜索 ONET Interest Profiler，用它了解自己的兴趣和职业方向。
>
> **说一说**
>
> 哪个职业最适合自己现有的技能和履历？
>
> 译注：自我评估测试的内容包括价值观、兴趣、个性和天赋。

行业调研

成功求职的一个重要步骤是做好行业调研。如果某个工作非常适合自己的性格和技能，在这方面取得成功的可能性就很大。一份工作要令人满意，首先是自己要喜欢，其次是能体现个人的价值。你在第 1 章规划了职业和个人目标。进行行业调研将帮助你做出更加正确的职业选择来支持自己的人生规划。要根据自己掌握的技能来选择行业。

研究过程中，你可能发现有许多行业都需要自己的核心技能。使用 ONET Database 来进行行业调研最简单。该职业信息数据库是为美国劳工部开发的，按职位提供了关键信息。将目标职位要求的关键知识、技能和能力与你拥有的知识、技能和能力匹配。

找到和个人技能相配的行业后，就开始在这些行业中确定具体的工作。注意，不同行业有不同的工作机会和职位。注意，职位名称是多种多样的，了解自己有资格申请的各种职位，求职时就有更大的灵活性。确定行业和职位后，还需考虑工作环境，包括工作地点以及自己喜欢的某种特殊类型的工作环境。

例如，假定大学毕业取得的是商科的学位，可以研究需要商科背景的行业，比如医疗卫生、零售和制造业等。确定自己想要从事的行业后，就可从中找出符合自身技能条件的职位，比如金融分析、会计、市场助理或人事专员等。最后，确定自己喜欢的工作环境类型。如果选择医疗卫生行业，可选择在医院、诊所或者私人医师办公室工作。

对行业及工作环境进行调研能为你提供很多有用的信息，帮你更快找到工作。把简历发送给符合个人人生规划、技能以及与理想工作环境相匹配的目标职位，不要抱着随便找份工作的想法漫无目的地到处发简历。

> **说一说**
> 讨论一下工作（job）和行业（industry）的区别。

有针对性地找工作

一旦明确职业意向并研究好符合个人和职业规划的职位，就可以开始针对性地找工作了。**有针对性地找工作**（targeted job search）不仅能帮助确定目标公司，还能帮助找到有资格申请的空缺职位。

求职时要想好工作地点。如果只想在家附近找工作，就搜索附近的企业。如果愿意多花些通勤时间，就想好自己能接受每天多长的通勤距离。如果可以搬家，就考虑好自己最喜欢住在哪个地方。如果想搬到新地方，不要忘记计算这个地方的生活成本。**生活成本**（cost of living）

是住房、食品、服装等基本生活用品的平均费用。例如，纽约曼哈顿的生活成本就比俄怀明州的夏延高出许多。虽然曼哈顿开出的工资可能比夏延高许多，但刨去开销也差不多。

练习 13.1
仔细考虑自己想在哪个地方工作，在此地找出三家个人感兴趣的公司。
_____
_____
_____

网上形象

随着社交网站的流行，个人生活很可能在找工作时暴露出来。因此，请确保自己有一个良好的网上形象。如第 10 章所述，**网上形象**（online Identity）是其他人通过电子渠道和你沟通后留下的印象。

由于网上大多数是公开信息，越来越多的雇主会在网上搜索求职者的信息，以便从更好的角度了解求职者的价值观和生活方式。

现代社会，人们普遍都在使用社交网站、博客以及其他文件共享服务，所以必须确保网上没有可能阻碍个人求职的负面照片、文字或其他资料。在网上搜一下自己，想法将有关自己的负面信息删掉。如果经常活跃于社交网站，建议核实上面出现的关于你的任何个人信息，比如照片和/或描述。如果个人网站/账号含有负面内容，立即将其删掉。如果这些内容出现在朋友的网站/账号，就把自己的求职计划告诉他/她，礼貌地请求删除这些可能有害的东西。

此外，为了获得专业的网上形象，建议使用一个专业的电子邮件地址。千万不要用乱七八糟的邮箱发邮件。如果有必要，用自己的部分名

> **搜一搜**
> 上网搜一下自己在网上的形象。

> **想一想**
> 你的社交账号是否含有可能妨碍朋友找工作的内容？

> **说一说**
>
> 哪些类型的相片、文章或素材不适合给未来的东家看？

字或姓名缩写新建一个邮箱。如第 9 章和第 10 章所述，保持专业网上形象的最后两个要求是使用专业的语音信箱问候语并在所有书面沟通中避免使用俚语。求职时，需要和雇主以及那些可能帮助你找到工作的人进行广泛的交流。与这些人沟通时，要体现出自己的专业素养。

求职文件夹

求职文件夹（job search portfolio）是求职过程中需要用到的所有资料的归放处。其中一些文档会成为你的面试文件夹（将在第 15 章创建）的一部分。本章和接下来两章会具体讨论其中的项目及其作用。

创建和管理求职文件夹时，最好选择用带标签的活页夹来存放各种文档以便整理和保护。收集的所有文档都务必保留好原件并确保每一份原件至少有两份复印件。这些复印件为面试而准备，原件不要从求职文件夹中拿出。另外，原件最好有塑料封套，而且不要在上面打孔。

由于现在网上求职非常普遍，所以也要创建一份电子版求职文件夹。**电子版求职文件夹**（e-portfolio）是包含所有求职文档电子版的文件夹。制作电子版的求职文件夹时，应当将文件夹里的所有文档都扫描进去。扫描的文档最好用 PDF 格式存储，以方便对方打开。另外，在一个容易存取的地方创建文件夹（比如在电脑上的"我的文档"中创建，并将拷贝发送到自己的手机上）。向应聘单位或其他人发送邮件时，这些电子文件作为附件添加到邮件中。当雇主要求文档时，电子版求职文件夹会非常方便，用移动设备也能轻松存取。

由于要与雇主分享部分文档，所以制作文档时请精心校对，确保专业且没有错误。表 13.2 列出了应该包含到求职文件夹中的项目。

表 13.2　求职文件夹

项目	说明
奖项	用来展示自己精通某种特殊技能
证书	用来展示自己精通某种特殊技能
填好的通用申请	一份填好的通用求职申请表，列出自己的基本信息

续表

项目	说明
身份证/驾照复印件	有效的身份证或其他带照片的ID复印件，驾照复印件是某些工作要求的
最近的车辆管理局记录复印件（假如职位要求）	用于证明安全驾驶记录
求职信（cover letter）	对自己进行简单、有趣的介绍，让人有兴趣继续看你的简历
专业资格证书	某些职位要求提供资格证书才能上岗
求职笔记本	三孔活页文件夹，将所有求职文档保存在一个可靠的地方
推荐信	用于证明个人工作经历和性格品质的一封专业的推荐信
专业网络名单	求职时可能用到的相关人士的一份名单
笔	方便随时做笔记
之前工作的绩效考核	良好绩效的证明文件
名片	求职时向相关人士散发，写有自己的联系方式
个人广告	用于协助面试的书面陈述
塑料插页	用于保存原件（原件不要打孔）
推荐人名单	愿意为你提供专业推荐的人员名单
简历	给雇主看的正式个人简历
小日历本	方便看日期
小笔记本	方便记笔记
写好草稿的感谢信	用于面试后的跟进
成绩单	证明自己教育情况的书面文件。原件和复印件都准备好。雇主可能要求看密封的原件
代表作品	用来展示你精通某种技能

许多和驾驶有关的职位都要求提供一份驾驶记录复印件。可从当地的车辆管理局（DMV）获取该记录。如果有不良驾驶记录，请到当地的车管局确认这一记录会保留多长时间。对于某些要求安全驾驶的工作，个人的不良驾驶记录可能会影响求职。和其他求职文件一样，提供驾驶记录时只需要提交复印件，原件留在求职文件夹中。

求职申请

应在求职文件夹里保存一份填写完整的通用求职申请，以便获取基本信息。如果有智能手机，可以为这个文档拍个照，存放到手机里以便参考。为了防范身份窃贼，任何求职申请都不要填写身份证号码以及生日。网上填写求职申请时，这些可能是必填字段。在这种情况下，请再三核实你访问的是安全网站。

　　求职申请是具备法律效力的文档。填好申请后，一定要仔细阅读完的细则之后再签字。通常，申请书最后都附有一项声明，表明应聘人员同意招聘方在必要时对其进行背景调查，包括查个人征信。必须充分理解招聘方进行背景调查的理由以及招聘过程中这些信息是如何使用的。如果不能完全理解申请书上的声明，就先弄清楚再签字。

　　雇主可能要求在填好申请后连同简历一起提交。如果只是提交**求职信（cover letter）**和**简历（résumé）**，可能需要在面试后填一份求职申请。可以在公司现场填写，也可以从招聘公司的网站下载申请，填完后在网上提交。提交的申请最好是手打的，如果无法打字，请用黑色签字笔填写。有的时候，网上提交完申请后，公司会要求做一次入职测试，详情将在第 15 章探讨。

推荐人和推荐信

列一份能证明个人工作经历以及性格品质的专业推荐人名单，以便雇主进行验证。名单不要放到简历中，而应单独列出来。除非雇主要求，否则不要将名单和简历一起投递。不过，应随时准备好名单的复印件，因为面试时可能要求你提供。可以请当前或之前的雇主、主管、同事、老师或者你当志工时组织的代表担任推荐人。但是，不可以让亲戚、朋友或社群的人担任推荐人，除非你和他们一起工作过，或者一起当过志工。

　　事先和准备列入名单的联系人沟通，看他们是否愿意担任你的推荐人。要求某人担任推荐人时，和他们分享你的求职细节，包括你的职业目标、目标雇主 / 职位以及目前的求职状态。确保名单上的每个人都能提供关于你的正面信息。至少列出三个推荐人，包括他们的名字、电话号码、地址、和你的关系、电子邮箱和邮寄地址。第 14 章讨论简历时提供了一个推荐人名单的例子（图 14.7）。

除了有好名声的推荐人，最好准备至少三封**推荐信**（letters of recommendation）。推荐信是能够证明你品德的人所写的书面证明。这些推荐信要在正式开始求职前准备好。推荐信需反映出你的工作技能、取得的成就和良好的人际沟通能力，而且时效不要超过一年。可以请现在或以前的雇主、同事、老师或以前当实习生／志愿者时的负责人为你写推荐信。一种常见的做法是让某人写一封正式推荐信，并把它作为个人推荐信使用。向别人请求写推荐信时，请详细说明自己的工作技能、成就或人际沟通技能。当他们写你的推荐信时，这些信息很有价值。为推荐人至少留出两周的时间来。如果可能，在有公司或个人抬头的信纸上写这封信。另外，请确保该信已注明日期并签名。收到信后，立即向推荐人发一封感谢信或者寄一些小礼物。

请推荐人在信中包含以下信息。

- 与你的个人关系、他／她为什么知道你有资格以及为什么要为你写推荐信。
- 说明你具备哪些技能以及它们对公司的好处（如果有的话，提供职业资格的相关信息或者证书副本）。
- 总结陈词，说明他／她推荐你的理由。
- 推荐人的联系方式。

除了定期更新简历，还要更新自己的推荐人名单。请确保推荐人和自己的目标职业有关。应当间或联系一下推荐人，确保他们仍然愿意担任你的推荐人。让这些人了解你的最新求职状况与职业目标。

> **想一想**
>
> 除了自己的老师，再想一个能够为你写个人推荐信的人。

获取招聘信息

获取招聘信息的渠道有很多。不要等着工作自动上门，而要积极主动地寻找。幸好，有许多招聘信息来源。最容易想到的就是直接从目标公司获取。经常访问公司网站或者个人拜访公司的 HR 部门以了解最新工作机会。雇主也经常在社交网络和求职网站发布招聘信息。如果不确定想去哪家公司，但知道想去哪个城市，直接在网上搜索"目标城市 职位"就好。也可以访问目标行业协会网站，他们可能会统一提供该行业的就业信息。经常检索网上的论坛和流行的招聘网站。将求职时可能要用到的网站记录下来。许多大城市和国家都为求职者设有一站式服务中心。这些由政府出资建立的机构旨在为求职者提供帮助，是求职者和当地雇主之间的联系纽带。其他招聘信息来源还有招聘会、报纸广告、行业期刊以及愿意为你内推的公司内部员工。

许多人只注意刊登出来的招聘信息，但其实许多职位并不公开招聘。需要通过自己的专业网络来获取这些信息。一般可通过自己的专业网络告诉别人你正在找工作，看他们是否能告诉你一些内部招聘信息。这个网络越大，找到好工作的机会越大。下一节将详细讨论如何建立和利用专业网络。

求职过程中，无论投递简历、网络会面，还是拜访某家公司确认有无空缺职位，只要和人见面，都应该像参加面试一样表现自己。穿职业装，独立前往，满怀自信，准备好电子版和纸质的求职/面试文件夹。我们将在第15章详细讨论面试文件夹。有时会遇到很多求职者，比如在招聘会上，要礼貌待人，展现自己的专业素养。不要打断其他求职者的讲话，那样会显得很粗鲁。应当首先向公司代表做自我介绍。在满怀信心地推销自己后，可以向公司代表咨询是否有自己能胜任的职位。在这种情况下，你的目的是从众人中脱颖而出，让招聘人员能够注意到自己的简历，并为自己争取到面试机会。公司有时会对求职者进行"现场面试"。因此，应当穿职业装并随身携带面试文件夹，表示自己是认真的。如果穿着随意，甚至还牵着小孩或朋友，会给招聘人员留下非常不专业的印象。

如果找不到招聘信息，就主动向心仪的公司寄送求职信和简历，传统邮寄方式还是电子邮件都可以。建议寄送两份资料，一份给人力资源部门的经理，一份给自己想要入职的部门的经理。寄送材料之前，请致电公司确保对方的姓名等信息无误。千万不要写错对方的姓名或搞错对方的性别。给同一家公司寄送两份简历能增加你获得面试的机会。目标部门的经理很可能会看你的简历并存档以备将来参考；人力资源部门的经理也会看你的简历，或许还能为你提供其他合适的工作机会。

　　实习是提高工作技能的绝佳方法，也有利于拓展自己的专业网络。实习是一种有偿或无偿的在职培训，可向潜在的雇主证明你能胜任特定的工作。许多大学都能帮助学生寻找实习机会。将实习看成是一场持续时间较长的面试，你的上级和同事要在此期间评估你的表现和专业素养。在实习期间，要负责向公司证明自己的价值。另外，利用实习机会拓展自己的专业网络。成功结束实习后，记得向雇主和/或同事索取推荐信。

> **说一说**
> 招聘会上的哪些行为能向招聘人员证明你是专业的合适人选？

> **说一说**
> 如何利用实习机会拓展自己的专业网络？

专业网络

根据美国劳工统计局的数据，超过 70% 的工作是通过网络找到的，尽管许多人估计这一数字会更高。因此，建立和维护专业网络对于事业成功很重要。**专业网络**（professional network）是主要出于业务目的而建立的一组人际关系。专业网络的打造是通过建立各种专业关系来进行的。**建立专业网络**（networking）的目的是让你拥有许多人力资源，你可以向他们寻求专业帮助或建议。虽然这里主要讲述如何利用专业网络达到求职的目的，但如第 6 章所述，专业网络也是用来和他人合作或协助他人的有效工具。

　　打造专业网络要求和人见面并说明需求。在求职的情况下，是告诉某人你正在找工作。理想情况下，那个人会通知其他人，其他人又通知更多人。这样，很快就有许多人知道你在找工作了。其中任何人知道一个潜在的职位，就会将信息反馈给你。图 13.1 是专业网络的一个概念图。

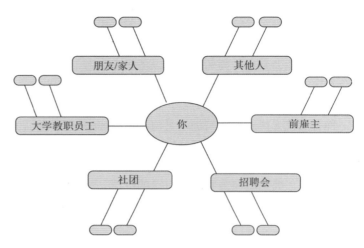

图 13.1 专业社交网络

专业网络在求职过程中非常重要。打造专业网络主要有两种方式。第一种是传统方式，即和人进行面对面交流。第二种则需要利用社交媒体。以传统方式打造专业网络时，应多结识已在目标公司就职的人或者他们的朋友，和他们交流。求职者有许多正式的机会可供拓展自己的专业网络，比如参加行业会议、服务性社团和研讨会等。此外，许多大学的就业中心还会和当地雇主共同举办一些活动，为学生提供拓展专业网络的机会。招聘会、志愿者协会以及商务展览都是扩展专业网络的极佳机会。打造专业网络的关键在于提前准备。这样便有足够的时间提高自己的沟通技能，增强自信心，并找出最适合自己的专业网络形式。许多大学招聘人员都喜欢在学生毕业前一年与他们会面。为求职而提前打造专业网络的学生就会利用这些机会展示出自己的组织、规划和战略能力，而这些能力都是招聘公司非常看重的。

建立并维护一个网络名单，在其中包含网络联系人的姓名、行业、电子邮件地址、传统邮寄地址和电话号码。将这个名单放到顺手的地方。

向积极帮你找工作的联系人提供个人最新简历的副本，并随时更新你找工作的最新进展。与网络中的联系人沟通时，要注意他们的时间安排。不要行事草率，不要惹恼他们。确保网络联系名单随时处于最新状态。找一个好用的数据库系统并坚持使用。大多数人都使用电子数据库，但也有些人喜欢传统地址簿。找到工作后，立即删除找工作的请求，并通知网络中积极帮你找工作的人。

几乎每个人都可以纳入你的专业网络，他们可以是你的同事、上司、老师、家人和朋友。

> **说一说**
>
> 哪种类型的网络列表（传统或电子）最适合你？为什么？

案例

出场人物：罗恩

场景说明：罗恩干了一年汽修工。在此期间，他掌握了许多新技能，学会了和汽修有关的最新技术，还拿到了一个学位。罗恩告诉上司和同事知道自己在过去一年都学到了哪些技能，接受了哪些教育，掌握了哪些技术，并将自己的职业目标告诉他们。然后，他又将同样的信息汇报给自己的家人和朋友。

> **主题讨论**
>
> 罗恩已经建立了一个专业社交网络吗？请解释你的答案。他应该如何拓展专业社交网络？

以传统方式打造专业网络时，记住一点：积极的态度是成功之关键。回顾本书前几章描述的和专业素养有关的知识。最主要的是自信，相信自己的能力。充满自信、积极从容地把自己介绍给陌生人。人会被积极向上的人吸引。面对面交流时，请穿职业装，因为第一印象非常重要。和他人见面时，将自己的名片递给对方。这张小卡片上有你的联系方式，包括姓名、邮寄/电邮地址和电话号码。向你遇到的任何人递名片是一个好习惯，尤其是在打造专业网络、与行业人员会面（informational interview）以及在大学参加就业辅导课的时候。这样可以使新认识的人在将来更容易记住并与你联系。名片是廉价且有价值的网络工具。设计名片时，确保其中包含所有相关的联系信息并反映出专业素养。使用易于阅读的字体，避免使用花哨的图片或太多字。简单即美。

在名片上简短介绍一下自己的专业技能。递出名片时，可要求对方也给你一张名片，这样就有机会采取下一步行动。可以更新自己的专业网络名单，录入名片上的信息。首先要从学习怎样和他人专业地握手、交换名片，多练习积极主动地介绍自己，展示自己的专业素养。在告诉他人的求职计划和基本情况之前，建议先问一下他的基本情况。可以和对方谈论他在哪里工作，具体什么职务，他喜欢的工作是什么。利用这段时间和对方建立起和谐融洽的关系。然后在合适的时候,告诉对方自己的求职计划和基本情况。在沟通的时候,要注意观察对方的肢体语言。如果对方对话题很感兴趣,就会直接和你有眼神交流,并且他的身体会朝向你。如果对方不想和你谈论太久,那么他可能会看向别处,或者将身体朝向其他地方。可根据这些线索来决定是继续和对方交谈,还是礼貌地告别,结束这次谈话。

正式的社交场所通常会提供食物和酒水,但除非已经和他人建立好人际关系,否则最好不要去拿。不要沉溺于食物和酒水,记住,自己的目的是与专业人士交流,而不是吃吃喝喝。最好不要喝酒。

和他人交流后,建议在 24 小时内给对方发送一条简短的消息,告诉对方你很高兴认识他。

练习 13.2

向最近遇到的。可以加入自己专业网络的人发一条短消息。

_____

_____

_____

还有其他许多打造专业网络的方法,比如成为社区组织的志愿者、当实习生和参与工作体验计划。美国人口普查局的一项研究发现,有志愿者经历的人找到工作的机率比没有这种经历的人高 27%。成为志愿者有机会结识各种组织里的人并了解到新的职位情报。如第 11 章所述,志愿者经历还能提升个人领导力、团建技能和沟通技能,更重要的是,能以这种方式回馈社区。除了直接联系公司以获得实习或工作机会外,还请利用校园职业资源中心。加入俱乐部和专业组织并积极参与。参加专业会议(不管大会还是小会)来结识目标行业的公司人员。利用这个机会来提升个人技能并拓展求职网络。做这些工作时,请像对待带薪工作一样。着装得体,使用正确的沟通技巧,高质量地完成工作,不要抱怨并且始终以专业的方式行事。保持社交性，但避免和别人牵涉过深。了解员工和公司/组织文化。表现出帮助解决问题和学习新技能的意愿。

现代科技提供了充分的社交媒体渠道，不仅可以帮你将简历发送到目标行业，还能帮你创建一个电子网络。领英和脸谱网是比较知名的专业社交网站，它们都为求职者提供了一些特殊的帮助。此外，还有许多行业专属的社交网站。使用社交网站求职时，确保你的信息是最新的，而且和你的简历上的信息一致。

自己的专业照片能发则发，因为社交媒体是一个看脸的地方。还有一种流行的做法是创建和发布自己的工作视频。工作视频的目的是通过视觉媒体推销个人技能。着装专业，练习并检查你要交流的内容（包括肢体语言），确保视频的独一无二。完成视频后，向自己信赖的朋友征求意见，而且仅在确定视频代表你的正面、专业的形象时才发布。如果觉得录视频不舒服，可考虑使用博客或播客这种形式的社交媒体。通过社交媒体共享个人信息时要谨慎，仅在有名望的网站上发布。

本节之前建议利用大学就业中心来建立和/或拓展专业网络。如今，大学就业指导中心提供了大量现代化求职资源，能做的事情比传统招聘会多得多。他们提供了工作咨询服务，包括模拟面试、职业评估、讲习班、网上活动以及和学校/地理位置对应的工作与面试信息。中心通常还向有资格的学生推送和职位有关的信息。

拓展专业网络的另一种方式是**与行业人员进行互动**（informational interview），直译就是信息面试，即为获取你想要的特定信息而和别人会面。具体地说，就是求职者为了了解特定职业、公司或行业而与行业人员的会面，你的目的并不是找工作。礼貌地预约，不要投递简历。与行业人员互动时，向其提出和目标职业、招聘和公司文化有关的问题。与行业人员会面并交谈，其实就是在拓展专业网络。发起这样的会面时，告诉对方你是谁，并说明会面的目的。告知对方你只是想了解行业信息。询问你是否能够花一点时间（通常 20 分钟左右）来讨论他们的职业和行业，并解答你和职业相关的问题。见面之前，研究一下对方所在企业，并准备好问题。见面时，仅提出你准备好的问题并遵守时间限制。如果

> **说一说**
> 建立网上人脉时，哪些信息适合（不适合）分享？

> **想一想**
> 你知道本地就业中心在哪里吗？是否利用了他们提供的资源？

是个人发起这样的会面，请穿职业装，带好自己的求职文件夹，以防对方要看你的简历。会面结束后，马上发一封感谢信。

练习 13.3

列举和行业人员会面时想问的问题。

_____

_____

_____

为商务和求职而建立网络是一项工作，如果做法得当，这项工作将带来巨大的好处。每过几个月就检查一下自己的专业网络列表。如果最近没有与某人联系，请和他/她打个招呼，分享你觉得可能对他/她有价值的行业信息或者让其了解你的职业与发展计划。建立网络时，勇敢地向联系人询问是否有其他能为你提供帮助的联系人。建立这个网络既有付出，也有收获。如果读到和行业相关的文章、参加了一场会议或者正在从事某个项目，而且这些内容和网络中的某人利益相关，就慷慨地共享信息，证明自己的价值。

保护隐私

求职过程中，难免会告知对方自己的一些个人信息。建议保持警惕，确保只向信誉良好的人透露自己的个人信息，否则身份信息可能会被盗取。如果正在申请某个公司的职位，但从来没有听说这个公司，那么请认真调查，确保是正规公司。正如我们之前讲到的，除非已被录用，否则不要告诉对方自己的生日或身份证号。

案例

出场人物：贾斯汀及麦当娜

场景说明：贾斯汀的朋友麦当娜在找工作。她在一个看起来正规的在线分类求职网站上找到一份工作。雇主要求她在网上提交一份简历。几天后,麦当娜收到一份邮件,通知她已被录用,只是还需提供一份个人征信复印件。尽管麦当娜很渴望这份工作,但还是觉得有点奇怪,于是她问贾斯汀怎么办。贾斯汀为此特意在网上查了一下该公司,但没有找到任何相关的信息。

主题讨论

麦当娜应该怎么做?

端正态度

通过本书,你学习到了如何在职场取得成功。在职业生涯中,保持积极态度的重要性怎么强调也不为过。求职过程中同样如此。求职时需要做很多工作,经常会产生挫败感。即使第一次求职尝试没有使你获得面试机会或被公司录用,也一定不要气馁。面临严峻的就业市场,可能要经过多次面试才能得到工作机会。在这个过渡时期,应保持健康的心态。求职过程中,请遵循以下建议。

1. **保持积极**：每天早上都要积极地肯定自我,大声告诉自己,你是一个才华横溢的杰出人士,值得拥有一份好工作(内心也要相信自己所说的)。态度会反应在行为上。在求职时,如果受到消极因素的影响,会让自己处于不利地位。

2. **保持主动**：列一个每天和每周必办事项清单。每天除了查看相关的求职网站,还要查看目标行业、协会以及公司的网站。安排时间进行行业和公司调研。求职本身也是一项工作。如果不希望自己在工作中成为一名绩效低下的员工,就从现在起将大部分时间用在求职上,从而养成良好的工作习惯。

3. **坚持学习**：利用求职的空余时间学习或培养新技能。除了定期进行行业和公司调研及每天检查目标职位外，还需要安排时间学习。学习一种对将来工作有帮助的技能。对于学习新技能而言，钱应当不是障碍。因为网上有许多免费教程。可考虑学习以下技能：计算机、写作或目标行业要求的特殊技能。

4. **保持联系**：人在灰心时，肯定不愿意和别人交往，这很自然。但是在求职时，最需要多联系别人。除了让专业网络上的人士了解自己最新的求职情况，还要考虑怎样和他们做进一步的交流。坚持参加行业的会议和活动、参加志愿者服务工作、安排时间和行内人士会面，从而拓展自己的网络。每天至少参加一次会议或一项活动。不要坐在家里等着电话铃响，而要每天都穿着职业装保持自己的专业形象，这有助于保持积极的态度。

5. **保持专注**：过渡时期要管理好自己的求职、个人健康和周边环境。坚持更新自己的日程表，安排好与求职相关的后续活动，从而管理好整个求职过程。由于求职是一个充满压力的过程，所以要采取健康的压力管理技巧予以应对，包括安排恰当的饮食结构，经常锻炼身体，开展积极的反省。除了求职，还需要将一部分时间用在自己感兴趣的事情上面。可考虑参加自己感兴趣的某个组织的志愿服务队，让自己的精神得到休息，建立新的人脉，同时还因为帮助他人而产生满足感。管理好自己的个人环境意味着你应当在个人财务上做出明智的选择。用钱时一定要小心谨慎。花钱时要想清楚，要避免情绪化消费。最后，选择和态度积极并支持你及你的决定的朋友在一起。

如果当前已经有工作但准备跳槽，建议不要让同事知道你正在找工作。如果将自己的上司列为推荐人，请务必让他事先知道你正在求职，并简单告诉他原因。找到新工作前，请不要辞掉现在的工作。同样，不要诋毁现在或以前的公司/同事。

职场中的要和不要

✓	✗
要将求职文件的原件保存到文件夹中	不要将自己的文档原件交给雇主，并天真地以为他们会归还给你
要列出一份专业社交网络名单，并不断更新上面的人员	不要让专业社交网络中的人讨厌你，不要不体谅他们的时间安排
要意识到有针对性地寻找工作是一件需要花费时间的事情	不要气馁（即使第一次求职尝试没有获得面试机会或被公司录用）
要从多种渠道获取招聘信息，包括专业网络、互联网、行业期刊等	不要单从一种渠道获取招聘信息

概念复习与运用

根据本章所学到的知识，完成以下练习。

- 进行"自我发现"，进行评估，甄别出最适合自己的职业。
- 创建一份正式的专业网络名单。
- 创建专业推荐人名单。

关键概念

- 求职意向书或个人简介是你通过自我发现而形成的对自己掌握的关键技能的一份简要陈述。
- 有针对地找工作不仅能帮你确定目标公司，还能帮你找到自己有资格申请的空缺职位。
- 求职期间，请确保自己有一个良好的网上形象。
- 打造专业网络是建立各种专业关系的一个过程。
- 除了和你认识的人建立联系，还可通过广泛的招聘信息获取渠道和更多的人建立联系。

- 制作求职文件夹有利于高效管理各种文档,为求职做好充分准备。
- 为雇主列出一份专业推荐人名单。

自测题:配对关键术语和定义

在"答案"栏中填写和关键术语配对的定义编号。

关键术语	答案	定义
生活成本		1. 求职者与行业人员会面,了解和特定职业、公司或行业有关的情况。
电子版求职文件夹		2. 根据职业目标而发现自己的主要兴趣和能力的过程。
与行业人员会面		3. 某个地方的住房、食品、服装等基本生活用品的平均费用。
求职文件夹		4. 由一个人出具的、用于证明某职位候选人有资格胜任某项工作的书面声明。
推荐信		5. 建立专业关系的过程。
网络名单		6. 以生动和具体的方式描述你取得的成就的一系列动作动词。
建立专业网络		7. 确定想要工作的目标公司,同时寻找自己有资格申请的空缺职位的一种过程。
着重词		8. 包含所有求职文档电子版的一个文件夹。
专业网络		9. 包含所有专业网络联系人姓名、行业、地址和电话号码的一个名单
自我发现		10. 求职要用到的文书集合
针对性地找工作		11. 主要出于业务目的而建立的一组关系

换位思考:如果你是老板……

1. 如果员工在开会时发送私人短信,你会怎么处理?
2. 许多员工在部门开会时或公司发生重大事件时都会拍照或录像。对此,你是否担心?为什么?作为老板,会怎么做?

活动

1. 作为行业人员，在和求职者会面时你会为对方提供哪些信息？
2. 如果发现一个排名靠前的面试候选人的网站很不专业，你会怎么做？

活动 13.1

完成以下成就表。每个问题都用着重词来回答。尽量量化自己的回答，比如几个、频率、多少等。即使有的问题回答不上来也没有关系。将受教育和非工作经历（比如志工）也包括进来。

问题	回答
1. 哪些和职业相关的活动让你最自豪？	
2. 列出工作或学习中取得的成就。	
3. 列出自己完成的工作或职业规划任务。	
4. 这些任务的结果怎么样？（包括求职文件夹的例子）	
5. 列出三个已完成的项目，证明你完成任务的能力。	
6. 举一个你和别人成功合作的具体例子。	
7. 人生中还有哪些成就让你感到自豪？	
8. 列出你参加过的业余活动和志愿者工作。	
9. 列出自己的特殊技能或者会说/写的外语。	
10. 列出自己感兴趣的领域。	

活动 13.2

访问 ONET 或其他网上资源，找出符合个人职业目标和当前职业资格的三个具体职位。

1. _____
2. _____
3. _____

活动 13.3

利用你从成就表、职业评估和实际工作调研获取的信息完成以下表格来创建一份求职意向书。

	举例	关键消息
目标职位	入门级活动策划人	
主要技能	有条理，有创意，注重细节	
职业资格	市场营销和综合类商务专业；双语（中英文）客服经历	
职业意向书	有条理、有创意，寻求入门级活动策划人职位。双语（中英文）客服经历，市场营销和综合类商务专业	

根据成就表中的信息和兴趣分析结果，评估目标职业是否支持你在第 1 章创建的人生规划。如果不支持，需要对个人，教育和/或职业目标进行哪些修改？

活动 13.4

汇集表 13.2 的各项内容，将相关文档放到一个活页文件夹中。

活动 13.5

完成一份空白职位申请，只是不要加上个人签名。将该文档放到求职文件夹中。

活动 13.6

列出在挑选合适的推荐人时应考虑的三个问题。

活动 13.7

完成以下推荐人名单。这些信息将成为第 14 章要创建的求职文件夹和简历的一部分。

你的姓名： 地址： 城市，邮编： 联系电话： E-mail:	
姓名	
雇主/关系	
电话	
E-mail	
地址	
姓名	
雇主/关系	
电话	
E-mail	
地址	
姓名	
雇主/关系	
电话	
E-mail	
地址	

活动 13.8

利用下表创建专业网络名单（该文档将成为求职文件夹的一部分）。

网络名单				
姓名	地址	电话号码	电子邮件地址	上次联系时间

活动 13.9

为自己设计一张个人商业名片（将成为求职文件夹的一部分）。

活动 13.10

列举在和行业人员会面时要咨询的 5 个问题。

1.
2.
3.
4.
5.

第 13 章　学有所成・笔记

第 14 章

简历包

准确 • 动人 • 高效

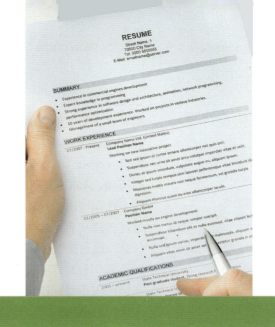

学习目标

- 制作一个强大的简历包
- 写明求职意向和个人简介
- 利用着重词和可量化的结果来反映个人成就与经历
- 理解高效投递简历的技巧
- 写好求职信
- 理解为目标行业和雇主定制简历包的方法
- 处理好特殊情况和空窗期

个人自测：简历

测试简历的专业知识	是	否
1. 在当今电子时代，已经没必要再使用纸质简历了。	☐	☐
2. 所有简历都要写明职业目标。	☐	☐
3. 某些特殊的技能（比如精通双语或服过兵役）可能导致歧视，因此不能列入简历。	☐	☐
4. 创建简历时，最好使用一个字处理简历模板。	☐	☐
5. 简历上有工作空白期的人可以虚构一份工作来填补空白。	☐	☐

▶ 如果上述问题有两个或更多的肯定回答，说明应当充分利用本章介绍的信息和工具来创建并利用一份更有优势的简历。

创建简历包

招聘方在面试你之前,首先看的是个人申请材料。传统意义上,申请材料被统称为简历包(résumé package),其中包括简历(résumé)和求职信(cover letter)。虽然许多雇主只允许网上申请,从而可能不需要简历和/或求职信,但每个求职者都需要有一份正式的简历和求职信。雇主在你申请的过程中会要求一些信息,而你创建的简历包正是基础。通过创建高质量的简历包,求职者将获得适合个人的、简练的和准确的信息,这些信息可用于任何求职场景。

简历包需卓有成效地推销自己的技能,并说明你的一些独特品质,强调相较于目标职位其他竞争者的优势。简历(résumé)是向潜在的雇主展现自己的知识、技能以及能力的一份正式书面文件。简历是求职的重要工具,应在求职之前创建好,且应在自己的生涯中保持更新。即使目前不急于找新工作,但总有一天会需要一份最新的简历。不要临阵磨枪。及时在简历中更新个人新获得的工作技能、成就和经历。

开始创建个人简历时,很快就会发现有多种简历类型和简历格式可供选择。至于一份完美的简历应该是什么样子的及又该包括哪些内容,你可能听到相互矛盾的建议。这时,应当根据自己的工作经历来决定适当的简历类型。一份好的简历能够让潜在雇主快速而方便地识别出你的技能和工作经历。

本章将介绍一些创建专业简历和求职信的工具。在创建个人简历包的过程中,应保证简历上的每一个字都能展现出你拥有的技能和取得的职业成就。创建一份优秀的简历有 5 个步骤。

1. 收集信息。
2. 创建信息标题并采用合适的布局。
3. 写一篇技能摘要或个人简介。
4. 插入技能、成就和经历。
5. 审校完成的简历。

第 1 步：收集信息

创建简历的第一步是创建含有关键标题的一份草稿。这需要收集所有相关信息，并将其融入一份文档。明确以下信息并将其归入一份电子文档中。

- **教育**：列出学校、学位、证书、文凭、GPA、许可证以及其他和教育相关的信息，包括服兵役的经历。每一项都加上日期。
- **技能**：从完整的成就工作表（第 13 章的活动 13.1）中列出你所掌握和被认证的所有技能。
- **工作经历**：按时间逆序列出，最近的工作经历最先列出。列出雇主、起始日期（年月）、职位和职责。
- **语言**：列出你所掌握的所有外语以及掌握程度，具体说明该语言的听、说、读、写能力。
- **荣誉和奖项**：列出在学校、工作或社区获得的所有荣誉和奖项。
- **专业/社区活动项目**：列出你参加的志愿者活动和社区服务项目，写明你在这些活动中是否担任领导职务。

整合简历中包含的信息时，注意不要泄露任何个人信息。个人信息（包括出生日期、身份证号、婚姻/女子状况、种族、宗教等）不要包含在简历中。同样，列出自己的嗜好或图片也是不恰当的。法律规定，员工在雇用和晋升过程中不应受到歧视。除非个人信息与申请的职位相关，否则雇主不能索要这些信息。第 15 章会进一步阐述这个问题。年纪较大的求职者在简历中不应写明自己的毕业日期，因为这可能会造成年龄歧视。

第 2 步：创建信息标题并采用合适的布局

为了创建一份优秀的简历，第 2 步是撰写电子文档。首先以合适的简历布局来列出个人联系信息。简历顶部的区域称为**信息标题**（information heading），其中包含联系方式，包括姓名、邮寄地址（省、市、邮编等）、联系电话和电子邮件地址。注意，要将姓名写完整，包括中间名（如果有的话）。在文档中输入电子邮件地址时，取消自动生成的超链接。如果目前的 E-Mail 地址看起来不专业，就找一个专业的。联系电话只留一个，并设置专业的语音信箱问候语。最后检查信息标题是否完整，拼写和语法是否正确,内容是否准确。写清楚街道地址,比如使用了缩写,检查格式、大小写和标点符号。

创建好信息标题后,就要选择简历的布局。在职业生涯刚开始而且/或者没有太多工作经历的时候,应该使用功能型简历布局。这种布局在你缺乏工作经验的情况下强调了相关技能以及教育背景。写功能型简历时,在第一节包含将在第 3 步创建的技能摘要。然后在第二节列出相关技能和教育背景。注意,仅在大学尚未毕业的前提下才列出高中学历。最后一节列出工作经历。大多数功能型简历仅一页。图 14.1 展示了**功能型简历布局**(functional résumé layout)。图 14.2 和图 14.3 分别是有和没有相关工作经历的功能型简历的例子。

YOUR NAME (16 point, bold)
Your Address (12 or 14 point, bold) ■ City, State, Zip
■ **Phone Number** (Give only one number and include area code)
Email Address (Remove hyperlink)

Horizontal line optional, weight varies

SKILLS SUMMARY
Headings can be on the left or centered, 12- or 14-point font, and uppercase or initial cap, but should be formatted consistently throughout the résumé. Keep spacing equal between each section

QUALIFICATIONS (OR SKILLS)
- Relate to target job, use job-related skills and transferable skills
- Most relative to the job are listed first
- Bullet (small round or small square only) these items to stand out

EDUCATION
You may list before qualifications
List schools in chronological order, most recent attended first
Do not list high school if you graduated from college (if listed, do not include dates)
Include the years attended college or pending graduation date

WORK EXPERIENCE
Name of Company and City, State—No Addresses
Job title, dates employed (month, year)
List the jobs in chronological order with most recent first
List the duties, responsibilities, and achievements and be consistent in your setup by using same tense throughout (-ed or -ing)

OTHER CAPABILITIES
Optional items in this section such as honors or awards may not be directly related to the job but may interest the employer.

小节标题可以左对齐或居中,采用 12 或 14 磅字号,全大写或首字母大写都可以。简历中的标题样式要一致。每个段落段前空和段后空要一致。

重点突出技能和教育经历,然后才列出工作经历。

- 注意句点,逗号和拼写。
- 所有日期要对齐,格式要一致。
- 只用一页篇幅。
- 用常规字体的 12 磅字号(标题除外),不要加颜色。
- 用简历格式,不要用任何深色或者彩色。
- 不要用完整的句子,也不要用"我"字打头。
- 推荐人可以不必在此列出,可以附页列出。

图 14.1 功能型简历布局

Cory S. Kringle
4 Success Lane, Fresno, CA 93702
555-123-4567
ckringle15@careersuccess.job

SKILLS SUMMARY

Highly motivated and positive person seeking to obtain a position as an Office Professional with Roxy's Clothing Company that will enable me to utilize my current customer service skills and office assistant education.

QUALIFICATIONS

- Type 50 wpm with 97% accuracy
- Intermediate skills using Microsoft Word, Excel, Access, PowerPoint, and Outlook
- Accurately proofread and edit documents
- Knowledge in records management; traditional and computerized
- Positive telephone skills
- Excellent oral and written communications skills
- Positive attitude, motivated, and organized
- Excellent and positive customer service skills

EDUCATION

2013–2015 Fresno Community College Fresno, CA
Associate of Art Degree, Business & Technology
Office Professional Certificate
GPA 3.9, Dean's list

Courses

- Working Relations
- Business English
- Records Management (traditional and computerized)
- Today's Office
- Document Processing using Microsoft Word
- Computer Applications using Microsoft Office

EXPERIENCE

06/2013–present Fine Linens by Jen Fresno, CA

Cashier

Provide customer service including cashiering and returns in a busy setting, serving an average of 200 customers a day. Assist team of 7 with inventory, processing and placing merchandise on the floor, helping return go backs, stocking of merchandise in back/stockroom, and training new hires.

图 14.2

无相关工作经历的功能型简历

Professionalism: Skills for Workplace Success

CORY S. KRINGLE
4 Success Lane ▼ Fresno, CA 93702 ▲ 555-123-4567 ▼
ckringle15@careersuccess.job

SKILLS SUMMARY

Newly licensed and motivated utility technician professional seeking an entry-level gas utility position. With training in mechanical aptitude and schematic reading I am ready to be a part of the success at Great Utility Company.

KEY SKILLS AND QUALIFICATIONS

- Computer literacy and applications including MS Word and Excel
- Knowledge and practice in mapping and schematic reading
- Certification in gas theory, principles, and technical skills
- Practice using occupational safety, health, and environmental concerns
- Introduction to electronics and industrial mechanics
- Highly ethical
- Responsible
- Detail oriented
- Excellent communication skills
- Knowledgeable of governmental regulations and safety standards

EDUCATION AND CERTIFICATIONS

Yu Technical College, Meadville, CA   12/15
Associate of Science Degree—Utility Technician

WORK HISTORY

Gas Apprentice—residential wiring   8/15–12/15
Pennsylvania Local #7777, Meadville, CA
Under the direction of a journeyman, worked indoors and outdoors with gas lines. Checked for gas leaks, repaired gas lines, and installed and connected gas lines for both residential and industrial sites. Read meters, installed meters, and adjusted meters. Tested electrical systems and continuity of wiring, equipment, and fixtures utilizing current technologies.

Grocery Clerk/Assistant Butcher
Great Foods, Meadville, CA   5/13–8/15
Assisted three butchers in meat department weighing, pricing, and wrapping products. Cut and prepared product for cases. Applied excellent customer service in taking and filling orders. Served as cashier and front duties when necessary. Cleaned and secured area for store closing.

图 14.3

有相关工作经历的功能型简历

有丰富工作经验的人应使用**高级技能集简历布局**（advanced skill set layout）。这种布局能最好地强调、传达和推销特定的工作技能与工作成就。采用该布局，技能摘要将由第 3 步写的个人简介取代。个人简介强调了核心技能集。这些技能集将被用作专业经历标题的副标题。个人简介之后紧接着的就是这些描述专业经历的小节。写个人简介时，要包含目标雇主所期望的关键技能与品质。在每个副标题下，都详细说明相关工作经历、具体技能、重要活动和重大成就。

针对工作经历中列出的每个职位，列出个人成就和职责。在专业经历后，列出个人教育和工作经历。如有必要，简历可以加一页篇幅。图 14.4 展示了高级技能集简历布局。图 14.5 是一个具体的例子。

YOUR NAME (16 point, bold—include middle initial)
Address (12 or 14 point, bold) ■ City, State Zip ■ Phone Number (Give only one number and include area code)
E-Mail Address (Remove hyperlink)

PERSONAL PROFILE:

> 小节标题可以左对齐或者居中。12 磅、全大写或者首字母大写整个简历中的标题样式要一致。每个段落的段前空和段后空要一样。

In a three- to four-sentence statement, insert key skills and accomplishments related to the target job. Group key skill sets into categories that will be used as skill set subheadings in the Professional Experience section. Include key qualities you possess required for the target job.

PROFESSIONAL EXPERIENCE:

First Skill Set Subheading

> 个人简历中的技能按类别列出，以小标题的形式。在每个技能类别下，列出各项技能、经历和成就。在高级技能集简历中，能突出专业技能的工作经历要列在教育经历和其他工作经历之前。

- Communicate experience and key accomplishments relating to your first skill set subheading
- Using power words, quantify as much as possible
- Include duties, responsibilities, and achievements

Second Skill Set Subheading

- Communicate experience and key accomplishments related to your second skill set subheading
- Accomplishments and experience most relative to target job are listed first
- Communicate both job-related and transferable skills

Third Skill Set Subheading

- Communicate experience and key accomplishments related to your third skill set subheading
- Use consistent tense for statements (-ing for present tense, -ed for past tense)
- Do not use *I, me,* or *my*
- Complete sentences are not necessary

WORK HISTORY:

Name of Company, City, State (do not include address)　　　　Dates Employed (month & year)
Job Title (bold the job title, NOT the employer)
List jobs in reverse chronological order

> 通读、检查标点和拼写是否正确。高级技能集简历可以为一到两页。如果超过一页，可以把名字放在第二页上方。不要用彩色或者图片这一类花哨的东西。项目符号和日期的对齐方式要一致。

EDUCATION AND LICENSES:

Degree
College, City, State (do not include address)　　　　　　　　Date Degree Awarded (month & year)
License, State, or Organization Awarding Certification　　　　　Date of Award (month & year)
Degree College, City, State (do not include address)　　　　　Date Degree Awarded (month & year)

PROFESSIONAL AFFILIATIONS/CERTIFICATIONS:

Name of Organization, status (member, officer, etc.)　　　　　Dates of Membership
Certification, Certifying Organization　　　　　　　　　　　　Date of Certification
Volunteer or Service Activities　　　　　　　　　　　　　　　Dates of Service (month & year)

图 14.4 高级技能集简历示例

CORY S. KRINGLE

4 Success Lane ■ Fresno, CA 93702 ■ 555-123-4567 ■ ckringle15@careersuccess.job

PERSONAL PROFILE

Results- and efficiency-focused professional with experience in sales/vendor relations, inventory/warehousing, and management/supervision. Proven ability in relationship management with demonstrated and consistent increase in sales over a five-year period. Inventory expertise includes streamlined operations, improved productivity, and favorable inventory ratio utilization for wholesale food supplier. Management ability to create goal-driven teams, groom leaders, and facilitate the creation of a learning organization.

PROFESSIONAL EXPERIENCE

Customer Service Orientation ■ Innovative RiskTaker ■ Excellent Quantitative Skills Purchasing, Inventory Planning, & Control ■ Supply Chain Management ■ Warehouse Operations ■ Process Improvement ■ Cost Containment ■ Hiring, Staffing & Scheduling Safety Training ■ Excellent Computer Knowledge

Sales/Vendor Relations

- Through the establishment of vendor relationships, schedule product installations, exchanges, buy-backs or removals of equipment or other assets including supplier networks and agent contacts in order to meet customer expectations for private soda company, have grown sales territory from a two-county area to (highly profitable) tri-state contract area over four-year period.
- Source and facilitate delivery of product (e.g., beverage equipment, parts, point of sale material, return of assets) for retail suppliers. Sales complaints are consistently under 5% per year, while sales volume and customer satisfaction rates are the highest of all national sales teams and consistently continue to grow.
- Research and resolve issues for customers, business partners, and company associates in order to expedite service, installations, and/or orders utilizing information systems and working with 12 regional supply chain partners.
- Create and maintain partnerships with customers, clients, or third-party service providers (e.g., contract service/installation agents, distributors) by establishing common goals, objectives, and performance target requirements in order to improve customer service and satisfaction (which is currently 98.7%) for clients that are my direct responsibility.
- Developed troubleshooting equipment process which allows retail suppliers to receive immediate response on service issues (e.g., beverage vending, dispensing) via telephone or Internet to minimize customer down time and service cost.

图 14.5

高级技能集简历布局

说一说

哪种简历布局最适合你的现状？为什么？

　　两种简历布局都应按时间逆序列出自己的就业经历和教育经历（最近的最先列出）。列举工作经历时，加粗显示自己的职位，而不要加粗工作地点。列举工作时间时，只需写明年、月。简历中的日期格式应保持一致。

　　确定了适合自己现状的简历布局后，在电子文档中用正确的简历布局录入第 1 步整理的信息。不要依赖任何简历模板，它们难以更新和修改，而且没什么个性。

第3步：写一篇技能摘要或个人简介

无论求职还是创建一份有胜算的简历，最基本的就是写好技能摘要或个人简介。**技能摘要**（skills summary）是无工作经验或工作经验较少的求职者创建的一份介绍性书面陈述，用于功能型简历。总结性陈述替代了传统的一句话职业目标，在简短的陈述中囊括了求职者的知识和技能，传达了他/她的职业目标，同时强调了个人为未来的雇主带来的价值。**个人简介**（personal profile）是由具备目标职业相关专业经验的个人创建的一份介绍性书面陈述，用于高级技能集简历。技能摘要或个人资料是简历的信息标题之后列出的第一项。

雇主很少花时间看完整份简历，大部分时间都花在了简历顶部。好的摘要或个人简介会使你的简历个性鲜明，更吸引人。第13章已完成了成就表和职业评估，从中提炼的内容将基于你当前的知识、技能和能力，为当前的职业目标提供一个针对性的摘要。

根据自己选择的简历布局，这种信息的标题要么是"技能摘要"，要么是"个人简介"。要根据申请的雇主和职位来针对性地写技能摘要或个人简介，从而增大被雇用的机会。技能摘要或个人简介是简历上唯一允许使用"我"和"我的"这两个词的地方。

无工作经验或工作经验较少的使用技能摘要。写技能摘要时，用一两句话说明目标职位、雇主和关键技能/经验。

技能摘要示例

- 技能摘要："作为一个积极性高、乐观向上的人，我申请获得爱马仕的市场主管助理职位，这使我能利用当前掌握的客户服务技能和办公室助理教育资历。"
- 技能摘要："我申请获得 Healthcorp 的 Medical Assistant Clinician 职位，我将在此职位上证明并提升自己的医学辅助技能，例如药理、实验室和诊断程序。"

具有丰富工作经历的人使用个人简介。创建个人简介时，整理好自己的关键技能和成就，并做好分类。另外，目标职位要求的关键品质应着重强调。将这些信息归纳为两三句话，以一种能把个人知识、技能和能力推销出去的方式，让人一眼就明白你的专业资格。

个人简介示例

个人简介：高度专业和注重细节的会计专业人员，在薪资、收款和项目管理领域表现出领导力和成功。具备出色的分析、沟通、计算机和组织能力。掌握英语/西班牙语（听、说、读、写）。

练习 14.1

写一份技能摘要或个人简介的草稿。
_____
_____
_____

第 4 步：插入技能、成就和经历

一旦用合适的布局整理好个人资料并插入技能摘要或个人简介，就可以开始完善技能、工作经历和专业成就了。首先列出和目标职位相关的技能。提及常规职场技能时要具体。例如，"计算机技能"过于笼统，它下面还有许多不同的领域，例如网络、编程、应用、数据处理和/或维修。雇主需要知道你拥有哪些具体的计算机技能以及使用特定软件时的熟练程度（例如基础、中级或高级）。

　　工作经历包括在从事有偿、无偿和志愿工作时学到的技能、职责与成就。介绍工作经历时，请列出职位、公司名称、城市、州/省和职责。一定不要说"我负责……"。相反，列出具体成就。成就是职责之外的活动。不要想当然地以为别人知道你做了什么。尽可能量化与个人技能、职责和专业成就相关的结果。例如，假定你的职责包括与他人合作，就在职责一栏中填写"与 12 人的团队合作，每天帮助 350 多名客户"。

在电子文档中插入专业成就和职责时，注意包括自己掌握的以下技能：工作专属技能、可迁移技能以及软技能。其中，**工作专属技能**（job-specific skill）是和特定工作或行业直接相关的技能。换职业后，工作专属技能就没什么用了。例如，如果你是一名医疗记账师，学会了如何使用行业软件（例如 Medical Manager），那么转行成为小学老师后，这种技能就用不上了。

可迁移的技能（transferable skill）是可以从一个工作迁移到下一个工作的技能。换职业后，这些技能仍有用武之地。例如，假定你学会了如何将数据录入计算机以进行计费。以后成为小学老师并需汇报学生数据时，这种用键盘录入数据的技能仍然有用。如果会说一门外语，这就是一种特别出色的可迁移技能。如果你是双语人士（会说或者写一门外语），务必在简历中注明，告诉雇主你会读、写或者只会说一门外语。

软技能（soft skill）是指与人共事时需要具备的交际能力。每个雇主都希望自己的员工可靠、善于团队合作、能进行良好沟通并能与其他人和睦相处。

以上三种技能都是雇主希望员工拥有的，所以务必在简历中列出所有这些技能。

简历一般不包含完整的句子。相反，它的目的是推销个人技能、资格和工作经验。所以，除了技能摘要或个人简介，不要在别的地方使用"我"和"我的"这样的说法。

练习 14.2

尽可能多列出自己掌握的工作专属技能、可转换的技能和软技能。如果没有工作经历，可以列出通过上学或志愿者工作而掌握的工作技能。

_____

_____

_____

练习 14.3

参考活动 13.1 完成的成就表。从中选几个转换为使用着重词的陈述句。尽量量化。

_____

_____

_____

组织技能和工作经历时，应当首先列出目标职位所需的关键技能。用充满激情的话展示自己的技能、经历和成就。注意，要使用动作动词（也称为着重词），以生动和具体的方式描述你的成就。例如：

不要说："我启动了一个新的应收账款系统"，

而应说："开发了一个新的应收账款系统，使资金周转周期缩短 20%"。

不要说："更新了电子医疗记录"，

而应说："将 5 人诊室的纸质医疗文件转换为电子版"。

表 13.1 列举了一些着重词，表 14.1 则是一些示例陈述。使用着重词来陈述时，请尽可能量化个人成就。

表 14.1 着重句

帮助 _____ 准备、烹饪、装饰和准备食物。
Assisted in preparing, cooking, garnishing, and presenting food for _____

为 _____ 检查进料质量和维护库存。
Inspected quality of incoming supplies and maintained inventory for _____

建立并维持与 _____ 的积极而高效的工作关系。
Established and maintained positive and effective working relationships with _____

参与 _____ 的订购、维护和培训。
Ordered, maintained, and trained in the use of _____

续表

掌握 _____ 软件的使用。
Knowledgeable of _____ software

为 _____ 记录病历和生命体征。
Recorded patient history and vitals for _____

为 _____ 清洗和消毒器械，并处理受污染用品。
Cleaned and sterilized instruments and disposed of contaminated supplies for _____

为 _____ 建立网站。
Built website for _____

为 _____ 开发技术协议。
Developed technology protocols for _____

誊写在 _____ 中用到的副本。
Wrote copy that was utilized in _____

为 _____ 设计新的品牌识别。
Designed new brand identity for _____

为 _____ 评估代码并更新现有网站。
Evaluated code to update existing site for _____

分析、规划并修复 _____。
Analyzed, planned, and repaired _____

准备并处理 _____。
Prepared and processed _____

为 _____ 组织并维护记录。
Organized and maintained records for _____

为 _____ 起草并录入商务信函。
Drafted and typed business correspondence for _____

排班并配送 _____。
Scheduled and distributed _____

第 5 步：审校完成的简历

简历收尾之前，确保已添加了第 1 步～第 4 步整理的所有必要信息。收尾时，核查容易遗漏或者陈述不清的信息。确保顶部的信息标题包含完整联系方式。

仔细评估技能摘要或个人简介，确保它清楚描述了你是一个什么样的人，吸引读者具体了解你的知识、技能、能力以及重大工作成就。

第 2 步确定了最适合自己当前情况的简历布局（功能型或高级技能集）。请参考示例简历检查标题顺序是否正确。确定工作和教育经历是按时间顺序反方向排列（近的靠前）。保持格式一致，检查每个句子末尾的句号、行间距、日期排布、日期格式、粗体/斜体、单词大小写、下划线等等格式。如果是英文简历，注意动词时态的一致（如进行时或过去时），同时注意所在州的名称缩写（例如，要写成 CA，不能写成 Ca.、Ca 或 C.A.）。最后，检查拼写并校对文档，保证没有打字错误或者不一致的地方。

可用下划线、粗体或斜体进行强调，但不能滥用。不要在简历中通篇使用项目符号，仅在强调关键内容时才使用，而且只使用小圆点或方块符号。使用容易阅读的字体和字号。英文通常用 Times New Roman 或 Arial 字体。除了信息标题中的姓名，不要使用超过两种不同的字号，而且不要小于 11 磅或大于 14 磅。除非在图形设计行业，否则不要在简历中使用彩色字体、加亮或者图片；只使用黑色字。简历最后不要画蛇添足地写一句"推荐人备索"（References Available Upon Request）。专业推荐人应单独用一张纸列出，仅在要求时才提供。参考第 13 章了解专业推荐人名单的正确格式。

一旦检查完简历，确保了其专业性，没有任何错误，也没有包含任何不必要或不恰当的信息，就用黑色墨水，用 8.5×11 英寸（21.59×27.94

厘米）的信纸规格或者 A4 规格打印出来。不要选择双面打印。如简历不止一页，记得在第一页之后的每一页顶端都写上自己的姓名。纸张的选择要注意，优先高品质的 70 克棉纸（不要用铜版纸）。彩色纸张，特别是深色纸，既不利于阅读，也不利于复印。不要使用任何花里胡哨的纸张，也不要打孔装订。另外，由于简历经常需要单独复印，所以不要将简历和其他求职文件装订到一起。

　　完成了简历，并认为可以开始投递时，可以找几个你信任的人检查一下，确认其意思清楚、表达一致、标点符号/语法/打字没有错误。记住，没必要使用完整句。除了在描述自己的职业目标的时候，不要使用"我"或"我的"等词语。简历应给人留下积极、专业的印象，且通顺流畅。

投简历

准备向潜在的雇主或自己专业网络中的人投简历时，可选择投纸质简历（传统的硬拷贝），也可以投电子版（通过互联网）。

　　传统形式的简历包含需要与所有潜在雇主共享的关键信息。通过互联网共享简历时，请确保其中包含与你的目标职位相关的关键词。雇主和求职公告板一般将电子版简历录入某个数据库或简历跟踪系统，招聘人员可根据与他们要填补的职位相匹配的关键词和短语来搜索潜在的应聘者。在线投简历时，可能要从传统形式的简历中拷贝并粘贴内容，而这可能造成格式的丢失。但不必担心，这一过程无需考虑视觉上的吸引力。只是将个人资料录入数据库而已。重点在于用好与目标职位相关的关键词和短语，简明扼要地推销个人技能并量化个人成就。

练习 14.4

圈出以下简历中不一致和有错的地方。

1100 EAST FAVOR AVENUE • POSTVILLE, PA 16722
PHONE (555) 698-2222 - E-MAIL AERIE@PBCC.COM

AMANDA J. ERIE

OBJECTIVE

Seeking a position as an Administrative Assistant where I can utilize my office skills to better my career

SUMMARY OF QUALIFICATIONS

- Computer software skills include Microsoft Word, Excel, Outlook, Access, and Power point
- Knowledge of Multi-line telephone system, filing, data entry, formatting of documents and reports, and operation of office equipment.
- Excellent interpersonal skills and polished office etiquette.
- written and oral communication skills
- Typing skills
- Bilingual

EDUCATION

Reese Community College, Postville, PA Currently pursuing AA Degree in Office Occupations.

Calvin Institute of Technology, Cambridge, OH Office Technology Certificate Spring 2010

WORK AND VOLUNTEER EXPERIENCE

01/11 – Present　　　　*Rigal Entertainment Group*　　　　Postville, CA
Usher – Responsible for ensuring payment of services. Answer customer inquiries. Collect and count ticket stubs.

11/07 – 02/09　　　　Lablaws　　　　Cambridge, OH
Cashier – Operated cash register, stocking, assisting customers

Jan/07 – 04/07　　　　Jolene's Diner　　　　Cambridge, OH
Server – Provided customer service by waiting tables, cleaned, and operated cash register

传统简历通过互联网发送时，要注意的第二个问题是将其作为附件发送以保留格式。作为附件发送的简历最好采用 PDF 格式，使简历格式得以完整保留。另外，即使对方使用的字处理软件和你的不同，也能正常打开并阅读文件。

许多大学和就业指导中心现在都提供了电子求职公告板（job board），学生可上传其简历供招聘人员和雇主查看。记得利用这种宝贵的资源。还有许多行业专属的求职公告板。共享电子简历的另一种方式是通过社交媒体网站。一定要将资料发给有效的企业网站，而不是发给个人网站。和传统求职方式一样，需要跟踪和记录和你的在线求职相关的所有活动。

如前所述，网上投递的简历一般会被录入数据库，并自动扫描其中的关键字以匹配当前招聘之职位所要求的资格与技能。所以，一定不要掉以轻心，一定要在简历中包含和目标职位相关的关键词。这样能显著增加个人简历与目标职位相匹配的可能性。

在网上投简历时，请注明日期，并每隔两三个月更新一次。许多雇主并不会看半年前的简历。和硬拷贝的简历一样，保护好个人的身份资料，不要透露任何个人信息，包括婚姻状况、生日或身份证号。

求职信

雇主对应聘者的第一印象往往来自求职信。**求职信（cover letter）**是对个人简历的一个简单介绍，雇主通常根据它进行初步筛选。即使只在网上求职，也要创建一封求职信，并将其主体作为你发送的电子邮件的主要内容。内容要贴切，在其中包含你在对目标公司和职位进行调研时发现的信息。

撰写求职信时，语调要友好且专业。使用完整的句子和正确的语法。求职信的目标是解释为什么你的关键技能、经历以及成就能满足招聘方的要求。

基本求职信包含三个段落。第一段说明求职信的目的、申请的具体职位以及你如何得知该职位。如果在目标公司内部有联系人，请附上其姓名，并解释他/她是如何通知你有空缺职位的。用一句话概括为什你对此职位感兴趣和/或有资格。最后，分享你对企业感兴趣的原因，说明你调研职位和/或雇主后得到的结果。

第二段引用作为附件的简历，强调你具备目标职位所要求的技能和资格。总结一下个人关键技能和资格如何满足雇主的要求。表达的是你能为企业提供什么，而不是想从企业获得什么。不要重复简历中列出的内容；相反，要强调个人经验和关键技能。

虽然求职信允许使用"我""我的"等词语，但要注意的是，不要大多数句子都以"我"来开头。相反，总是将企业及其需求摆在前面，表达你对雇主的关注。例如：不要说"我熟练掌握最新版本的Word"，而要说"贵司能受益于我对最新版本Word的熟练掌握"。

最后一段的目的是申请面试（而非申请职位）。不要说你希望雇主联系你。相反，就说你将在一周内跟进自己的面试申请，这样才能获得主动权。附上电话号码和E-Mail邮箱（即使这些已包含在个人简历的信息标题中）。最后附上礼节性的祝词（此致敬礼之类），并附上简历附件。

求职信最开头的称谓不要写某个部门、公司名或者"敬启者"（to whom it may concern），而应该写具体某人，当然最好是有人事决定权的人。先在网上调研，或者向公司打电话咨询收信人的姓名和职务，包括姓名的正确拼写及其性别。如果做了研究却依然找不到相关人士的姓名，就用主题行代替称谓。例如，不要写"敬启者"，而是写"主题：会计文员职位"。

写求职信时，采用第9章描述的恰当商业信函格式。记住，求职信的每一个字、每一段都必须有明确的目的。目标是向对方陈述自己所具备的、能满足公司要求的技能、能力以及成就，引发对方看你的简历的兴趣。图14.6提供了求职信模板和示例，帮助你撰写一封优秀的求职信。

用简历中的标题新建一个一致的、专业的演示文档。

用第9章介绍的商务信函格式。

根据具体的个人信息来拟定求职信和地址。确保拼写和对方的称谓准确无误。

称呼视具体情况而定。

第一段包含写信的目的、申请的职位以及如何知道这个职位的。总结自己之所以有兴趣应聘并能胜任该职位的原因，说明自己做过的任何调研。

第二段提到简介并重点突出个人技能和自己能够胜任的理想职位。总结自己的关键技能和资格是符合岗位具体要求的。说明自己能够为公司做出哪些贡献，而不是自己希望从公司获得哪些好处。不要复制简历当中已经有的内容，要重点突出自己的经历和优势技能。

最后一段是面试要求。表明自己希望在一周时间内跟进面试进展。此处要包含自己的电话号码和邮件地址。

结尾使用敬语，签名（如果可以，用电子签名也行）。要用得体的商业信函格式。

CORY S. KRINGLE
4 Success Lane, Fresno, CA 93702
555-123-4567 ckringle15@careersuccess.job

September 22, 2015

Anita Stephens, HR Manager
Clay Office Supplies
435 East Chesny Street
Fresno, CA 91188

Dear Ms. Stephens:

I recently spoke with Terry Moody, a production manager for Clay Office Supplies, and he recommended that I forward you a copy of my résumé. Knowing the requirements for the position and that I recently received my degree in office occupations, Mr. Moody felt that I would be an ideal candidate for your Office Assistant position.

I would welcome the opportunity to be employed at Clay's Office Supplies since this is the largest and best-known office supply company in the city. Your company has a reputation of providing excellent products and service, which is why Clay's Office Supplies would benefit from my knowledge and skills. I am accustomed to and thrive in a fast-paced environment where deadlines are a priority and handling multiple jobs simultaneously is the norm. As you can see on the attached résumé, my previous job required me to be well organized, accurate, and friendly. My educational courses taught me how to utilize current skills and technologies and sharpened my attention to detail. I enjoy a challenge and want to contribute to the success of your company.

Nothing would please me more than to be a part of your team. I would like very much to discuss with you how I can benefit Clay Office Supplies. I will contact you next week to arrange an interview. In the interim, I can be reached at 555-123-4567 or at ckringle15@careersuccess.job.

Sincerely,
Cory S. Kringle

Cory S. Kringle
Enclosure

图 14.6

求职信模板和示例

用于打印求职信的纸张应该和简历所用纸张相同。可将简历上的信息标题复制过来用到求职信上。这样可以让整套简历一致，产生专业的视觉效果。请避免一些常见的错误，如打字或语法错误、遗漏日期、忘记签名等。通过互联网投递简历包时，在自己的求职性上使用一个电子签名。和简历一样，在发送给招聘方之前，找信得过的人对其进行校对。任何小错误都会让对方觉得你不够细心，甚至会让你丧失面试机会。

为了完成自己的简历文件夹，使用和简历及求职性一样的信息标题，把它添加到第 13 章创建的推荐人名单中。图 14.7 是专业推荐人名单的一个例子。

CORY S. KRINGLE
4 Success Lane, Fresno, CA 93702
555-123-4567 ckringle15@careersuccess.job

PROFESSIONAL REFERENCE LIST

Name	Relationship	Phone	E-mail	Mailing Address
Autumn Hart	Former Instructor, Yu Technical College	555.555-1111	atmnhrt@yutc.scl	123 Hillvalley Meadville, CA
Gloria Montes	Owner, Fine Linens by Jen	555.555-1112	gloria@linens.sleep	5432 Food Ct. Fresno, CA
Gary Solis	Manager, Conner Cola	555.555-1113	solisg@conner.cola	2220 Tulare Susanville, CA
Patty Negoro	Owner, Mango Ribs	444.555-1114	pattyn@eatribs.com	444 Adoline Pocatoe, NE

图 14.7
一页示例推荐人名单

调整简历和求职信

按照申请的职位和公司对个人简历和求职信进行专门调整。仔细阅读目标职位的招聘启事。如有可能，从公司的 HR 部门获取该职位描述的副本。此外，可以使用 ONET 数据库查找目标职位要求的关键技能。这是为美国劳工部开发的一个数据库，提供了各种职位的关键信息。

将你从调研 ONET 所了解到的关键知识、技能和能力和雇主希望的组合到一起，并在简历中强调此信息。如有必要，可以将简历上的信息重新安排顺序，将目标职位所要求的关键技能列在最前面。另外，在求职信中强调你和目标职位匹配的专业资格。

一定要在求职信和简历上列出个人的电话号码和电子邮箱。许多面试都是电话通知的，所以语音信箱的问候语必须专业。不要设置什么彩铃，也不要留一些让人感觉不专业的问候语。如第 13 章所述，求职时要使用一个给人感觉专业的电子邮箱。

案例

出版人物：艾米 & 丽贝卡

场景说明：艾米的朋友丽贝卡喜欢开玩笑。艾米感觉打电话给丽贝卡特别有意思，因为她的语音信箱要么是一段笑话，要么是一段稀奇古怪的声音或音乐。但是，最近艾米给丽贝卡打电话，发现她的语音信箱变得正式了。再见面的时候，艾米问丽贝卡为什么语音信箱突然变得这么正式。丽贝卡解释说，她之前在找工作，还获得了面试机会。但让她感到尴尬的是，当面试官打电话安排面试的时候，给她留了一条信息，建议她的语音信箱应当更专业。

主题讨论
丽贝卡的语音信箱问候语应该怎样才恰当？丽贝卡要参加面试的时候，是否应该认同面试官的语音信箱建议？

针对特殊情况的建议

简历上的工作经历出现空窗期，这对雇主来说是一个危险的信号。由于在家抚养年幼的孩子、照顾长辈或接受继续教育，工作经历出现空窗期是一个很普遍的现象。许多人只是因为找工作而发生间断。如空窗期少于一年，请仅列出年份，不要列出月份。如超过一年，应使用高级技能集简历格式。说明你在空窗期磨练的关键技能，并将此经验与目标职位和行业所需的关键技能联系起来。

例如，如果在家里照顾长辈，这种经历很可能会提高你的时间管理和组织技能。与此同时，还很可能提高了对包括老年人和残疾人在内的不同人群的认识。在不透露个人信息的前提下，在简历中像其他工作一样列出你在此期间的经历。需准备好回答面试官有关这段空窗期的问题。不要留空，而是备注"将于面试中详细解释"。回答此类问题的策略将在第 15 章介绍。

职场中要和不要

√	×
要及时更新简历，添加新获得的技能与成就	不要临阵磨枪，等到最后一刻才更新个人简历
要在有了工作经历后修改简历布局	不要在简历和求职信中撒谎
要注意简历和求职信中的格式细节	不要在自己信任的人审校之前投递简历或求职信
要在投递简历和求职信之前核实其中没有任何错误	不要忘记在求职信上署名

概念复习与运用

根据本章所学到的知识，完成以下练习。

- 写一份职业目标 / 个人简介。
- 写一封简历。
- 写一封求职信。

关键概念

- 一封优秀的简历能让雇主简单快速地了解你的技能和工作经历。
- 每年至少更新简历一次,添加自己新获得的技能与成就。
- 简历中既要列出工作专属技能,也要列出可迁移技能。
- 根据工作经历的多寡来选择正确的简历布局。
- 招聘方的第一印象往往来自于求职信。
- 确保简历和求职信没有错别字和语法错误。
- 将电子版的简历保存为 .pdf 文件,保证简历格式不会错乱。

自测题:配对关键术语和定义

在"答案"栏中填写和关键术语配对的定义编号。

关键术语	答案	定义
高级技能集简历布局		1. 工作经验很少或者没有工作经验的人所采用的功能型简历中的一段介绍性书面陈述。
求职信		2. 具有丰富工作经验的人所采用的高级技能集简历中的一段介绍性书面陈述。
功能型简历布局		3. 向潜在雇主展示个人知识、技能和能力的一段正式书面陈述。
信息标题		4. 对简历进行简单介绍的一封信。
工作专属技能		5. 能从一个工作迁移到下一个工作的技能。
个人简介		6. 在缺少相关工作经验时强调相关技能的一种简历布局。
简历		7. 与人共事时需要具备的交际能力。
技能摘要		8. 和特定工作或行业直接相关的技能。
软技能		9. 简历最顶端的标题,说明你的联系方式,包括姓名、邮寄地址(省、市、邮编等)、联系电话和电子邮件地址。
可迁移技能		10. 具有丰富工作经验的人使用的简历布局,强调了相关工作经历、技能以及重大成就。

Professionalism：Skills for Workplace Success

> 换位思考：如果你是老板……
> 1. 浏览一封简历时，你首先看的是什么？
> 2. 收到的求职信中有几个拼写和语法错误，你的反应是什么？

活动

活动 14.1
完成以下表格。

教育（最新的靠前）				
学校名称	所在省市	日期	学位、证书、执照	GPA

技能

工作经历（最新的靠前）			
公司	日期	职位	职责

语言	掌握程度（听、说、读、写）

荣誉和奖励	日期	地点

专业和社区活动项目		

活动 14.2

在网上搜索简历中使用的着重词/短语。列出至少 5 个本书未出现过的新词。

1. _____
2. _____
3. _____
4. _____
5. _____

活动 14.3

想好毕业后愿意从事的工作并完成下表。这些信息能帮助调整简历和求职信。

拟申请的职位	
如何得知该招聘信息	
雇主的联系人或者和工作相关的其他人	
为何对这份工作感兴趣	
为何对这家公司感兴趣	
这家公司提供的产品和服务是什么	
列出自己具备的与这份工作相关的技能	
列出公司聘用你的理由	
表达自己的面试意愿	
说明自己对面试的灵活程度（时间和地点）	

活动 14.4

使用字处理软件，根据本章归纳的信息，为活动 14.3 的新工作写一个简历。

活动 14.5

运用字处理软件，根据本章归纳的信息，为活动 14.3 的新工作写一封求职信。

第 14 章　学有所成·笔记

第 15 章

面试技巧

准备 • 沉着 • 展示

学习目标

- 了解面试前的策略和行动
- 准备面试时，认真研究公司及职位的具体情况
- 创建一份强有力和独特的个人广告
- 准备好面试文件夹（含电子版）
- 练习面试技巧，准备应对常规面试问题
- 做好面试准备
- 了解现场和网络面试时的正确行为
- 了解常见面试方式以及面试问题的类型
- 了解关键员工权益，知道如何应对歧视性问题
- 正确应对特殊情况和让人为难的问题
- 准备面试后续行动，包括薪资协商、雇前调查、测试和体检

个人自测：面试技巧

你已经掌握面试技巧了吗？	是	否
1. 提前十分钟以上达到面试地点会被认为是不专业的。	☐	☐
2. 最好在面试前就写好面试后的感谢信。	☐	☐
3. 网络和/或电话面试要做和传统现场面试一样多的准备。	☐	☐
4. 雇主希望应聘者在面试时能提出中肯的问题。	☐	☐
5. 拿到 offer 时有必要商定薪资。	☐	☐

▶ 如果对上述大多数问题的回答都是肯定的，那么恭喜你！你已经掌握面试技巧，为成功的面试做好了准备。

面试

到目前为止，你已经有针对性地找了工作，创建并投递了自己的简历，接下来就是面试时间了。成功的面试不仅仅是穿着得体那么简单，还需要有一些提前准备，建立自信，并掌握面试前期 / 面试中期 / 面试后期的策略。面试过程中，雇主想要发现最适合公司的人选。你的目标则是通过视觉及言语的沟通证明自己是该职位的最佳人选。求职要做许多工作，需要花很多时间，而且有时会让人感到挫败。如果第一次尝试没有拿到 offer 或者面试机会，请不要灰心。本章的目的就是为你提供一些技巧和信心，帮你在合理的时间里找到一份好工作。

面试通知

成功的面试需要一定的策略，从收到面试通知就要开始准备。大多数面试通知都是通过电话或电子邮件。因此，要定期检查并及时回复自己的电话和电子邮件。注意，语音信箱的问候语以及电邮地址必须专业。如获得面试机会，请事先确认面试你的是谁。这可能是一个人，也可能是一组人。初次面试可能是由 HR 部门的代表或者公司的其他代表来进行预先筛选。他们会简单地和你见面，看你是否符合资格，是否该职位的合适人选。

收到面试通知后，要询问面试时间的长短。如有可能，问问有多少应聘者同时参加面试。虽然要了解的信息很多，但如果态度友好，尊重他人，而且表现得很专业，大多数公司会把这些信息告诉你的。尽力争取在容易被面试官记住的时间段参加面试。一般来说，最早和最后进行面试的应聘者最容易被记住，所以尽量让自己在最早或最后进行面试。如果有机会选择面试的时间，尽量选择早上。因为人们一般在早上比较清醒，这样会让你处于优势地位，给人留下良好深刻的印象。如果做不到，尽量争取午饭前最后一个面试或午饭后第一个面试的机会。不过请注意，有时你无权决定面试顺序。安排面试的时候，请不要直接提要求。你应当有礼貌地询问安排面试日程的工作人员，问他是否可以告诉你谁会成为你的面试官。最后，请记住帮助你安排面试日程的工作人员的名字。这可以方便让你在需要了解信息的时候和他联系，并且如果在面试的时候遇见他，可以向他表示个人的感谢。你的目标是在面试前获得有关面试的尽可能多的信息，这样可以充分准备。

练习 15.1

玩角色扮演游戏，假装你是面试官，向同学发送面试邀请。

_____

_____

_____

调研公司的具体情况

参加面试前，对公司以及应聘的职位进行调研。许多应聘者忽视了这一步，认为这会花费许多时间，没有必要。但其实这样做能让你准备更加充分，增强自信心，让你比其他应聘者更具优势。尽量了解公司的领导团队、战略以及时下任何可能对公司产生影响的事件。如果可能，可以访问公司的官方网站或其他社交网站，或者进行简单的网上搜索，看看与公司有关的博客或和其他相关信息。关注公司的产品，确定公司的主要竞争对手，关注公司近期参加的社会活动以及所取得的成就。

除了互联网，还可通过以下方式获取公司信息：公司的宣传册、行业期刊以及访谈公司内部职员或管理人员。可以在 ONET 数据库中输入职位关键字，这样就很容易快速搜索出该具体职位的信息。正如我们在第 14 章所讲的，该数据库提供了各种职位的关键信息。

面试过程中，可以提到该公司的一些具体信息。这表示你曾对该公司进行过调研。例如，面试中一个常见的问题是"你为什么想到这家公司工作？"如果做过调研，就把答案具体化，并将调研的信息反映在答案中。比如，可以说："贵公司在最近两年特别重视环保理念，而这也是我认为非常重要的领域。"而不是说："我听说该公司很好。"

案例

出场人物：安妮塔 & 托马斯

场景说明：安妮塔的朋友托马斯很高兴，因为一周以后他有一个面试机会。当托马斯与安妮塔一起分享这一令人兴奋的消息时，安妮塔问他是否对该公司做过相关调研。托马斯认为根本没这个必要，因为他对该公司了如指掌。安妮塔解释道，对公司进行深度调研非常重要，这样能让他从其他面试人员中脱颖而出。安妮塔和托马斯一起对该目标公司进行广泛的网络搜索，并发现了许多托马斯在面试过程中能用到的信息。面试成功后，托马斯非常感谢安妮塔，他告诉安妮塔面试前的调研给了他很多信心，并最终帮他拿到了 offer。

主题讨论
对公司进行调研时，具体要了解哪些信息？

个人广告

准备一份个人广告来推销自己的技能，并将这些技能与申请的工作联系起来。个人广告（personal commercial）相当于一份职业生涯小传，其内容包括职业目标、知识、技能、优点、能力以及工作经验等，用这些内容证明你是唯一有资格胜任目标职位的人选，同时传达你对职位志在必得的决心。在面试开始或结束时使用个人广告。个人广告的目标是在整个面试期间推销你自己，根据目标工作针对性地展示技能，说明这些技能能满足公司的要求。个人广告实质就是一种推销手段，证明你是职位的合适人选。

练习 15.2

你和招聘经理单独在一部电梯中，从五楼到一楼，你会和他说哪些关于自己的关键信息？

_____
_____
_____

第 13 章完成的成就表能帮助发现你和一个目标职位匹配的资质。第 14 章则利用这些信息为简历创建职业目标。在个人广告中，请利用简历中的这些信息来强调你的个人成就。写个人广告时，注意要反映出你的性格，包括对所选职业的兴趣、从事过的和该职业相关的活动、掌握的技能以及你喜欢学习这些技能的原因。另外，尽量分享你比其他候选人更突出的特长，并作为和雇主交谈时的起头。

可以在个人广告中说一下和目标工作无关的一个爱好或特殊技能。不要包括婚姻状况或其他容易引起歧视的信息。个人广告长度不要超过一分钟。以下是一些例子：

> **说一说**
> 哪些和目标工作无关的爱好或特殊技能适合放到个人广告中？

临床医学助理	我刚从医科大学拿到了临床医学助理证书。我喜欢我的课程，并希望最终成为一名护士。作为培训的一部分，我在社区医院实习过，我在那里提高了自己的临床、医学术语和患者护理技能。我特别喜欢在有时压力很大的情况下为医师提供帮助，并帮助病患及其家人。我很乐意作为一名医学助理为 Bewell 医生做出贡献。
烹饪	过去五年我都在餐饮服务行业工作，在那里我了解到了准确性、品质和客户服务的重要性。我最开始在本地一家烧烤店做快餐厨师，后来决定提升自己的烹饪技能。我正在攻读烹饪艺术学位，并且很快发现我特别喜欢烘焙/糕点。我在食品安全、库存控制以及食品装饰方面积累了丰富的经验。我工作努力，富有创造力，而且见多识广，我业余时间喜欢吹奏大号。感谢您提供这次见面机会。我保证，你不会后悔雇用我的。

面试开始时，如果面试官要你"做个自我介绍"，就可以使用个人广告的内容了。如果面试期间没有要求你做自我介绍，可以在面试结束时陈述自己的个人广告。把内容记下来，先在镜子前排练一下，保证能自然和自信地说出这些内容。

面试文件夹

面试文件夹（interview portfolio）包含需要带去面试的相关文件。请选用专业的商用文件夹或者带袋的高质量纸质文件夹。在里面装上与申请职位相关的复印件。原始文件（除非要求）不要给招聘人员，只需复印件即可。面试文件夹应包括以下资料：简历复印件、求职信、推荐人名单、填好的通用申请表以及个人广告。还应包含日历本、便条、笔以及个人名片等。用简历专用纸复印简历、求职信以及推荐人名单。如果和申请的职位相关，其他复印件也可包含到其中，比如技能和教育证书、最新的绩效考核、代表作品或者求职文件夹中的其他东西。面试过程中，将面试文件夹放在自己的膝部。将个人广告放在面试文件夹的最上面，方便取用。不要生硬地去念个人广告，只是在紧张或者忘记要说什么的时候看一眼。利用表5.1的核对清单确定面试文件夹已包含了所有必要的东西。另外，还要确定这些内容已包含在第13章创建的**电子版求职文件夹**（e-portfolio）中。

表 15.1　面试文件夹

项目（每场面试都必须准备复印件）	说明	已包含
奖项	教育、专业和个人	
日历本（电子或传统）	方便看日期	
求职信（cover letter）	已签名，用简历纸复印	
推荐信	不要超过一年	
笔记本	记录姓名和面试的关键点	
笔	随时记笔记	
上一份工作的绩效考核	证明自己积极的工作表现	
个人名片	发给面试官	
个人广告	面试时看一眼供参考	
推荐人名单	用简历纸复印	
简历	用简历纸复印	

续表

项目 （每场面试都必须准备复印件）	说明	已包含
成绩单	学校提供的正式成绩单的复印件	
仅与工作相关才准备复印件		
证书	证明自己掌握的技能	
ID 和 / 或驾照	如工作需要	
最近的驾驶记录	如工作需要	
代表作品	展示你对某种技能的精通	

准备面试问题

为面试做准备时，还有一件事情非常重要，那就是练习如何回答面试题。表 15.2 总结了一些常见面试题、如何应对以及要避开的坑。请检查该列表，为每个问题创建适合自己的回答。回答面试问题时，不要简单地答"是"或"不是"，也不要泛泛而谈。要举出技能和经历的实际例子来支持你的回答，从而证明你符合目标职位的关键要求。不一定基于工作经历，也可使用学校或志愿者工作的例子。提供的实例越多，越能向招聘人员证明你的经验和技能水平。每个人都可以说："我能处理好压力。"然而，如果能举例说明某一天很忙的时候是如何处理好压力的，就更清楚地展现你在这方面的能力。

针对每个回答，都将根据你的专业资格以及和公司文化的匹配度对你进行评判。面试官需要找到你能为公司带来的价值。仔细听每个问题，并思考面试官想从你身上发现什么。如果被问到一个不理解的问题，不要让面试官重复，因为面试官可能会认为你没在听。要求澄清即可。虽然可以通过简单的"是""不是"或者简单的陈述来回答一些问题，但尽量通过展示你的相关技能和/或经验来完整回答。例如，如果被问及"你在律师事务所工作了多少年？"不要简单地用一个数字回应。通过解释你在什么法律环境下工作以及从事了哪些类型的活动来详细说明。

为所有问题都准备至少两个具体的例子。利用来自上一份工作、实习、课堂作业或者学校相关活动的经历。如果问题涉及分享你面临的一次挑战或困难，请在避免提供个人详细信息的情况下，通过举例来展现你克服挑战的能力。例如，如果问及如何处理压力大而且没有工作经验的情况，请分享你某次在学校做一个团队项目的经历。有个成员没有完成项目的一部分。虽然团队成员让你生气并造成了压力，但请说明你如何利用压力方法（第 3 章），并说明你如何表现出领导才能，并与团队成员保持沟通以促使其负起责任，从而控制住了局势。

可以在镜子面前练习回答面试问题。如有可能，录一段你回答常见面试问题的视频。检讨自己的回答，看自己是否恰当地回答了问题、推销了自己的关键技能并展现了专业形象。应表现出可靠、自信和真诚。如果在视频发现自己有一些紧张的小动作，想办法改掉这些习惯。这样能让你更好地准备面试，并帮助你增强信心。

> **说一说**
>
> 找几个比较难的面试题，说说如何最恰当地回答。

表 15.2　常见面试题

问题	回答	要避开的状况
请介绍一下你自己	利用根据职位描述而修改的个人广告	不要泄露出生地、年龄、婚姻状况、是否有孩子或者其他私人信息
你有哪些优势？	说明你符合工作要求的优势以及这些优势如何成为公司的宝贵资产	不要说与工作无关的优势，不要泄露个人信息（例如"我是一名好母亲"）
描述一次失败的经历	不要使用后果过于严重的经历。解释从中获得的经验教训，发掘出其积极的一面	不要埋怨失败的原因
描述自己取得成功的一次经历	使用和你申请的职位相关的工作经历	避免自大。如果成功是基于团队合作，不要把成就都归于自己
如何应对冲突？	使用后果不太严重的经历，着重说明自己如何积极地解决冲突（参考第 12 章）	不要给人留下负面观感，不要描述冲突发生的细节，不要埋怨别人
问题	回答	要避开的状况
你更愿意独立工作还是在团队中工作？为什么？	根据自己的偏好回答，并说明理由，但回答一定要和职位的要求相关	不要说自己绝不会独立工作或者绝不与别人合作

续表

你为什么想要这份工作？	说明自己的职业目标，并说明具体的工作或公司为何能让你施展才华。加入你通过调研了解到的公司信息	不要说到钱或者福利
你如何应对压力？	分享你在第3章学到的减压方法	不要说压力对你没影响，不要使用负面的例子
你最大的不足是什么？	在这里选择一处不至于毁掉被录用机会的不足。解释自己正在尽力弥补不足，或正在将其转变为自己的优势。例如，"我过去的自律性比较差，但自从开始住校，我的时间管理能力就加强了。"	不要说自己没有任何不足。也不要纯粹说自己的弱项。相反，解释你如何把它转变成优势
你的5年职业发展目标是什么？	分享你在第1章建立的职业目标	不要说你想得到面试官现在的工作
举一个你发挥领导力的例子	用一个具体的例子来说话，把它和要求的工作技能联系起来	不要夸夸其谈
如果目前已经有工作，为什么想要换工作？	要积极且具体。将回答和教育以及职业目标联系起来。如果是因为公司政策发生变化造成你丢掉工作，请如实回答	不要说公司及其员工的坏话
你为什么想为我们工作？	分享你调研到的公司信息，把它和职业目标联系起来	不要在回答中提到钱或福利
是什么在激励你？	说一些你完成的具体任务，是它们在不停激励你完成一个项目	不要在回答中提到钱或福利
你在学校中最喜欢的科目是什么？	说一个和目标工作相关的科目，额外解释你为什么喜欢这门课。如果有一些特别的副科（比如田径或音乐），也可以在此时分享	不要说"都喜欢"或者"都不喜欢"
你对薪酬有什么期望？	根据你的调研来给出一个大致的薪酬范围。除非到了招聘过程的最后阶段，否则不要讨论具体薪酬问题	不要说一个具体的数字。等到了可以讨论薪酬的时候，要说明自己期望的最低和理想薪酬，给自己留下谈判空间

面试前的准备

面试前一天是你的面试"训练日"。如果有可能,亲自到面试地点看看,选择和面试时间相同的时间段,以便评估交通和停车问题。到达现场后,步行至面试处。这能让你熟悉当地的环境,在面试时感觉舒适,并能让你知道按时到达面试地点需要多长时间。不需要进入具体的面试处,熟悉一下周边的情况即可。留意最近的洗手间,正式面试前在这里彻底放松一下。

请在面试前一天确认自己面试时穿着得体并且专业。穿着应当比所申请的职位略高一级。比如,如果应聘初级职位,那么应穿应聘主管职位时的职业装。确保衣服整洁合身,并检查一下鞋子是否干净。如有必要,面试前剪好头发。不要喷太多香水(或须后水),也不要戴太多首饰。进行调研时,可以先了解好公司的着装政策。取决于具体职位和行业,可能需要覆盖掉纹身并移除多余的穿孔(如果有的话)。第 4 章详细介绍过着装。

面试文件夹要先定制好,在其中放入与目标职位相关的文档。将面试文件夹放到显眼的地方,以免出门时遗忘。由于智能手机和其他移动电子设备的普及,最好准备好面试时可能用到的电子文件夹。如果打算使用电子设备,请向面试官说明要在面试期间使用设备,以便向其展示电子文件夹中的内容。

买一包简单而专业的感谢信。面试前一晚,在一张空白纸上起草感谢信的内容。感谢信要写得简短,三四句话即可。在感谢信中,可以感谢面试官抽出宝贵的时间对你进行面试,告诉对方你希望了解有关这一岗位的更多信息,你对这份工作很感兴趣,希望能很快得到来自面试官的消息。这份草稿你在面试后立即书写并发送的正式感谢信(无论传统还是电子版)的基础。请把感谢信、名牌和黑色签字笔放到面试文件夹中随身携带。

练习 15.3

草拟一封面试后的感谢信。

_____

_____

_____

面试过程

面试过程因雇主而异。一个职位可能只需要进行一场一对一面试，然后就是提供 offer。而另一个职位可能涉及入职前的测试，HR 对你进行电话面试，未来同事对你进行**多对一的面试**（panel interview），然后是部门主管对你进行一对一的面试。有的招聘过程会很快完成，有的则需要耗费几个月的时间。以下小节将详细解释面试的各种场所、方法和类型。

面试当天

面试当天要好好休息，填饱肚子后再整装出发。照一下镜子检查自己的仪表和衣着，确保着装得体，形象专业。如果有抽烟的习惯，面试前不要抽烟，因为烟味可能分散面试官的注意力。

提前 15 分钟到达面试地点，留下充裕的时间来应对可能发生的突发交通状况（或停车问题）。如果附近有公共卫生间，事先解决好可能的生理问题。如有可能，最后检查一遍自己的发型、着装和妆容。关掉手机。如果在嚼口香糖，请扔掉。在预定时间的五分钟前（但不要提前 10 分钟以上）到达面试房间。在这个时候，你的非正式面试就已经开始了。记住，初次印象非常重要，与公司里任何一位职员的交流都要显得非常专业。

到达面试房间后，向前台介绍自己。面带微笑地握手，吐字清晰地说出自己的名字。例如，可以说："你好，我是奥黛丽，来参加赫本主管的面试，我申请的是会计文员一职。"如果发现前台正是安排面试日程的工作人员，可对其提供的帮助表示感谢。例如，你可以说："秦女士，我们是不是通过话？谢谢你帮我安排面试。"语气要诚恳，要让对方觉得你是真的心怀感激。前台可能安排你坐在一旁等待，这时你可以找个座位放松地坐下。等待期间，可考虑进行积极的自我对话（positive self-talk），这相当于一种心理建设，目的是强化你有能力通过面试来获取这份工作的信念。在内心暗示自己已完全准备好了，肯定能面试成功。可以在脑子里回想一下个人广告、自己的资质以及所掌握的核心技能。

案例

出场人物：约翰 & 雪莉

场景说明：约翰的朋友雪莉获得了某个目标公司的面试机会。雪莉很想获得这份工作，但又担心在面试时发挥不好。面试前几天，约翰去雪莉家帮她排练如何回答常见的面试问题，顺便看一看雪莉对公司所做的调研是否全面。约翰要雪莉试穿了一下她在面试时的服装。然后，他们拍了一段模拟面试视频，并针对在视频中的表现挑了错。最后，他们一起跑到面试地，让雪莉先熟悉一下周边环境。

第二天正式面试的时候，雪莉提前到了地方，对前台表示了感谢，并找了一个位子坐下。等待面试时，雪莉突然感到有些紧张。但她想起了约翰的建议。于是，她闭上眼睛，开始进行积极的自我对话以端正态度、增强信心并冷静下来。做完这些之后，等轮到自己时，她感到更自信了。

主题讨论

约翰和雪莉还能做哪些事情来准备面试？

传统面对面的面试

传统面试要求应聘人员与雇主会面。和其他任何形式的会面一样，都要自信。面试时，主要表达的是自己的知识、技能及能力将如何成为公司的宝贵资产，并使你成为目标职位的最佳候选人。轮到你面试的时候，起身走向叫你名字的人。如果不是前台叫你，请你面带微笑地与对方握手,然后吐字清晰地介绍自己,例如"你好,我是奥黛丽,很高兴见到你。"记住面试官的名字,这在面试的时候会用得上。他/她会带你去面试房间。如果进房间发现有你没见过的人,请微笑地握手,并进行自我介绍。进房间后非请勿坐。落座后,写下刚才遇到的所有人的名字。虽然可能会问你是否需要喝点什么,不过最好不要,这样可以在面试时免除不必要的干扰。如果坐的是转椅,请将脚平放,提醒自己不要转动。如果手机忘记静音,而且面试时刚好响起来了,请不要应答。应当立即关闭手机,并向面试官致歉。不要分心去看是谁打的电话。

如果面试在办公室中进行,可以假设这就是面试官的办公室,你应当环顾四周环境,从办公室的布局摆设来推测面试官的性格特点。这对于面试时的交谈会有所帮助,因此非常有必要。根据面试时间的长短以及面试官的技巧,面试官可能会先问一些普通的问题,例如"我们的办公室不难找吧?"其目的在于让你放松下来。进行面试时,注意自己(和面试官)的身体语言。身体坐直,靠着椅背,尝试放松。要冷静和自信,同时又要保持警醒。双手放到腿上,或者准备记录,这要视情况而定。如果坐在桌子旁边,不要将身体靠在上面。注意眼神交流,但不要一直盯着面试官。和面试官沟通时,要保持真诚,要有风度。

如果面试官让你做一个开场的自我介绍,请分享自己个人广告上的内容。如果暂时没机会陈述自己的个人广告,可以找一个合适的回答问题时机将其说出来,或者在面试结束时陈述。面试官说话时不要插话或者打断他/她。听清楚问题。花几秒钟时间想清楚面试官到底想了解什么。想好怎么回答,将你的回答与职位所要求的资质和/或职责联系起来。避免陈词滥调或者笼统的回答。如上一节所述,你的目标是在众多面试者中脱颖而出,说服面试官自己掌握的技能帮助公司取得成功。回答应简短而完整。通过具体的例子来推销自己的技能和专业技术。另外,尽量在回答中加入你调研到的关于公司的信息。

如前所述,不同面试官的风格和问题也有所不同。任何情况下,都要证明自己是最适合目标职位的人。如果问到与面试完全无关的问题,例如"如果你被邀请参加部门聚餐,你会带什么,为什么要带?"请不要产生防备心理。保持专业,真诚地回答。面试官出现沉默时,他们很可能是想了解你如何处理压力。整个面试期间,注意并避免紧张的手势。保持放松、沉着和自信。

面试方法和面试问题类型

面试的方式有好几种,包括一对一、小组面试和多对一面试。其中,**一对一面试**(one-on-one interview)是指一名公司代表与应聘人员的会面。该代表通常要么是 HR 部门的人,要么是目标职位的直接主管。**小组面试**(group interview)是几位应聘人员一起参加面试,公司代表则在旁边观察。小组面试的目的是测试应聘者在充满竞争和压力的环境中的表现。参加小组面试时,应采用积极的人际交往策略,与他人建立良好的关系。注意聆听,并积极传达你是最佳候选人的信号,这是在小组面试取得成功的关键。如果一位应聘者先被问到了一个问题,然后你被立即问到了同一个问题,请不要重复前一位应聘者的话。如果赞同前一位应聘者,你可以说:"我同意贝尔女士的话,但我要补充一下,同样重要的是……",然后在那位应聘者回答的基础上进行补充或展开。如果不同意前一位应聘者,你可以说:"我认为……",然后自信地说出自己的见解。要尊重别人,不要贬损其他应聘者。举止要专业,不要随意打断别人,不要像个领导一样独断专行,不要咄咄逼人。

多对一面试(panel interview)是指由几名公司代表组成一个小组对每位候选人分别进行面试。某个面试官向你提问题时,保持和他/她的眼神交流。但在回答问题时,要和面试小组的其他人也进行眼神交流。尽量每个面试官都能叫出他们的名字。和一对一面试一样,你要给人留下真诚的印象,使每个面试官都想雇佣你。

常见面试问题有三种:结构化、非结构化和行为。**结构化面试问题**(structured interview question)是每位应聘者都会被问到的和工作相关的问题,其目的是了解与特定工作相关的信息,例如"你在零售行业工作了多长时间?"虽然这个例子看起来是一个封闭式问题,但有技巧的候选人会对自己的回答进行补充。例如,不要简单地说"我在零售业工作了两年。"相反,要进行一些补充。例如,"我有两年零售经验。

一年是在一个小的家族企业，另一年是在一家大的零售连锁。在此期间我提升了业务能力和客户服务技能。最喜欢家族企业，因为有许多老客户。"

非结构化面试问题（unstructured interview question）是探索性的、开放式的问题，目的是测试应聘者能否很好地将自己的技能展现出来。例如，"请介绍一下你自己。"如果被问到这种问题，请从你准备的个人广告开始。如果合适，可以在说到一项具体技能时从面试文件夹中取出代表作品。尽量提供具体的例子，不要泛泛而谈，要将回答和目标工作联系起来。

行为面试问题（behavioral interview question）要求应聘者描述和工作情景相关的继往经验，目的是了解应聘者过去做了什么，包括在特定情况下的行为。例如，"请举例说明你如何激发他人的积极性。"在回答问题前，请先组织一下答案。简单介绍一下这个经历的背景，让面试官能从你的角度看这个经历。描述你如何利用特定的技能来解决问题或改善情况。例如，"我们部门刚经历了一波裁员，员工工作虽然很努力，但感觉不受重视。虽然我不是团队领导，但我觉得有必要帮助我们应对压力。因此在一周的时间里，并且在我的直接领导的允许下，我为每天的晨会计划了简短而有趣的活动。第一天，玩了自己构思的一个称为'Name That Stress'的游戏。看起来有些幼稚，但实际上我们每个人都把自己面临的压力讲出来了，以这种形式来共同面对压力。"

电话面试和其他技术形式的面试

有时，你的第一次面试通过电话进行。电话面试可能会、也可能不会事先安排。求职期间，要始终以专业的态度接听电话，将自己的面试文件夹放在随手的地方。如公司打电话问你此时是否方便通话，而恰好这个时候不太方便，你可以礼貌地拒绝，并询问是否可以重新安排通话时间。尽量满足面试官的要求。

以下是电话面试时的注意事项。

- 保持专业并准备充分。应当在安静的房间里进行面试，全神贯注于对话。除非电子设备（例如电脑）是面试的一部分，否则将其关闭。排除所有可能对面试有所干扰的事物，包括音乐、宠物、电视以及其他人。和现场面试一样，电话面试也要融入公司调研、个人事例以及个人广告。同样要做好笔记并发问。

- 沟通要简洁明了。由于这种面试对方看不见你，因此只能通过你说话的内容和方式形成对你的印象。说话时要吐字清晰，使用正常语速，而且不要打断对方。每次回答都先数到3，因为电信网络可能存在延迟。说话要自然，但声音要足够大，使面试官能听清楚。面试期间保持微笑和热情。使用正确的语法，不要使用"嗯"和其他一些紧张的口头语。站着说话比较好，这样可以保持警醒，注意力集中，而且更清楚自己的回答。
- 要注意礼貌。充分利用你在礼仪和沟通章节学到的知识，保持好的礼节。面试时不要吃东西或嚼口香糖，不要开免提，也不要接别的电话，或者去做其他私事，这些都会被认为不礼貌。注意力要完全放在面试上面。面试通话要结束时，问一下职位的事情，并且感谢面试官抽出宝贵的时间对你进行面试。

现在越来越多的面试以视频聊天的方式进行，提供这些服务的厂商有Skype、WebEx、Google Talk、Zoom等。参加视频面试的人需要有电脑、网络摄像头以及稳定可靠的网络连接。在这种面试之前，会事先向应聘人员发一条消息来告知面试时间以及具体在哪里和如何建立连接。除了要注意和电话面试一样的事项，还需要像现场面试一样准备和参与视频面试。所以，还需注意以下事项。

- 未雨绸缪。提前研究面试方式，找出可能存在的问题。确认参加此次视频面试的地点以及需要掌握的技术。如有必要，可以安排一次预备面试，确保所有设备运转正常，而且自己知道如何使用这些设备（包括调整好麦克风和音量）。
- 穿职业装。穿着应该和现场面试一样。面试官将通过视频看到你，因此视觉印象非常重要。
- 摄像头展示的环境应保持专业。在一个安静的和适当的地点面试。把面试地点放在卧室、公共场所或者室外是不妥当的。

- 对着摄像头说话。注意力集中在摄像头上，就像它是面试官的脸一样。可以随意提问、做笔记和使用手势。虽然这种方式可能会让沟通变得困难，但应当尽可能展示自己的性格，更重要的是，展示你的知识、技能、能力以及特殊资质。就像传统的现场面试一样，你的任务是和面试官建立联系。

第 10 章更详细地讲述了基于技术的会议。

歧视和员工权利

《美国民权法案》第七章规定了员工的相关权利，它禁止公司因为员工的种族、肤色、宗教信仰、性别或民族等因素而歧视员工。还有一些法规禁止同工不同酬，禁止歧视年龄在 40 岁以上的、有残疾的或者怀孕的个人。但这并不意味着，如果你是少数民族，或在怀孕或年龄大或有残疾，公司就必须得雇用你。公司有法律责任为每一位能够胜任工作的个人提供公平的就业机会，但他们也有权挑选职位最佳人选。不幸的是，一些公司往往会在面试中提出一些具有歧视性的问题。表 15.3 是从美国加州就业公平委员会中抽取的一些合法和非法的问题。

表 15-2 非法面试问题

主题	合法	非法
姓名	姓名	婚前姓名
居住地	居住地	房子是自有还是租用
年龄	应聘者应证明自己满足法律对年龄的要求	年龄 出生日期 进校/毕业日期 任何试图知道应聘者是否超过 40 岁的问题
出生地国籍	应聘者应证明自己有在美国合法工作的身份	应聘者、应聘者父母、配偶或其他亲属的出生地 要求应聘者在就业前出示入籍证明或绿卡
民族	如应聘者申请的职位要求除英语之外的其他语言，可询问该语言的听说读写水平	应聘者或其父母、配偶、亲属的民族、血统、世系、出身和门第等

续表

主题	合法	非法
宗教信仰	应聘者能够在雇主要求的时间段里工作	有关应聘者宗教日的活动问题
性别，婚姻状况，家庭	如果应聘者为未成年人，需提供其父母或监护人的姓名和地址。所提供的内容与员工的工作任务分配相关。	应聘者的性别、婚姻状况、子女或家属的数量/年龄 应聘者是否怀孕、子女出生日期或者是否节育 成年应聘者的亲属、配偶或子女的姓名/地址
逮捕，犯罪记录	除非犯罪记录已被封存、删除或者依法消除，否则可以针对工作的实际情况询问这方面的问题	关于为什么被捕

> **说一说**
>
> 角色扮演一次面试过程。让人问一个合法的问题和一个非法的问题。练习不卑不亢地回答不合法问题。

如果面试官问的问题非法或者具有歧视性，不要直接回答。相反，婉转地予以应对。例如，如果面试官问："你看起来像是西班牙人，是吗？"不要直接回答"是"或"不是"。可以礼貌地微笑着回答："很多人都好奇我的种族，但我们可以说一下我和该职位有关的资质吗？"也不要直接指责面试官问了一个不合法的问题，或者说："我不会回答这个问题，因为它不合法。"大多数面试官也许并没有意识到自己提出的问题是非法的，不过也有一些公司会故意问一些不合适的问题。如果被多次问及这样的问题，就要认真想想是否值得为这种公司效力。他们要么没有很好地培训面试官，要么就是公司文化存在问题。

了解并保护好自己的权利。不要在面试过程中泄露自己的私人信息，不要谈论自己的婚姻状况、子女、宗教信仰、年龄或其他受法律保护的私人信息。

特殊情况和为难的问题

生活是变幻莫测的，有时很难在面试时解释自己的窘境。此类经历包括和上任雇主发生的不愉快、简历上的空窗期或者不良记录。如果在面试时被问及此类不愉快的经历，可参考以下描述来做出得体的回答。

有的求职者存在一些与工作相关的负面经历，这些经历不想在面试时公开。如果处理不当，很可能毁掉此次面试机会。此类经历包括被解雇、因工作环境差而辞职、绩效考核不佳或者前上司或老师对你有不好的评价。还有可能你在上个工作离职前态度消极。

　　如果存在此类问题，但面试官没有具体问，就没有必要主动说，除非你的现任或前任上司已经对你进行了不好的评价。在这种情况下，可以告诉面试官你可能风评不好，但请他向其他能客观公正评价你的主管或同事咨询情况。

　　实事求是和诚实是应对任何困难情况的最佳方法。如果曾被解雇、表现不好或者因为态度消极而离职，请如实相告，但不要深究细节。可以告诉面试官，你现在更成熟了，而且已经意识到以前确实有做得不到位的地方。要补充说明自己从中吸取了哪些经验教训。不要说你以前的雇主、上司或同事的坏话，也不要将问题归咎于别人。

　　如第14章所述，每个人都可能在简历上出现一段空窗期，这可能是因为要抚育小孩、照顾老人或接受继续教育。如简历上有空窗期，请说明这段时间自己在做什么，解释自己在这段时间里提升了某项技能，而且该技能对于目标职位非常有用。比如，假定有段时间要留在家里照顾老人，那么被问及这段时间在做什么时，可以简单解释一下自己的情况，然后说明这个经历让自己获益良多，除了对老人及残疾人等特殊人群更加关注，还加强了自己的时间管理和组织能力。但要注意，不要说太多细节。

　　如果有不良记录，可能会被问到这方面的情况。和其他令人为难的面试题一样，要实事求是并诚实地作答。可以解释当时的情况，并告诉面试官，你正在努力地重新开始生活，并致力于做最好的自己。要强调自己的优点，并记得告诉面试官你的技能有助于公司达到目标。身体语言和眼神交流要反映出你的自信和诚实。一定要诚恳。无论成功还是失败，每一段经历都能助你成长。

结束面试

提问结束后，面试官会问你有什么要问的。为此，应当事先准备一些能够向招聘人员显示出你对公司进行过认真研究的问题。可以针对公司正在发生的一些事件提问。例如，可以问："桑塔娜女士，我了解到贵公司的员工要志愿到 ABC 学校打扫。每年都有这样的活动吗？"这种问题能让你在面试即将结束之际变得更与众不同，让对方知道你对公司真的很感兴趣。也可利用这一机会向面试官展示面试文件夹中在面试过程没有出示的其他相关信息。

不要问那些表明你没有对公司进行调研或者让对方觉得你只关心自己利益的问题，比如有关薪水、福利或休假的问题。这些问题意味着你更关心自己能从公司获得什么，而不是能为公司贡献些什么。不过，可以问一下面试程序的下一个环节是什么或者问一下聘用决定何时能够做出。表 15.4 总结了可以和不可以问的问题。

表 15.4　面试结束时可以问的问题

可以问的问题（√）	不可以问的问题（×）
面试流程的下一步是什么？	这份工作的工资是多少？
您喜欢这家公司的什么？	公司有哪些福利？
公司会提供哪些正式培训？	公司的假期有多少天？
你们正在寻找什么样的员工？	我可以休多少天病假？
公司是否有扩展计划？	我们公司是做什么的？
公司所在行业现在面临的最大挑战是什么？	干多久能够涨薪水？

面试官回答完你的一般性问题后，可以做一份面试的总结性陈述。归纳一下自己的个人广告，并表示非常希望获得这份工作。下面是一份比较优秀的总结性陈述："费雯丽女士，再次感谢您腾出时间来对我进行面试。正如我在面试开始时说的那样，我觉得我两年的零售经验、业务知识和领导才能使我能胜任这一工作。我很想要这份工作，也相信自己能为 XYZ 公司贡献一份力量。"求职面试的目的就是推销你自己以及你的技能，所以尽力促成这笔"交易"。

练习 15.4

写一份面试的总结性陈述。

_____

_____

_____

  总结陈词后,面试官会通过语言或动作(比如起身走向门口)告诉你面试结束了。在离开面试现场的时候,可以将自己的名片递给面试官,然后面试官要一张他/她的名片。面试结束后的跟进会用到这张名片。与面试官握手,注意眼神交流,感谢对方腾出时间来对你面试,告诉对方你期待收到后续消息。离开公司时,对路上碰到的每一位公司员工一如既往地表现出自信、友善和专业。

  离开面试现场后,拿出事先准备好的感谢信草稿,根据面试过程中所获取的信息对其进行修改,为每一位面试官都手写感谢信。注意字迹工整,拼写和语法正确。可对照你拿到的名片来核对面试官的名字和头衔。不要忘记签名并附上自己的名片(如果有的话)。写完后,将感谢信交给前台,麻烦他/她转交给各位面试官。你的目标是再次留下一个正面的印象,从其他候选人中脱颖而出。如果不能在面试后立即提供手写的感谢信,请在面试当天用电子邮件发一封感谢信。和手写信一样,确保邮件内容专业、没有错误并且包含必要的联系方式。

面试之后

送出感谢信后,可以为自己庆祝一下。如果尽力了,那么无论结果如何,都没有什么好后悔的。离开公司前,可以记录下在面试中得知的有关你所申请的职位的详细信息以及你提出的问题。如果不及时记录,参加面试的兴奋感会让你遗忘面试的部分内容。最后,还需要回想并记录在这次面试中自己哪些方面表现得不错,又有哪些地方需要改进。

这对于你检测自己在这轮面试中的表现很有帮助，并能帮助你决定是否真的希望在这家公司工作。这些信息还能够帮你提升自己在未来面试中的表现。

商讨薪资待遇

初次面试后不久，就应该能够得到公司的反馈信息。他们可能通知你参加第二轮面试或者直接通知你被录用了。公司还有可能告诉你，你是否被录用将取决于推荐人的反馈和背景调查。此时，最好及时与推荐人取得联系，将自己的求职近况告诉对方，这样当公司要求推荐人反馈的时候，推荐人就能做好回答问题的充分准备。

案例

出场人物：艾萨克 & 布雷特

场景说明：艾萨克的第一次面试很成功，因为他事先做好了调研，并练习了如何回答面试问题。随后，艾萨克收到了参加第二轮面试的通知。面试前，艾萨克检查了第一次面试时做的笔记，再次准备可能被问到的问题和可能出现的情况。

艾萨克让他的朋友布雷特帮他练习第二次面试。练习过程中，布雷特问艾萨克对起薪的心理预期。艾萨克回答说他不在乎，只要得到这份工作就好。布雷特提醒艾萨克说，面试的时候不但要推销自己，还要对薪资有一个合理的预期。随后，他们就在网上搜索当地及全国范围内同类工作的薪资水平。

主题讨论
面试时可能被问到对薪资的预期，为什么有必要事先进行调研和了解？

如果公司决定录用你，可能会问你对薪资的预期。为了提出一个恰当的薪资范围，要对行业内同种工作的薪资水平进行研究。可以通过查阅招聘广告或进行网络搜索来确定你所申请的职位在当地的薪资水平。进行薪资水平研究的时候，你所研究的行业应当尽可能地与你所申请的职位相似。第一次提出的薪水可以比你的心理价位稍高一些。不过，这还要看你是否具有丰富的工作经历。一些公司福利不多，但薪水很高。

另一些公司薪水不高，但福利不错。需要权衡两个方面，并据此得出理想薪资水平。提出薪资要求前，请再一次强调自己的技能。例如可以这么说："桑塔娜女士，正如我在面试时提到的那样，我在专业会计部门工作了 5 年多。我希望我的年薪能够在 15 万到 18 万之间。"如果公司提出的薪水个人无法接受，那么可以先保持沉默，等对方做出下一步反应。看到你沉默，对方往往会提出一个更高的薪资水平。

入职测试、审查和体检

入职测试（pre-employment test）是对应聘者的评估报告，主要测试应聘者是否掌握了职位必备的知识、技能及能力。招聘方可能在职位申请阶段、面试阶段或决定录用前对应聘者进行入职测试。有的公司可能在网上对应聘者进行入职测试。测试内容各有不同，有测试吊装能力的，也有测试技能的，还有测试听力或逻辑的，但无论怎样，入职测试的内容肯定与工作相关。由于测试的类型不同，招聘方可能会即刻通知你测试结果，也可能你得等待一段时间才能知道结果。通过入职测试之后，就进入了面试阶段。通常情况下，如果你没有通过入职测试，那么招聘方会让你在一定的时间段之后，再重新申请。有些测试要求你提升自己的能力，有些基于你现有的技能，还有一些则是衡量你的理解或者逻辑能力。从法律上说，入职测试必须与工作相关。取决于测试类型，可能会立即得到结果，也可能需要等一段时间。如果通过了入职测试，公司会邀请你继续入职流程。雇主一般会让未通过入职测试的申请人等一段时间后重新申请。

　　正式录用前，公司可能还有一个审查和体检流程。常见入职审查包括应聘者的教育证书、驾驶记录、安全检查、上一份工作的表现、信用报告、推荐人背书和毒品检查。入职审查的类型和数量和与你申请的职位相关。从法律上讲，只有在被录用后，公司才能索取你的体检报告，唯一例外的就是入职前的毒品检查报告。同一职位的所有应聘者都应当接受体检，而且体检项目必须和工作相关。在审查和体检阶段，招聘方不能问应聘者有关残疾的问题。常见的体检项目包括视力和体能。

未经个人许可，招聘方不能对你做上述检查。大多数招聘者会在你填写入职申请或决定录用你的时候，要求你签字同意检查。

如果未被录用

求职本身就是一份全职工作，有时还会令你感到沮丧。如果没有收到面试通知，请重新评估一下自己的求职方式和工具。首先考虑你的目标公司。确保申请的是适合当前知识、技能和能力的工作。坚持在网上发简历，有助于提高别人对你的关注度。注意目标公司对申请流程和截止日期的说明。仅提交完整申请材料并按时提交。大多数公司都要求完整的申请、求职信和简历。有的公司要求所有资料都在线提交，有的则采用传统方式，要求邮寄普通的纸质简历包。检查一下自己的简历和求职信。求职信应针对性地强调你的资质，激发对方看所附简历的兴趣。检查拼写和语法错误。确保你引用了从职位描述提炼出来的关键字，而且在简历中罗列了能反映目标工作需求的重要技能。一个值得信赖的，并且对你比较了解的人帮你看一下求职信和简历。有时旁观者清，能帮你找出一些明显的疏漏和可以改进的地方。虽然许多求职者都说会跟进自己的求职信，但许多人都不会。如果你说了会跟进，请在提交简历包之后的两周内跟进。这样就有一次额外的机会向招聘方沟通你对目标职位的兴趣和资质。

如果得到了面试机会，但没被录用，也不必气馁。每一段经历都是一个学习和进步的过程。

检查自己的个人广告，确保有自己的个性、有说服力而且独一无二。利用在过去的面试中记的笔记，审视面试过程中的每一步并为自己打分。打分依据包括个人的准备、个人仪表、个人回答、每次回答时对公司调研结果的汇总以及个人的总体态度。任何未达到"A"的方面都有待改善。

为提高下一次面试的成功率，可以从以下这些方面着手改进：审视一下自己的整体仪表；复习第4章的内容，确保自己的专业素养；确保服装整洁合身；确保自己的发型整洁；确保指甲干净整齐；确保配饰大方得体并且不会因此干扰他人对你的品性和能力的判断。

在脑海中回想一下自己曾经在面试中被问到的问题以及自己的回答。记住，每次回答问题的时候，都应该尽力说明自己将如何帮助公司实现目标。请再回想一下自己对公司做了多少调研。觉得自己的调研充分吗？还是只是马马虎虎，应付了事？如果觉得自己所做的调研非常充分，那么在面试过程中是否让面试官感受到了你付出的努力。

评估一下自己的身体语言和态度。对着镜子练习一下如何回答面试中可能会碰到的难题或不合法的问题。如有可能，让朋友把自己的表现拍摄下来，并且对仪表、态度和身体语言进行客观的点评。注意自己在回答过程中有没有出现一些紧张的动作。如果有的话，请不断练习直至克服这些不良习惯。

最后，请诚实面对自己在面试前、面试中和面试后的表现。是否在面试结束后立刻送出了感谢信？在下一次面试之前，请至少确定你要改进的两个方面，并真的着手改进。改进这些方面将使你成为更强大的面试者，使你在其他所有候选人中脱颖而出，并获得理想的工作机会。

职场中的要和不要

✓	✗
要按照目标公司的要求来调整自己的简历和个人广告	不要在语音信箱中使用不专业的问候语
要尽量争取在有利的时间段接受面试，尽可能多地获取有关面试的信息	不要直接要求在某个时间段接受面试
要尽可能深入地研究公司的背景、战略和竞争对手	不要到得太早或太晚
要在面试前练习回答常见的问题，在回答中凸显自己的技能和工作经历	不要忘记在回答面试问题时加入自己调研到的有关公司的信息
要记住，一旦踏入公司的大门，面试就已经开始了	不要毫无准备、两手空空地就去参加面试
要知道如何应对可能带有歧视性的问题	不要在面试时过度紧张
要准备好向面试官提出的问题	不要直接回答非法的问题，要有技巧地处理这种问题

概念复习与运用

根据本章所学到的知识，完成以下练习。

- 创建一个面试文件夹。
- 练习面试并录像。
- 找出和自己以及你当前情况有关的各种面试问题，并思考如何回答。

关键概念

- 按目标职位的要求来制作和修改自己的个人广告。
- 为面试做准备时，仔细思考常见的面试问题并练习如何回答。
- 面试前进行排练，为面试做好充分准备。
- 面试过程中，尽力让面试官了解你如何运用个人的知识、技能及能力帮助公司实现目标。
- 弄清楚防止员工在面试和雇用过程中免受歧视的法律规定。
- 妥善处理简历中的空窗期，积极应对面试中可能遇到的其他让人为难的问题。
- 清楚如何推销自己，在面试结束之际，向面试官表示自己非常渴望得到这份工作。

自测题：配对关键术语和定义

在"答案"栏中填写和关键术语配对的定义编号。

关键术语	答案	定义
行为面试问题		1. 求职者和公司代表之间的一对一会面。
小组面试		2. 面试时每位应聘者都会被问到的和工作相关的问题。
面试文件夹		3. 一种心理建设，目的是强化你有能力通过面试来获取这份工作的信念。

关键术语	答案	定义
一对一面试		4. 多位应聘者同时面试，公司代表在旁边观察。
多对一面试		5. 一份职业生涯小传，其内容包括职业目标、知识、技能、优点、能力以及工作经验等。
个人广告		6. 多名公司员工对一位应聘者进行面试。
积极的自我对话		7. 一种探索性的、开放式的面试问题，目的是测试应聘者能否很好地将自己的技能展现出来。
结构化面试问题		8. 要求应聘者描述和工作情景相关的继往经验的一种面试问题。
非结构化面试问题		9. 面试时携带的一种文件夹，包含和某个职位相关的文档复印件以及其他杂物。

换位思考：如果你是老板……

1. 在你委派公司员工去面试新员工时，你会告诉他们哪些信息？
2. 如果发现应聘者在面试过程泄露了一些不恰当的信息，你会怎么处理？

活动

活动 15.1

在当地公司寻找面试机会，从以下这些方面对该公司进行调查。尽量多回答问题。

公司名称	
公司地址	
职位	
求职信应该寄给谁？	
该职位对应聘者有哪些要求？	

该职位是全职的还是兼职？	
上班时间是几点到几点？每周工作几天？	
工作条件怎么样？	
该职位有没有晋升空间？	
公司提供哪些培训？	
在这家公司提供的所有职位中，还有哪些是我可以胜任的？	
该职位的平均起薪（福利）是多少？	
是否需要出差或被外派？	
在哪里办公（在家还是在办公室）？	
公司的主要产品或服务有哪些？	
公司的使命是什么？	
公司的声誉如何？	
这家公司在同行业中的规模如何？	
公司在过去的 5 年、10 年或 15 年的发展历程？	
公司创建多少年了？	
公司的竞争对手有哪些？	

活动 15.2

利用活动 15.1 的信息写一份个人广告。

_____

_____

_____

活动 15.3

如果公司通知你参加面试，请构思并写下一份书面陈述，帮助自己获取有关面试的各种信息。

_____

_____

活动 15.4

结合活动 15.1 对公司进行调研所获取的信息，写下 3 个面试中的常见问题并予以作答。将你调研获得的公司信息融入答案。

问题	回答
1.	
2.	
3.	

活动 15.5

针对目标职位展开一次薪资调研以确定大致范围。利用调研数据写一份可以用来协商更高薪资的陈述。

最低薪资	最高薪资
¥	¥

薪资协商陈述

_____
_____

活动 15.6

不要用本章提供的例子，写一个在面试结束时可以提出的问题。

_____
_____

第 15 章　学有所成·笔记

第 16 章

职业变动

成功 • 进步 • 遗产

学习目标

- 了解培训和个人发展的各种方法
- 致力于终身学习和专业实践
- 了解在一个人的职业生涯中就业状态的各种变化
- 了解找新工作和离职过程中的恰当行为
- 明白成为创业者的机会、收益和资源
- 将职业行为纳入自己的人生规划

个人自测：工作变动

你了解工作变动吗？	是	否
1. 在同一公司，工作变动是很平常的事情。	☐	☐
2. 解雇和裁员是两码事。	☐	☐
3. 即便已经有了一份工作，也可以找新工作。	☐	☐
4. 除了被解雇，公司职员离职时应当给自己的前任上司写一封感谢信。	☐	☐
5. 很多人在找不到合适工作的情况下会自己创业。	☐	☐

▶ 如果上述问题有两个或更多的肯定回答，那么恭喜你！你对职业及人生变动有了很好的理解。

职业变动

你希望五年后达到什么样的成就？这是一个常见的面试问题，也是目标设定的一部分。根据你在第 1 章建立的职业和人生规划，职业变动是一件值得高兴的事情，因为这意味着你已经完成了一些目标，可以向着新目标前进了。职业变动是一件常见的事情。大多数的职业变动是可以控制的，但也有一些职业变动让人意想不到。但是，只要一直都在学习，就始终拥有最新的知识和技能来应对出乎预料的变动。本章将探讨各种可能发生的职业变动，并教会你如何将这些变动转化为个人及职业成长的机会。

培训和发展

很多公司都会为新员工和现任员工提供培训（training），帮助他们学习新技能。这些新技能能够帮助员工获得晋升或者帮助他们承担更多的职责。随着科技的不断发展，培训成为许多公司非常重视的一项工作。公司可以自己培训，也可以出钱让别人来培训。

发展（development）是指提升现有技能。除了通过培训学习新技能，还应努力参加各种发展课程。发展课程使员工的知识、技能和能力更加多样化，以后出现晋升或其他机会时，员工将更有优势。即使发展课程的内容看似与你的专业领域无关，也应借此机会拓展自己在其他领域的知识面和技能。这对想要从事管理工作的人来说尤为重要。

如果想被提拔为管理人员，不仅需要学习与自己工作有关的技能，还需要学习其他补充技能。需要了解其他部门的重要职责。这样能更清晰地了解公司的使命和目标，拓展自己的知识面。当你的视野不再局限于眼前的工作时，就更能了解自己的工作是如何为实现公司战略目标服务的，也会更加清楚如何更好地完成自己的本职工作。

案例

出场人物：尼德普

场景说明：尼德普所在公司的市场营销部门邀请全体员工在午休时到会议室学习如何接受媒体采访。尼德普并不了解市场营销部门，不觉得接受媒体采访会成为自己工作的一部分。

主题讨论

尼德普应该参加吗？为什么？

继续教育

除了公司提供的培训和发展课程，还有其他一些能够让你提升技能、增长知识的途径。**继续教育**（continual learning）是一个不断增长专业知识的过程，它既可以是正式的，也可以是非正式的。

正式教育（formal learning）是指通过传统方式来增长知识和提升技能（例如回到大学深造）。可以一边工作，一边正式学习。在有工作的情况下，可考虑每学期参加两门夜间课程。但如果是全职工作，最好不要一下子学太多课，因为这会让你筋疲力尽，结果工作和学习两头都顾不上。许多学校还提供在线课程，这种课程在上班族中日益流行。学生可在任何方便的时候上网学习，显得更自由、更灵活。

除了学校的课程，还可参加各种研讨会和专业会议。有的研讨会和专业会议还能提供大学学分。许多此类会议是由培训机构和行业专家提供的。虽然需要为这些会议付费，但公司可能愿意为你部分或全额报销。你还可以通过研讨会和专业会议拓展自己的专业网络。

非正式教育（informal learning）是指通过非传统教育方式来增长自己的知识，例如读行业期刊、时事通讯和网上文章。此外，还可在网上搜索与自己的专业相关的信息。非正式教育是一个不间断的学习过程，在个人访谈、与行业专家交流以及参加相关会议时都有可能发生。将每一个机会都转变为受教育的过程。

练习 16.1

涉足目标行业后,哪些额外的课程或行业相关信息可能对你有帮助?

_____

_____

_____

就业状态的变动

本书一直在强调目标设定的重要性。如果既定目标即将实现,就可以着手设定新目标了。如果希望实现自己的人生规划,那么当你在专业领域有所建树的时候,就应当考虑职业变动了。是否需要变动职位,以及何时变动,这取决于许多因素。以下是职业变动的一些理由:

- 获得升职所需的资历
- 有机会拿到更高薪资
- 想要改变工作时间
- 想要承担更多的职责,提升自己的地位,掌握更多的权力
- 想要减少工作压力
- 想换一下工作环境(或者同事)

员工在公司内部以及公司之间流动是很正常的事情。经济状况不佳会迫使一些员工换岗,甚至换工作。美国劳工统计局一份报告表明,一个人的一生至少要变动6~7种职业,虽然有人认为基于当前的经济状况,这个数字还有可能更高。就业状态的变动包括晋升、自愿离职、非自愿离职、平级调动和退休。接下来将详细介绍这些变动,并会为你提供一些策略,帮助你以积极专业的态度妥善应对这些变动。

找新工作

取决于工作环境的不同，有的员工经常都在探索新的工作机会，有的人则是在当前雇主撤掉其岗位时被迫找工作。无论哪种情况，都应该清楚在什么时候可以让别人知道你在找新工作，什么时候应该保守秘密。如果最近取得了能让你获得更高职位的学位，可以找上司或 HR 部门的相关人士聊一聊，告诉他们你已经获得了新学位，希望能够承担更多的职责或被提拔到更高的岗位。如果打算搬到其他城市或地区，也可以将自己换工作的想法告诉相关人士。在这种情况下，你的上司说不定能够通过自己的人脉帮你在新的地方找到称心的工作。如果绩效考核一直不错，而且属于自愿离职，那么可以问问你的直接领导、其他上司或同事是否愿意担任你的推荐人。如果对方同意，一定要请他们用带公司抬头的正式信纸打印推荐信，并在上面亲笔签名。可以自己起草一份推荐信供上司参考，在信中突出自己取得的成绩和积极的工作态度。最后，如果已经熟练掌握了自己的工作所需的技能，绩效考核优异，而且开始觉得工作有些无聊，可以告诉上司自己希望承担更多的职责。

除了前面提到的情况，不要把自己找工作的消息告诉公司里的任何人，即使关系要好的同事也不例外。因为，有人可能会利用这些消息做出对你不利的事情。所以，不要让别人知道你在找工作。应当在非工作时间找工作，面试的时间也尽量安排在上班前或下班后。

练习 16.2

你打算起草一份推荐信供上司参考，请列出自己的至少 4 个关键素质、技能或成就，并用具体事例予以说明。

_____

_____

_____

如果同事发现你在找公司内部或外部的新工作，请优雅沉着地应对。提到找工作这个话题时，不要说太多细节，同时要保持积极的态度。可以承认自己的确是为了晋升，为了承担更多职责或者为了获得更多报酬而找工作，简要解释即可。无需向对方说明自己找工作的具体原因，也没有必要把自己想去哪里以及求职过程进展到什么程度告诉对方。

晋升

晋升（promotion）是指员工在公司的职位升高、职权提升且同时收入也增长的过程。如果你希望获得晋升，第一步就是按照目标职位的标准着装和行事。仔细了解该职位的工作内容，并认真研究该职位要求的重要技能。可以先自愿接受一些能获取相关经验的任务分派。加入一些协会或项目来提供辅助，从而拓展自己的专业网络。通过适当的课程、职业培训和其他教育经历来开发新技能，使你获得一些必要的资格。那些已经担任目标职务的人是你的榜样，可以观察并学习他们做事的方式。只要朝着这个方向不断努力，当相应的职位出现空缺时，你就能顺理成章地获得晋升。

如果获得了晋升，可以为自己小小地庆祝一下。这说明你的辛勤工作获得了公司领导的认可，这也是他们对你的杰出表现的一种奖励。晋升还意味着你朝着自己的职业目标跨进了一大步。获得晋升后，应该感谢以前的上司。可以口头表示感谢，也可以亲笔书写感谢信。表达谢意的时候，要说明上司是如何帮助你获得新技能的。记住，态度一定要诚恳。即使那些不称职的上司，也能你提供反面教材，让你知道如何去领导和管理。感谢信要积极而专业。获得晋升后，收入会有所增加，也会有新的头衔和新的职责。如果是在公司内部获得晋升的，那么请不要炫耀，因为申请同一职位的人很可能不止你一个。保持积极愉悦的态度和专业的行为，以此证明公司安排你就任该职位是正确明智的选择。

上任后，不要什么都从头开始。熟悉新部门或专业领域的历史。敏锐地感知新下属的需要并及时调整。开始查阅文档，与能够帮你实现部门目标的人建立联系。由于是新官上任，不可能对所有情况都了如指掌，所以要善于向别人寻求帮助。

案例

出场人物：瑞秋

场景说明：瑞秋在公司表现一直很好，她希望获得晋升。她决定承担更多职责，寻找自己能够胜任的职务。在此过程中，瑞秋列出了一系列晋升需要具备的知识、技能和能力。

主题讨论

根据你在这门课中学到的知识，瑞秋还可以做哪些事情帮助她获得晋升？

自愿离职

主动终止现有劳动合同的行为称为**自愿离职**（voluntary termination）。通常，如果员工找到了新工作，或者应当退休的时候，就会自愿离职。虽然有时工作会把人压得喘不过气，觉得无法忍受，想要马上离开这个鬼地方，但最好还是先找到新工作再辞职。不管怎样，自愿离职的时候也要专业，给自己留好后路。

自愿离职时，应当递交正式的辞职信。**辞职信**（letter of resignation）是告知雇主你自愿离职的通知函。一般来说，除非劳动合同规定了明确的合同到期日，否则无需事先通知雇主。不过，在最后一天上班的时候才提交辞呈是不专业的表现，通常应当提前两周通知雇主。一定要在辞职信里说明自己最后一天上班的日期。在信中，要对雇主为你职业发展提供的帮助表示感谢，不要忘记签名和标注日期。图 16.1 是一封辞职信示例。

February 1, 2018

Susie Supervisor
ABC Company
123 Avenue 456
Anycity, USA 98765

Re: Notice of Resignation

Dear Ms. Supervisor:

While I have enjoyed working for ABC Company, I have been offered and have accepted a new position with another firm. Therefore, my last day of employment will be February 23, 2018.

In the past two years, I have had the pleasure of learning new skills and of working with extremely talented individuals. I thank you for the opportunities you have provided me and wish everyone at ABC Company continued success.

Sincerely,

Jennie New-Job

Jennie New-Job
123 North Avenue
Anycity, USA 98765

图 16.1
辞职信

最后几天上班的时候，请不要言行不端。要让公司觉得以后还想雇用你。同事可能想和你说某人的坏话，但必须始终坚守职业操守。不要损坏公司的财物，或者将其据为己有，这样的举止是错误的。不要做不道德的事情。只拿自己的东西，并且把办公桌清理干净，方便后来的员工继续使用。此外，不能泄露有关同事、公司以及客户的秘密。

案例

出场人物：奥黛丽

场景说明：奥黛丽的一个同事在过去几个月一直在找工作。奥黛丽之所以知道这件事情，是因为这个同事不仅把自己找工作的消息告诉所有人，还用公司的设备更新、打印和投递简历。奥黛丽经常听到这个同事在上班时接受电话面试。有一天，她终于找到了新工作，于是在办公室里骄傲地向大家宣布她将要"离开这个监狱"，这是她在公司上班的最后一天。她还不断地说上司、公司和一些同事的坏话。奥黛丽发现，她在整理物品的时候拿走了属于公司的一些财物。当奥黛丽告诉她这么做不妥的时候，她恬不知耻地说这些东西本该属于她，而且公司也不会在乎这么点东西的。几周后，这个同事又出现在办公室门口。奥黛丽问她新工作怎么样，她说："新工作泡汤了。"所以，她特地跑过来看看是否能够重新回来工作。不幸的是，她离开的时候言谈举止不当，所以公司决定不再雇用她。

> **主题讨论**
> 如果给雇主留下了坏印象，可以采取哪些措施来纠正？

最后几天上班时，公司 HR 部门的同事或者顶头上司会将公司欠的薪水支付给你。这部分费用包括所有未付薪资以及累计假期津贴。这时，将办公桌钥匙和胸牌等公司财物交还给公司。可能还要接受**离职面谈**（exit interview）。离职面谈是指雇主约谈自愿离职的员工，了解公司工作环境有哪些值得改进的地方。在离职面谈过程中，公司代表会询问你有关工作、上司或工作环境的问题，其目的在于获取有助于改进不足之处的信息。可以提出一些改进意见，但请注意，要做到对事不对人。虽然有时候可能会忍不住想要抱怨，但还是请你时刻保持积极专业的态度。

非自愿离职

非自愿离职（involuntary termination）是指违背自己意愿而被迫离职的情况。非自愿离职包括解雇和裁员这两种类型。**解雇**（firing）是由于绩效考核不过关，而**裁员**（layoff）是在非员工过错的前提下被公司解除

说一说

如果你被裁员了，首先会做哪三件事情？为什么？

雇佣关系。裁员一般在公司财务状况不佳的时候发生。有的时候，裁员是因为公司**重组**（restructuring）而发生的，即由于公司战略的变化而撤掉一些职位。

如果不幸被解雇，这可能是由于你的所作所为出了问题。除非做了什么令人无法容忍的事情（如公然盗窃或骚扰），否则在被解雇前会收到关于绩效问题的警告。在完全解雇之前，公司会对你进行渐进性处罚，包括口头和书面警告。如果完全不清楚自己为什么被解雇，可以请公司出示相关的证据。任何工作上的问题都会有严格的书面规定，对于严重的违纪行为，公司的规章制度里一般都会明确规定如何处罚。如果公司决定解雇你，那么公司会立刻支付直到解雇那天的工资，你也会被要求立刻归还公司的财物（包括钥匙和胸牌）。请不要损坏公司的财物，这么做不仅是不成熟的表现，而且还可能会让你受到法律的制裁。尽管你可能会感到猝不及防，甚至非常愤怒，但是请不要威胁公司及其职员。保持冷静，表现出专业素养。如果认为自己受了委屈，可以申请劳动仲裁或提起法律诉讼。

许多人把裁员等同于解雇。其实不然，解雇主要是由于个人绩效长期不佳导致的，而裁员往往是由于公司战略变化或者财务状况不佳造成的。虽然有的公司根据员工的绩效决定是否裁员，但大多数公司都根据资历。通常，当财务状况得到改善后，公司会召回裁员员工，即复工。**复工**（work recall）是指员工裁员后又重新回到工作岗位。如果不幸被裁员，请保持积极的态度，要求雇主为你出具推荐信，或者帮你找工作，包括帮助自己更新简历、提供就业咨询、就业培训、就业指导等。有的公司可能要求员工进行**无薪工作**（**停薪留职**，furlough）。无薪工作不是由于员工绩效低下造成的，而是公司节约开支的结果。如果公司要实施无薪工作，请充分予以利用。应该感到开心，因为你还有一份工作，尽力帮助公司改善财务状况。如果知道公司正面临财务上的挑战，可以趁此机会更新自己的简历，并站在公司的立场上制定计划，写明公司为了缩减开支应当采取那些额外的措施。

在今天竞争激烈的商业环境中，公司进行重组是非常普遍的现象。如前所述，公司重组意味着要改变战略，并重组资源。这通常会导致多

想一想

无薪工作的时间应当如何充分利用？

余的职位被撤掉。如果不幸遇到此类情况，请保持积极的态度，并留意新的职位。重组还意味着会产生新的职位。再次提醒，不要说任何人的坏话，也不要公开表达你对这种情形的愤怒和不满。如果最近学到了新的技能，可以利用这个机会充分展示出来。详细记录自己在工作中获得的各种成绩，仔细留意那些能够充分发挥你的才能的职位。

内部调动

除了晋升和离职，还有几种公司内部及外部的就业状态变动方式，它们分别是平级调动、降职和退休。**平级调动**（lateral move）是指被公司调到其他地区负责同级别的工作。平级调动只涉及工作地点的变动，不涉及工资的变化。如果被调到其他工作岗位，薪资也获得提高，就等同于获得了晋升。而如果换成一个级别较低的职务，而且被减薪了，就是被**降职**（demotion）了。降职很少见，一般是员工表现不佳造成。但在这种情况下，员工仍然留在公司任职，而未被裁员。在所有就业状态变动中，降职是最让人难以适应的。因为被降职的员工不仅收入减少了，而且职位和地位也降低了。如果不幸被降职，仍然应当表现出专业素养，并尊重自己的新上司。

最后要介绍的就业状态变动是**退休**（retirement）。退休是自愿离职，并不再寻找新工作（一般是因为到了年龄）。虽然本书的目标读者是那些即将或刚刚踏入职场的人，但尽早为退休做好精神和经济上的准备是必要的。可以为自己设立职业发展的终极目标和急流勇退的时限，还可以尽早着手增加自己的退休金。

创业

有的人不想给别人打工，想自己当老板。因此，我们要讲的最后一种常见的就业状态变动就是成为创业者。**创业者**（entrepreneur）是指组织、管理一个生意或企业并承担失败或成功风险的人。自己组织并管理生意或企业听起来很有诱惑力，但其实里面包含很多工作。有很多理由让人想要成为创业者，其中最常见的就是发现了一个自己渴望深入发掘的商

> **搜一搜**
>
> 在网上研究一下创业，看看自己是否适合创业。

> **说一说**
>
> 你想创办什么类型的企业？要想创业成功，需要采取哪些步骤？

机。其他理由还包括更想为自己工作、希望能更好地掌控自己的工作环境、渴望更多的收入或者失业了却找不到新工作。

有的全职员工有时也会一边工作，一边投入资金做生意。但如果经营的业务与其所在公司有竞争关系，或者使用了公司的资源或保密信息，则是不正当的。即使公司允许员工私下做生意，也要注意不要让自己的生意对工作造成影响。要将两者划分清楚。

对许多人而言，创业是一种很有价值的职业选择，在经济发展中扮演着重要的角色。创业的方式有许多种，可以自己一手创办企业，也可以购买别的企业来经营，还可以实行特许经营。从以家庭为基础的销售模式到零售网站，每一个创业者最初都有着自己的梦想。如果想成为一名成功的创业者，就必须对自己的企业怀有激情。你还要知道如何规划、管理财务，要有创意，有专业素养，这样才能让自己脱颖而出。通过本书，你可以开始培养这些技能。

要想成为创业者，需要学会利用多种资源。可以在网上搜索相关资源，挖掘当地以及全国的资源为你所用，开启自己的成功创业之路。

事业上的成功

我们已经介绍了各种组织内及组织外的职业变动情况。尽管职业变动过于频繁并不是什么好事，但那些职业发展顺利的人不会长时间待在一个岗位上。个人问题也经常会影响我们的职业选择，这些问题包括健康状况、婚姻状态的改变、子女和老人等。有这样一句谚语："有人是为了生活而不得不工作，有人则是活着就是想要工作。"（some work to live, but others live to work）因此在选择职业时，要权衡利弊，优先考虑自己的生活质量。任何职业变动不仅会影响自己，还会影响你身边的人。因此，在做职业选择的时候，要将他们也考虑进来。

随着事业的发展，你将获得收入的增长，并对周围的世界有更好的理解和欣赏。花些时间检查和更新自己的人生规划，考虑分配一部分时间、才能和/或财务资源以使他人受益。可考虑一个能从你的帮助中受益的非营利组织或者其他目标，致力于对他人生活产生积极的影响，并将其纳入个人人生规划和个人预算，以确保遵守此承诺。

事业的成功与个人选择和维持一种成功的态度有关。无论什么时候计划发展你的事业，都应及时更新自己的简历，致力于持续学习，并展现自己的领导才能。这么做能激励你承担更多的职责，掌握更多的知识和技能。这样，当机会来临时，就能及时抓住。关注自己的人生规划，坚持提升自己的专业素养。唯有如此，才能掌握更多的技能，实现个人的职业成功梦想。

职场中的要和不要

✓	✗
要参加培训和发展课程，不断提升自己的知识和技能	不要以为与工作关系不大的知识和技能对个人的职业发展没有什么用处
要对各种职业发展机会持开放态度	不要公开表达对当前工作的不满
要在自愿离职时递交正式辞职信，在获得晋升时给自己的上司或导师写感谢信	不要突然离职，不给公司预留任何准备的时间
要在离职的时候表现得专业	不要在离职时损坏或拿走公司财物
要在接受离职面谈的时候，提出能帮助公司改进的有用建议	不要在离职面谈时发牢骚，或对同事或上司进行攻击

概念复习与运用

根据本章所学到的知识，完成以下练习。

- 了解持续学习的重要性及其在职业生涯中的作用。
- 研究并找到你感兴趣的创业机会以及为实现这一目标而应采取的初始步骤。

- 列出三个你希望提升的专业领域,并制定相应的学习和历练计划。

关键概念

- 持续学习新技能,帮助你充分挖掘你的职业发展潜力。
- 正式学习是增长知识和技能的一种途径。
- 就业状态的变动包括晋升、自愿离职、非自愿离职、平级调动和退休。
- 不要随便把自己正在找工作的情况告诉同事。
- 离职有两种情况:自愿和非自愿。
- 自愿离职时要递交辞职信。
- 在非自愿离职的情况下,不要完全不留退路,或者做一些不专业、不道德的事情。
- 解雇和裁员是两码事。
- 尽早为退休做好准备。
- 职业变动还有一种形式是成为创业者。

自测题:配对关键术语和定义

在"答案"栏中填写和关键术语配对的定义编号。

关键术语	答案	定义
继续教育		1. 员工被换到一个级别较低的职务,而且被减薪。
降职		2. 要求员工在没有薪资的情况下上班。
发展		3. 告知雇主你自愿离职的通知函。
创业者		4. 因为绩效问题解除和员工的雇佣关系。
离职面谈		5. 员工丢掉他/她的工作。
解雇		6. 承担企业失败或成功风险的人。
正式教育		7. 裁员后重新将员工召回岗位。
无薪工作		8. 主动离职。
非正式教育		9. 以传统教育方式学习新知识和提升技能。
非自愿离职		10. 学习新技能。

续表

关键术语	答案	定义
平级调动		11. 员工自愿离职，并不再寻找新工作（一般是因为年龄到了）。
裁员		12. 雇主约谈一名自愿离职的员工。
辞职信或辞呈		13. 在非员工过错的情况下，公司解除和员工的雇佣关系。
晋升或升职		14. 提升现有技能。
重组		15. 以非传统教育方式学习新知识和提升技能。
退休		16. 公司因战略发生变化而撤掉一个职位。
培训		17. 员工在公司的职位升高，职权增大，同时收入也增长。
自愿离职		18. 被公司调到其他地区担任同级别的工作。
复工		19. 不间断提升知识和技能的过程。

换位思考：如果你是老板……

1. 为什么鼓励部门员工参加培训和发展课程非常重要？
2. 听说你最好的一名员工正在找新工作。你应当怎么做？
3. 公司管理层通知你必须辞退 4 名员工。你如何决定员工的去留？你用哪种方式告知他们最好？你如何捍卫自己的决定？

活动

活动 16.1

根据第 1 章创建的职业规划，了解为了取得职业上的成功，需要进行哪些培训、发展和持续学习？

培训	发展	持续学习

活动 16.2

通过本书的学习，你懂得了维持正面职场人际关系的重要性。应采取哪些行动来降低自己将来被裁员的机率？至少列举三项行动。

_____
_____
_____

活动 16.3

为自己起草一封推荐信。

_____
_____
_____
_____
_____
_____
_____

活动 16.4

根据自己的目标职业，研究并发现想要参加的两场专业会议以及两个想要加入的专业协会。

会议

1. _____
2. _____

协会

1. _____
2. _____

活动 16.5

找出生活中困扰自己或者认为别人面临的一个问题。如何通过创建初创企业来解决该问题?

_____
_____
_____

活动 16.6

反思自我管理、职场基础、人际关系以及职业规划工具等主题,你在每个领域的弱点在哪里?在下面列出的每个领域中,你可以发展哪些具体技能以提高自己作为一名员工的价值?

	弱点	需要提升的技能
自我管理		
职场常识		
人际关系		
职业规划		

第 16 章 学有所成·笔记

练习 1.1

定义自己的个人品牌。包括自己的外表、性格、知识、技能、个人价值观和态度。
_____
_____
_____

练习 1.3

请写下你想在 5~10 年达成的长期学习、个人以及职业发展目标。
_____
_____
_____

术语表

镜子词语： 告诉我们你如何看待自己、如何看待他人以及你在工作中会如何表现的词语。

职业素养： 能产生积极业务关系的工作行为。

人际关系： 人与人之间的交往。

人格： 一组稳定的特质，这些特质有助于解释和预测个人的行为。

价值观： 个人对于哪些事情最重要的看法。

态度： 个人对于人、事或情况的强烈看法。

自我评价： 你对自己的看法。

自我形象： 你对别人如何看待自己的感知。

自我效能： 你对自己工作能力的信念。

映射： 你对自己及周边环境的评价同样会反映到你对待他人的态度中。

控制源： 自认为控制着自己未来的人。

学习风格： 获取信息和学习新知的最佳方法。

目标： 如同射击时的枪靶。

长期目标： 需要一年以上才能完成的目标，甚至可以是十年才能完成的目标。

短期目标： 能够在一年以内实现的目标。

SMART 目标： 目标具有明确性 (specific)、衡量性 (Measurable)、可实现性 (Attainable)、相关性 (Relevant)、时限性 (Time-based)。

人生规划： 记录你生活中所有领域希望达成的目标的书面文件。

内部奖励： 内部奖励包括对自己感到满意、自豪以及成就感等。

外部奖励： 外部奖励包括金钱和赞扬等，这些奖励来自外部。

确定优先顺序： 帮助你搞清楚该做些什么，以及先做些什么。

利弊权衡： 即为了获得一样东西而选择放弃另一样东西。

个人财务管理： 对个人收入和支出进行控制。

收入： 所有资金的总流入。

支出： 资金的总流出。

预算： 在特定时间内如何合理分配资金的详细财务计划。

总收入： 工资清单上税前和各种代扣项目之前的数额。

纯收入： 扣除税金和代扣项目后的工资总额。

固定费用： 每月变化也不大的支出性费用。

变动费用： 每月都不相同的支出性费用。

浪费： 一些可能意识不到的细小的支出汇总到一起的总额，超出自己的想象。

债务： 你欠的钱。

贷款： 数额比较大的债务，需要在一定期限内分期清偿，而且往往还有利息。

利息： 举债的成本，即除了本金意外支付给银行或贷款公司的额外资金。

资产净值：你偿还所有债务之后剩下的资产。
资产：你拥有的值钱的东西。
负债：你欠别人的资金。
信用记录：关于经济主体信用信息如贷款情况及还款情况的历史记录。
自动扣除计划：银行每月自动扣除部分工资存入指定账号。
压力：身体对紧张情景做出的反应。
积极压力：能激励你努力完成工作的压力。
消极压力：能够对你的身心造成消极影响的压力，它能让你的情绪起伏很大，思维混乱，并且无法控制自己的脾气。
职业倦怠：压力情境下的一种极端表现形式，在此情况下，你会感到工作毫无动力、没有激情。
时间管理：你如何有效运用你自己的时间。
拖延：将任务推迟到最后期限才开始启动。
总裁风度：总裁的处事态度。
外表：你看起来怎么样。
着装准则：针对穿着问题的一些具体规定。
工作衣橱：这个衣橱的衣服主要用适合在工作或者与工作相关的场合穿着。
便装日：公司放松对员工的着装要求的日子。
礼仪：对社会行为形成的一定标准。
礼貌：举止得体，尊重他人，而且非常细心周到。
尊重：高度重视他人的感受。
人际关系网：与没有直接工作联系的人交往，并发展人际关系的过程；创建专业的人际关系。
伦理：关于对和错的一套道德标准。

道德：判断个人对错的标准。
性格：一个人的特殊品质，通常是一个人道德和价值观的反映。
保密性：不能让别人知道。
默示保密：无论是否被明确告知不要泄露工作信息，都应该做到不将这些信息告知与此无关的人。
权力：影响他人行为的能力。
法定权力：公司明文赋予你的权力。
高压权力：通过威胁和惩罚获得的权力。
奖励权力：用他人看重的东西来影响其行为的能力。
关系权力：利用他人的法定权力来影响别人行为的能力。
魅力权力：通过个人吸引力来影响他人的权力。
信息权力：建立在个人获得和分享信息的能力的基础上的权力。
专家权力：源自个人掌握的知识、经验和技术的权力。
政治：获得并使用权力。
互惠：如果别人在你需要的时候帮了你的忙，你就欠了别人的情，在别人需要帮助的时候，你就有责任去帮助他。
伦理道德声明：公司制定的关于工作中哪些行为是不道德的，以及违反者会受到什么样处分的正式政策。
利益冲突：如果你的职权能够让你直接或间接获利，这时候就会发生利益冲突。
伦理抉择准绳：第一条准绳是法律；第二条准绳是公平；第三条准绳是人的良心。

工作中的多元化：员工之间的差异，它包括员工在种族、年龄、性别、体质、宗教信仰以及其他方面的不同。

种族是指在体质形态上具有某些共同遗传特征的人群。

文化是指人们在生活中形成的不同的行为模式。

种族优越感：一个人认为自己的文化优于其他文化。

看法：人们对现实的理解或解释。

成见：对特定的人和事的看法模式化。

偏见：对于特定人群或个人所持有的积极或消极的看法，这种看法来自于个人对于特定人群、个人或事物的感知。

工作中的歧视是指因为个人的性别、年龄、健康状况等原因而对他人抱有消极态度的看法。

贴标签：人们根据过去的经验来描述某个人或某一特定人群的做法。

多元化声明：公司提醒员工的声明，它指出多元化应该成为公司发展的资源，而不应该成为滋生偏见和成见的温床。

多元化培训：公司为员工提供的培训，旨在让员工知道如何消除工作中的歧视和骚扰。

玻璃天花板：阻止特定人群，如女性和少数族裔从事管理工作的无形障碍，从而让女性和少数族裔不能通过晋升到达公司顶层。

玻璃墙：阻止特定人群，如女性和少数族裔从事某一职业（如高尔夫球教练）的无形障碍，从而将他们排除在特定职业之外，不能获得晋升。

授权：让接触客户的一线员工拥有决策权的做法，这么做的初衷是为了提高产品质量、提高客户满意度，进而促进公司盈利。

职责：你接受了赋予你的权力，并努力恰当地使用这些权力，不辜负授权者的期望。

责任：担负起自己的职责，并对授予你职责的人负责的行为。

好上司：做事公正严明，值得敬佩的上司。

蛮横的上司：总是鄙视或威胁下属的上司。

企业文化（组织文化）：由员工行为反映出来的公司人格，是员工共同持有的价值观和信仰。

员工士气：员工对企业所持有的态度。

生产力：能够为公司增值的能力。

使命陈述：关于公司发展的目的的陈述。

愿景陈述：公司战略计划的一部分，描述了公司未来希望达到的理想状态。

价值陈述：公司战略计划的一部分，阐明了对公司而言最重要的是什么（排在优先顺序的是什么）。

指导性陈述：包括公司的使命、愿景和价值陈述。这些陈述是公司存在及运营的基础，也是公司战略的重要组成要素。

战略：勾画出了公司的存在目的及远景目标，是其获得成功的路线图。

战略计划：公司高层制订的正式文件。战略计划会写明公司如何获取、组织、利用和监控资源。

公司资源：公司为了达到目标所能够使用的财务资源、人力资源（员工）和资本资源（长期投资）。

组织结构：公司各部门的组织方式。

组织结构图：表现各部门关系及组织方式的图形。该图不仅描绘了公司内部的主要部门，而且向员工展现出了公司正式的权力结构（职权线）。

命令链：公司正式的职权线，规定了在公司里谁应该向谁报告。

总裁或首席执行官 (CEO)：公司领导人，他们负责公司实施公司战略并向公司董事会报告。

董事会：负责制订公司的整体战略和主要政策的人员，其成员是由股东选举产生的。

高管或执行官：与公司的总裁一起制订和实施公司的战略的领导人员。

战略问题：公司的主要目标，其时间跨度通常为3～5年。

中层管理人员：通常又称为总监或经理，他们主要负责研究战术问题。

战术问题：有关如何将公司战略与日常运营联系起来的问题，其时间跨度通常为1～3年。

运营管理人员：负责处理运营问题的一线管理人员，通常被称为监管或经理助理。

运营问题：与公司的日常运营有关的问题，时间跨度通常不超过1年。

监管：主要处理的是运营问题的一线管理人员，工作集中在部门内部。

事业部：负责公司各种主要职能的部门。

部门：事业部的分支机构，承担事业部的各种具体职能。

财务和会计部门：确保公司金融资产的安全、分配和增长的部门。

资本预算：针对长期投资的金融计划，包括土地或大型设备的投资。

运营预算：针对短期项目投资的金融计划，如员工薪资和公司日常运营费用。

人力资源部门 (HR)：负责员工的招聘、培训、绩效评估、薪酬、晋升、离职以及其他工作状态改变的部门。

运营部门：负责公司产品或服务的生产和运送的部门，是企业的核心部门。

信息系统部门：主要是对有关公司的信息进行电子化管理的部门。

市场营销部门：负责对产品和服务进行营销策划、定价、分销和推广的部门。

法律顾问：处理公司所有法律相关事务的人员。

质量：是指事先制定的，说明如何生产产品和如何提供服务的标准。

员工忠诚：员工有责任一直支持公司及其使命。

利润：收入（销售所得）和支出（生产和运营成本）之差。

产品：公司生产出来的所有事物。

有形的产品：公司生产出来的看得见摸得着的产品。

服务：公司生产出来的无形的产品，看不见也摸不着。

内部客户：公司里的员工和部门。

外部客户：公司为其提供服务的人，其中包括供应商、购买公司产品的个人和企业等。

价值：客户希望自己买到的产品经久耐用，物有所值。

创造力：产生新思想，对提供产品、服务或系统有新的独特的见解。

研发：将创新性想法转变为事实的过程。

客户服务：公司员工对于购买公司产品或服务的客户的态度。

称职：了解公司生产的产品，当客户提出问题的时候，能够做出回答。

可靠：有能力协助客户，而且会承担起帮助客户的责任。

回应迅速：能够给予客户个性化的关注，了解客户的需求，甚至是在客户尚未意识到自己的需求的时候已经知道了。

入职培训：公司为员工安排的培训机会，让其熟悉公司使命、组织结构、规章制度、办事程序、员工福利以及其他重要事项。

导师：能够帮助员工提高领导技能，为员工提供支持，帮助员工在事业上获得进步的人。

员工手册：公司提供的正式文件，是员工与雇主之间签订的关于工作环境、公司规定及员工福利等方面的协议纲要。

自由就业：关于员工的上班时间不受法律约束的法律条款，这类员工随时都能辞职，当然公司也能随时辞退这类员工。

修改权：许多员工手册中都包含的法律声明，及规定公司拥有变更员工就业状态的权利。

兼职员工：每周工作时长少于四十小时的员工。

全职员工：每周工作时长达到或超过四十小时的员工。

临时员工：聘用期很短的员工，公司通常聘请他们来填补旺季人手的不足，或者临时顶替某个临时离职的人员。

试用期员工：没有完全通过试用期，公司还未决定是否正式录用的新聘用的全职员工。

工作说明：阐述工作的特定职责以及岗位要求的书面文件。

绩效评估：阐述如何评价你在工作中的表现的正式表格。

直接福利：公司给员工的金钱上的福利。

间接福利：公司给员工的非金钱的福利，如卫生保健和带薪假期。

医疗福利：保险范围包括医生和医院的就诊服务。

眼科福利：对眼睛的保健福利。

牙科福利：为牙齿提供的保健福利。

养老金计划：针对员工退休的储蓄计划。

开放政策：许多公司管理层的一种常见做法，目的在于向员工表明公司的管理层和人力资源部门愿意倾听员工的意见或投诉。

工会：为保护员工利益而组织的社会团体。该团体是与雇主相对的第三方，它主要代表员工利益。

工会章程：一份陈述员工权力的文件，其中列明了公司和工会达成的一系列与工作相关的问题的协议，包括工作时间、福利措施、工资待遇、工作指标、申诉程序等。

正式沟通：通过正式的职权线进行的沟通。

非正式的沟通：发生在与正式的职权线无关的个人之间。

流言：非正式沟通的一种主要形式，员工一般用这种方式传播对其来说很重要的事情。

闲话：关于某人的个人生活的流言，它会给他人造成伤害，非常不妥。

沟通：信息发送者将信息传递给信息接受者，并不断反馈的过程，以求达成彼此理解。

信息发送者：想要发送信息的人。

编码：确定信息内容以及发送方式（口头、书面或非语言形式）的过程。

解码：接受者会试图解释信息的含义的过程。

反馈：接受者会将自己对原始信息的理解含义发送给信息发送者的过程。

噪声：任何干扰沟通过程的事物。

口头沟通：用话语传递信息的过程。

倾听：细心听取信息的活动。

积极倾听：信息接受者将注意力完全集中在信息发送者身上，毫不分心。

被动倾听：信息接受者只是选择性地听取部分信息。

置若罔闻：接受人无视传给自己的信息。

非语言沟通：通过身体语言来进行沟通的过程。

人际距离学：探讨人际空间距离的一门学科。

书面沟通：商业沟通的一种形式，包括用印刷、手写、电子等方式传递信息。

商务信函：当你需要和组织外部的机构或个人进行通信时所采用的正式的书面沟通方式。

个人文档：有关重要文件或活动的正式记录。

俚语：在特定人群中使用的非正式语言。

电子影像：他人通过电子渠道（比如个人网页和搜索引擎）和你交流并对你进行研究后形成的影像。

电子身份：电子影像的另一个名称。

电视会议：用电视和电话在两个或多个地点的用户之间举行的会议。

电话会议：用电话作为通话工具，使会议参与者可以相互交流的新型会议模式，会议参与者可以听到其他参与者的声音，但是看不到其他参与者的图像。

激励：一种内部驱动力，这种力量驱使人们采取某种行动来满足自己的需求。

生理需求：一个人对基本收入的需求，以此来获得食物、解决居住以及其他基本生存问题。

安全需求：员工对安全的工作环境以及稳定的职业的需求。

社会需求：员工经营人际关系的需求。

自尊需求：员工对得到公众认可的需求，比如工作中的职位晋升、获得某个学位或奖励等。

自我实现：在工作中，员工所有的需要都得到了满足，进而产生了帮助别人并满足他人需要的需求。

麦克利兰需求理论：认为人们主要会被三种需求所激励，分别是：成就需求、权力需求和亲和需求。

弗鲁姆期望理论：认为人们会根据自己预期的结果以特定的方式从事某种活动。

领导：某人引导其他人实现特定目标的过程。

权威式领导：也被称为是"独裁式"领导，他们几乎自己做出所有决策。

参与式领导：听取别人意见再做出决定的领导。

放任式领导：几乎把所有决策权都完全下放的领导方式，由员工自己做决策，领导不干预。

委派：管理人员或领导者将工作的一部分或全部分配给他人完成。

协同：团队成员通力合作，使得团队产出大于个人产出之和的情景。

团队：两个或两个以上的个体为了特定目标而结合在一起的组织。

正式团队：从正式的组织结构中孕育的团队，它可以分为职能团队（团队成员来自同一个部门）和跨职能团队（团队成员来自不同部门）。

非正式团队：在正式的组织结构之外，为了实现共同的目标而组成的团队。

虚拟团队：处于不同地理位置的个体因为共同目标通过电子沟通手段而结合在一起的组织。

形成阶段：团队成员互相认识，并对彼此形成初步意见的阶段。

震荡阶段：团队成员之间会发生冲突的阶段。

规范阶段：团队成员彼此接受的阶段。

执行阶段：团队成员完成任务的阶段。

休整阶段：工作宣告结束的阶段。

头脑风暴：一种解决难题的方法，当参与者有了新观点和新想法时可以自由表达出来，其他人不能够加以批评。

会议议程：整个会议议题活动顺序的总体安排。

会议主席：也是会议负责人，他会安排整个会议议程。

罗伯特议事规则：用它来指导会议运行的规定，通常也被称为议会程序。

冲突：多方（个人或群体）之间意见不一或关系紧张的情况。

强力型管理风格：非常直接地应对冲突的管理方式。

回避型管理风格：不想去解决冲突，选择忽视那些具有冒犯性的管理方式。

包容型管理风格：让对方按照自己的方法行事，甚至不用让对方知道你们之间发生了冲突的管理方式。

妥协型管理风格：双方为了达成协议、解决冲突，各自放弃一部分重要利益的管理方式。

合作型管理风格：解决冲突的时候，双方通力合作，实现双赢，不需要放弃任何重要利益。

协商：当面临冲突时，各方为解决问题而提供公平的解决方法的情景。

调解人：是属于第三方，其主要目的是帮助冲突双方达成彼此都能接受的解决方案。

消极性行为：当某人不能维护自身权利而一味忍让的行为。

敢为性行为：为了维护自己的正当权益而积极敢为，同时没有侵害他人的正当权益的行为。

攻击性行为：为了维护自己的权利而使用强力手段侵犯他人权利的行为。

骚扰：冒犯他人、羞辱他人的行为，以及违反他人意愿，对他人做出亲密举动的行为。

性骚扰：违反他人意愿的，以性欲为出发点的令人厌恶的举动。

利益交换性骚扰：用与性相关的利益与其他类型的利益进行交换的行为。

敌意环境性骚扰：其他员工做出的、让你感到厌恶的有关性的行为，包括口头侮辱、身体接触、张贴淫秽图片、讲黄色笑话或者其他冒犯性行为。

工作中的横行霸道者：故意对同事举止粗鲁，并且不遵守职业规范的员工。

工会代表：非常熟悉工会协议和办事程序，能够帮助他人解决工作中遇到的冲突的同事。

申诉：通过工会组织处理问题或冲突的方式。

申诉程序：由工会出面与公司交涉解决冲突的过程。

员工援助计划 (EAPs)：一种员工福利，公司为员工提供免费的精神、经济和法律方面的咨询服务，并为员工保守秘密。

自我发现：根据所制订的职业目标，认识和发现自己的主要兴趣及能力的过程。

求职意向：没有工作经验或者工作经验极少的求职者书写的介绍性书面陈述。

个人简介：具有与应聘职位相关的专业工作经验的求职者书写的介绍性书面陈述。

有针对性地寻找工作：确定自己希望获得职位的公司，并找到自己有资格申请的空缺职位的过程。

生活费用：用在诸如住房、食品、服装等基本生活用品上的平均费用。

求职文件夹：求职过程中需要用到的所有文档的归放处。

电子版的求职文件夹：包含所有求职文件电子版的文件夹。

推荐信：能够证明你诚信品质的人所写的书面证明。

职业访谈：求职者从专业人士那里了解到某一职位、某个公司或某种行业的相关情况的方式。

人际关系网名单：包含联系人的姓名、工作单位、地址和电话号码的名单，便于联系对方。

简历：向未来的雇主展现自己的知识、技能以及能力的正式文档。

功能型简历格式：强调应聘者相关技能以及教育背景的简历格式。

时序型简历格式：拥有丰富工作经验的应聘者使用的，旨在突出其相关工作经历、技能以及重大成就的简历格式。

专业技能：直接与某项工作或某一行业相关的技能。

通用性技能：可以从一项工作转移到另一项不同工作的技能。

软技能：与人共事时所需具备的人际技能。

有力的词语：用特殊的充满活力的方式描述你的成就的行为动词。

信息标题：简历中的标题，其中包含应聘者的姓名、地址、所在地、邮编、联系电话和电子邮箱地址。

电子格式简历：使用美国信息交换标准码 (ASDⅡ) 格式所提交的简历。

求职信：对简历的一种简介。

个人广告：一份简短的职业生涯传记，其内容包括你的职业目标、知识、技能、优点、能力以及工作经验等。

积极的自我对话：一种积极的自我强化的精神方式。它能够帮助你提醒自己有能力通过面试获取这份工作，从精神上告诉自己已经完全准备好了，肯定能够面试成功。

一对一的面试：公司代表作为面试官与应聘人员之间进行沟通交流。

无领导小组面试：由几个应聘人员组成一个小组，互相之间进行交流，而公司代表则在旁边观察。

小组面试：由几名公司代表组成一个小组对每位应聘者分别进行面试。

结构化面试问题：每一位应聘者都要回答的与工作相关的相同问题。

非结构性面试问题：比较发散，具有探索性的问题。这类问题的目的在于测试应聘者能否很好地将自己的技能展现出来。

行为面试问题：要求应聘者描述其过去某个与申请工作相关的经历的问题。

培训：帮助员工学习新技能，其最终目的在于帮助员工获得晋升，或者帮助他们承担更多的职责。

发展课程：旨在提高并增强专业技能的课程。

持续学习：不断增长专业知识的过程。

正式学习：重新回到学校里深造，增长知识，提高技能，或者获取更高的学位。

非正式学习：通过阅读与自己工作相关的杂志、时事通信和电子文章来增长知识。

晋升：员工在公司的职位升高，职权增大，同时收入也增长的过程。

自愿离职：主动终结现有劳动合同的行为。

辞职信：告知雇主你自愿离职的通知函。

非自愿离职：违背自己意愿被迫离职的情况。

解雇：由于长期表现不佳被迫离职。

下岗：由于公司财物状况不佳而被迫离职。

重组：由于公司战略改变而精简机构。

复工：员工下岗后又重新回到工作岗位的状态。

暂时解雇：公司要求员工上班但停薪的状态。

横向调动：你被公司调到其他地区担任相同的工作。横向调动只涉及工作地点的变动，而不涉及工资的变化。

降职：由于员工表现不佳被换到别的岗位，权力被削弱，收入减少的状态。

退休：自愿离职，并不再寻找新工作。

创业者：组织、管理一个生意或企业并承担失败或成功风险的人。

信笺：印有公司标志和公司的联系方式的优质纸张。

商务备忘：又称办公室备忘，通常是在公司内部使用的，即将书面信息传给组织内部的人。

执行官（高管）：又常称为副总或执行总管，他们与公司的总裁一起制定和实施公司的战略。

离职面谈：雇主与自愿离职的员工交流，看看公司工作环境有哪些值得改进的地方。

面试文件夹：需要带去面试的包含相关文件的小型文件夹。